Prenez le
temps
de
choisir
votre vie

Maria (N5)

Prenez le temps de choisir votre vie

UN PROGRAMME EN SEPT ÉTAPES
CONÇU PAR UNE CONSEILLÈRE PERSONNELLE
QUI VOUS PERMETTRA DE CRÉER
LA VIE QUE VOUS VOULEZ

Cheryl Richardson
Adapté par Lou Lamontagne

Collection
gu de ressources

Copyright © 1999 Cheryl Richardson
Titre original anglais : Take Time for Your Life
Copyright © 2001 Éditions AdA Inc. pour la traduction française
Coédition pour la traduction française Éditions AdA Inc. et Les Éditions Goélette

Note de l'auteure : Les noms et les détails utilisés dans les exemples présentés dans ce livre ont été changés lorsque nécessaire pour respecter la confidentialité des séances de *coaching*.

Révision : Cécile Rolland
Traduction : Lou Lamontagne
Infographie : Martine Champagne
Graphisme de la page couverture : Martine Champagne
ISBN 2-89565-046-2
Première impression : 2001
Dépôts légaux : deuxième trimestre 2001
Bibliothèque nationale du Québec
Bibliothèque nationale du Canada

Photographie de la page couverture : Deborah Feingold
Styliste photographique : Lynn McCann
Coiffeur : Barry Crites

ÉDITIONS ADA INC.
172, des Censitaires
Varennes, Québec, Canada   J3X 2C5
Téléphone : (450) 929-0296
Télécopieur : (450) 929-0220
www.ada-inc.com   info@ada-inc.com

LES ÉDITIONS GOÉLETTE
600, boul. Roland-Therrien
Longueuil, Québec, Canada   J4H 3V9
Téléphone : (450) 646-0060
Télécopieur : (450) 646-2070

DIFFUSION
Canada : Éditions AdA Inc.
Téléphone : (450) 929-0296
Télécopieur : (450) 929-0220
www.ada-inc.com   info@ada-inc.com
France : D.G. Diffusion
Rue Max Planck, B.P. 734
31683 Labege Cedex
Téléphone : 05-61-00-09-99
Belgique : Rabelais - 22.42.77.40
Suisse : Transat - 23.42.77.40

Imprimé au Canada

DONNÉES DE CATALOGAGE AVANT PUBLICATION (CANADA)
Richardson, Cheryl
    Prenez le temps de choisir votre vie : un programme en 7 étapes pour créer
la vie que vous voulez.
    Traduction de: Take time for your life.
    Comprend un index.
    Publ. en collab. avec: Éditions Goélette.

    ISBN 2-89565-046-2

    1. Morale pratique. I. Titre
BF637.C5R5314 2001   158.1   C2001-940787-4

Je dédie ce livre à mon mari, Michael,
l'homme le plus tendre et le plus honorable que je connaisse.

TABLE DES MATIÈRES

———————

REMERCIEMENTS

―――――――

Au cours de ma vie, j'ai eu la chance d'entretenir des liens privilégiés avec un grand nombre de personnes qui m'ont soutenue sur le plan tant personnel que professionnel. L'amour et la sagesse dont elles m'ont fait bénéficier sont les piliers du présent ouvrage. Étant donné que la liste de ces personnes pourrait remplir un livre à elle seule, et que je ne voudrais pour rien au monde oublier qui que ce soit, laissez-moi exprimer d'emblée, à chacune et à chacun d'entre vous, ma profonde reconnaissance pour le soutien que vous m'avez apporté.

Toute personne qui s'adonne à l'écriture a besoin d'un ange gardien pour faire taire les critiques qui, juchés sur son épaule, la surveillent pendant qu'elle écrit. Pour moi, cet ange a été Marilyn Abraham. Sans ses conseils, ses encouragements, son sens de l'humour et sa compétence, le présent livre n'aurait jamais pu voir le jour. Merci, Marilyn, du fond du cœur. (Je remercie également tout spécialement Maggie Lichtenberg, qui nous a présentées, et qui m'a apporté son aide chaque fois que j'en ai eu besoin.)

En plus de m'accompagner chaque fois que me prenait une rage de sushis, Max Dilley, ma chère amie et véritable sœur, m'a sans cesse rappelé de garder espoir, a cru en moi quand je perdais confiance en mes capacités et a toujours su trouver les mots qu'il fallait. Merci, Max, en particulier pour cette prière à l'aéroport.

Tous mes remerciements à mes collègues, qui ont contribué à lancer notre profession, notamment mon cher ami Stephen Cluney, l'auteur Laura Berman Fortgang, les membres du Coaches Council, Sandy Vilas, présidente de la Coach University et tous les étudiants de qui j'ai eu la chance d'apprendre tant de choses. Merci à Steve Shull, Vance Caesar, Ed Shea, Ellen Wingard et Jeff Raim, qui ont pris la relève à la direction de la International Coach Federation afin de me permettre d'écrire le présent livre – vous avez accompli un travail du tonnerre! J'aimerais aussi remercier mon premier conseiller et mentor, Thomas Leonard, l'homme qui a donné à notre profession ses lettres de noblesse, pour sa sagesse, son soutien et pour m'avoir fait connaître le concept du plus grand soin de soi-même. Non seulement ses idées se reflètent-elles dans ce livre, mais elles ont eu une profonde influence sur la femme que je suis devenue et sur la façon dont je mène dorénavant ma vie.

Je tiens à exprimer ma plus chaleureuse gratitude à Pat Rogers, dont l'amour, le soutien et les conseils indéfectibles m'ont aidé à demeurer pleinement moi-même, à Niravi Payne, qui m'a poussée à trouver ma propre voix et à me projeter dans le monde, et à ma propre conseillère, Shirley Anderson (conseillère Miami), dont l'amitié et l'amour m'ont permis de garder les yeux tournés vers mon objectif même lorsque j'étais aveuglée par la peur (et les échéances).

Un merci spécial à Joan Oliver, rédactrice en chef du magazine *New Age*, dont l'amitié et le soutien ne se sont jamais démentis depuis le début, à Marguerite Rigoglioso, écrivain formidable débordante de passion et de sensibilité, à David Thorne, un mentor et un ami qui a toujours soutenu mon travail avec enthousiasme, à Lama Surya Das, consœur écrivain et amie qui m'a aidée à faire face à la «grosse machine» de la publication avec patience et réalisme.

J'ai eu la chance d'avoir comme éditrice Lauren Marino à Broadway Books. Lauren est l'un des as de son domaine – intelligente, consciencieuse, dévouée et toujours disponible. Merci de m'avoir poussée à trouver mes propres mots et pour avoir revu mon manuscrit avec en tête le souci du lecteur et de la lectrice.

Merci à ma publiciste à Broadway, Debbie Stier, qui, j'en suis convaincue, peut déplacer des montagnes d'un simple geste de la main. Voilà le genre de personne qu'on désire à tout prix avoir dans son équipe. Toute ma reconnaissance également à mon agente, Ashley Carroll, dont l'enthousiasme, le cran, la sensibilité et le sens de l'humour ont rendu notre travail des plus agréables, à David Smith, président de la D.H.S. Literary Agency, qui a montré un enthousiasme pour ce projet et y a apporté un soutien qui ont largement débordé les exigences de son travail. Et merci à Sally Jaskold pour ses grandes compétences en matière de correction d'épreuves.

Je désire dire ma plus profonde gratitude à Stacy Brice, mon assistante virtuelle, associée et chère amie, qui organise ma vie personnelle et professionnelle de main de maître. En la trouvant, j'ai eu l'impression de découvrir le diamant le plus parfait au monde – et je lui serai éternellement reconnaissante.

Je voudrais également témoigner ma reconnaissance aux membres de ma famille, tous les treize, qui m'ont donné exactement ce dont j'avais besoin pour vivre la vie à laquelle j'aspirais. Un merci particulier à mes sœurs, Lisa et Michelle, deux formidables assistantes virtuelles qui m'ont aidée à compiler la section ressources du livre. Un merci très spécial à ma mère qui, pendant les années où je bâtissais ma carrière, laissait continuellement de petites chansons dans ma boîte vocale pour m'encourager, et qui a validé mes capacités intuitives dès mon jeune âge, m'enseignant que l'intuition n'est pas seulement un outil important pour vivre une vie riche sur le plan spirituel mais qu'elle peut également servir à réussir en affaires. Et à mon père, merci infiniment pour les leçons de vie qui ont façonné la femme que je suis devenue : ne jamais oublier d'où nous venons, partager nos richesses et toujours prendre le temps de manifester aux autres notre amour. Et à mes nouveaux beaux-parents, Pat et Curt Gerrish, votre présence dans la vie de la nouvelle épouse que je suis est un privilège!

Toute ma gratitude à Gay Schoene, Linda Novotny, Peter Valaskatgis, Ania O'Connor et au Dʳ Jonathan Berg – tous des guérisseurs de grand talent.

Un chaleureux merci à Kelly O'Brien, dont l'amour inconditionnel m'a aidée à entreprendre mon cheminement vers la guérison et la croissance – elle a été mon premier ange.

Et merci à vous, mes clients, dont j'ai eu la chance exceptionnelle de partager la vie. Merci de la patience dont vous avez fait preuve pendant que j'écrivais ce livre ainsi que pour votre confiance, votre honnêteté et votre volonté de passer à l'action. Vous avez fait de ma vie une réelle aventure. Ce livre est l'aboutissement de tout ce que j'ai appris à partir des milliers de conversations privées que j'ai eu le plaisir d'avoir avec vous au cours des quinze dernières années.

Enfin, merci à mon mari, Michael Gerrish qui, même aux prises avec les échéances liées à l'écriture de son propre livre, m'a apporté un soutien de tous les instants. Je suis la plus chanceuse des femmes. Michael, tu donnes tout son sens à l'expression « âme sœur ».

———

Ce qu'un programme

de conseils personnels

peut faire pour vous

———

Aimeriez-vous changer votre vie? Aspirez-vous au sentiment de faire partie d'une communauté? Voulez-vous disposer de plus de temps pour vous-même? Souhaitez-vous prendre un meilleur soin de votre santé, réduire votre degré de stress et avoir une vie plus équilibrée? Vous n'êtes pas le seul. De plus en plus de gens, fatigués de l'«ère de l'information», où tout bouge à un rythme effréné, aspirent à une plus grande qualité de vie – qui leur permettrait d'avoir plus de temps pour eux-mêmes et leurs relations ainsi que plus d'énergie à consacrer à leur bien-être émotionnel, physique et spirituel.

Que vous soyez un dirigeant d'entreprise travaillant soixante heures par semaine, un chef de famille monoparentale essayant d'élever ses enfants ou tout simplement une personne qui en a assez de se sentir stressée et pressée par le temps, vous pouvez choisir la façon dont vous voulez vivre votre vie. Vous pouvez prendre du recul, réévaluer vos priorités et prendre une décision réfléchie concernant l'avenir que vous voulez bâtir. Comment faire pour prendre une telle décision?

Où pouvez-vous vous adresser lorsque vous décidez d'améliorer votre qualité de vie?

Lorsque votre condition physique laisse à désirer et que vous avez besoin d'aide pour vous remettre en forme ou pour perdre du poids, vous faites appel à un entraîneur personnel. Ne serait-il pas formidable de pouvoir faire de même pour tous les autres aspects de votre vie? Eh bien, c'est maintenant possible. Avec l'aide d'un « conseiller personnel », vous pouvez redonner du tonus à votre existence et vaincre les obstacles qui vous empêchent de vivre une vie qui vous passionne. Ainsi, vous pouvez en quelque sorte recourir aux services d'un « entraîneur personnel de l'âme ».

Lorsque les gens apprennent que je suis conseillère personnelle, la première question qu'ils me posent est : « À quelle banque? » Quand je leur explique que je n'œuvre pas dans le domaine des finances et que mon travail consiste à donner des conseils aux gens pour les aider à créer la vie qu'ils désirent, ils se demandent en quoi ce type de service diffère d'une thérapie. Il est normal que la plupart des gens fassent cette confusion, la thérapie étant le modèle qui se rapproche le plus de cette nouvelle profession qu'est celle de conseiller personnel. Mais il s'agit de deux activités très différentes.

Le rôle d'un conseiller ou d'une conseillère ne consiste pas à vous faire réfléchir sur votre cheminement émotionnel ou à diagnostiquer et à traiter d'éventuels troubles de santé mentale. Le conseiller offre un service orienté vers l'action, axé sur la vie présente du client ou de la cliente, dans le but de projeter l'avenir. La thérapie, quant à elle, porte aussi sur la vie présente du client, mais accorde une importance primordiale au passé et à la guérison de blessures émotionnelles. L'intervention d'un conseiller et celle d'un thérapeute peuvent se recouper, et un conseiller compétent et expérimenté devrait être en mesure se savoir si un client devrait suivre une thérapie au lieu d'avoir recours à ses services. C'est pour cette raison que j'ai créé de nombreux liens avec des professionnels expérimentés et qualifiés; il n'est pas rare que je leur adresse des clients et qu'ils fassent de même pour moi.

On constate qu'à l'heure actuelle, de plus en plus de gens veulent davantage que ce qu'une thérapie peut offrir. En thérapie, les clients parlent des changements qu'ils aimeraient apporter à leur vie, mais souvent sans obtenir d'indications sur la façon d'y arriver et sur les ressources qui pourraient leur permettre de le faire. C'est ce genre de renseignements qui sont essentiels à la réussite de mes clients. Les gens ont besoin que quelqu'un les aide à se façonner une nouvelle vie. Ils veulent un guide qui soit capable de prévoir les obstacles qui jalonnent le chemin menant à cette nouvelle vie et de les aider à les contourner. Ils désirent un partenaire qui leur rappellera qu'ils ont de la valeur dans les moments où ils auront tendance à l'oublier, qui leur fournira les outils pour aller de l'avant lorsqu'ils seront en panne et qui les poussera à passer à l'action malgré leurs peurs. Dorénavant, les conseillers personnels sont là pour répondre à ces besoins.

La nécessité de ce type de service m'est apparue évidente il y a plus de quinze ans, alors que j'occupais un poste de conseillère en fiscalité. Le travail que je faisais auprès de mes clients m'amenait souvent à entretenir avec eux des rapports très personnels, et exigeait un examen approfondi de leur vie intime. Habituellement, nous parlions non seulement de leurs préoccupations financières (revenu, dépenses, dettes), mais également de leurs antécédents médicaux, de leurs projets familiaux et de leurs ambitions professionnelles. Ils me posaient souvent des questions sur des décisions qu'ils avaient à prendre concernant un déménagement éventuel, les problèmes qu'ils éprouvaient dans leur relation, les dilemmes auxquels ils faisaient face en affaires ou leurs difficultés à concilier vie professionnelle et vie familiale. Ces échanges menaient fréquemment à des conversations plus profondes sur la vie en général.

Si les fonctions de conseiller fiscal requièrent des rapports plutôt directs et impersonnels avec la clientèle, j'avais donné à ma pratique une orientation différente. Au fil des ans, en plus de m'apporter leurs dossiers fiscaux, mes clients me racontaient l'histoire de leur vie en me demandant mon avis et mon soutien. Ils avaient besoin d'une oreille attentive, d'une auditrice objective qui pourrait leur faire voir leur vie sous un nouveau jour. J'ai alors appris à créer un environnement dans lequel les gens se sentaient suffisamment confortables et en sécurité pour parler d'eux-mêmes en toute liberté.

En privé, mes clients me faisaient part de leurs craintes et de leurs inquiétudes. Des propriétaires d'entreprise, de peur de perdre leur clientèle s'ils augmentaient leurs prix, se résignaient à sacrifier leur propre bien-être. Des employés de grandes sociétés, qui avaient une famille à faire vivre, hésitaient à prendre position lors des conflits de travail et subissaient sans mot dire des patrons dénués de sensibilité.

Ensemble, nous trouvions des solutions aux problèmes qui étaient source de stress. Parfois, le seul fait d'entendre un point de vue nouveau faisait toute la différence au monde. Parfois encore, en trouvant les mots justes pour exprimer leurs besoins, mes clients arrivaient à sortir de leur immobilisme et à passer à l'action. Mais par-dessus tout, le fait de savoir qu'ils n'étaient pas seuls et que d'autres personnes étaient aux prises avec les mêmes problèmes leur apportait le réconfort et le soutien dont ils avaient tant besoin.

Avec le temps, je me suis mise à éprouver de moins en moins d'intérêt pour la préparation des déclarations d'impôt de mes clients, et de plus en plus pour l'aide que je pouvais leur apporter dans la clarification de leurs priorités, pour qu'ils soient en mesure de consacrer davantage de temps à leur famille ou de réaliser un rêve secret, comme se lancer en affaires ou avoir un enfant. J'ai donc décidé de mettre un terme à ma pratique de conseillère fiscale et de répondre à temps plein aux préoccupations plus profondes de mes clients. Pour ce faire, j'ai commencé par donner des ateliers intitulés « Les secrets de la réussite » et à m'adresser à des groupes sur toutes sortes de sujets allant de l'établissement d'objectifs à la création de stratégies permettant de nouer des relations saines. Les gens étaient soulagés de trouver quelqu'un qui pouvait les aider à surmonter les obstacles qui les empêchaient d'améliorer leur vie. Une chose était claire – les gens avaient besoin de « planifier leur vie », mais ne savaient pas où s'adresser. C'est ce besoin de conseils et de soutien objectifs qui a donné naissance à la profession de conseiller personnel.

Bien des gens de milieux divers font appel à des conseillers personnels afin d'obtenir l'aide dont ils ont besoin pour se bâtir une existence plus satisfaisante. Les raisons peuvent varier, mais ces personnes veulent toutes la même chose : améliorer certains aspects de leur vie. Shirley, une de mes clientes, en est un bon exemple.

Shirley était vice-présidente du service de la vente au sein d'une entreprise de biotechnologie en plein essor. À bien des égards, elle avait atteint un succès considérable – elle gagnait un salaire dans les six chiffres, habitait une merveilleuse maison située sur le bord d'un lac avec son mari, en plus d'être un leader reconnu dans son domaine. Mais Shirley était loin d'éprouver un sentiment de réussite : au contraire, elle était vidée. Elle commençait ses journées à six heures avec une séance d'exercice au gymnase, puis travaillait sans arrêt jusqu'à huit ou neuf heures du soir. La plupart du temps – entre les interminables réunions, les appels téléphoniques incessants et les engagements sociaux – elle se perdait en rêveries, imaginant une vie différente où elle aurait plus de temps pour elle-même, où elle serait moins éprouvée par le stress et où elle pourrait exprimer sa créativité. Or, Shirley n'en pouvait plus de se contenter de rêver à l'existence à laquelle elle aspirait.

Un autre de mes clients, Joseph, employé d'entreprise, avait déjà été durement touché par des réductions de postes et vivait dans la crainte perpétuelle de nouvelles compressions. Il se rendait au travail tous les jours dans un état de grande nervosité, craignant que ce soit le dernier. Après avoir consacré dix ans de sa vie à son employeur, un cabinet d'architectes, il savait que le marché avait changé, et que son entreprise poursuivrait sa restructuration. Mais comme ses dettes ne cessaient de s'accumuler et que son enfant était sur le point de faire des études universitaires, Joseph ne pouvait se permettre de manquer une journée de travail, encore moins de quitter son emploi.

Je mentionnerai également mon client Norman, propriétaire d'une société de placement florissante. Norman voyageait au moins deux fois par mois afin de visiter des clients éparpillés aux quatre coins du pays. Il avait huit vendeurs associés qui lui téléphonaient à toute heure du jour et de la nuit, ainsi qu'une fiancée qui se plaignait de ne jamais passer de moments de qualité avec lui. Norman avait l'impression que la vie passait à la vitesse de l'éclair, et commençait à s'inquiéter. Il disait souvent à la blague qu'il devrait s'arrêter pour vivre un peu, mais semblait incapable de ralentir la cadence.

Joseph, Shirley et Norman étaient pris au piège. Chacun était aux prises avec le type d'obstacles qui empêchent la plupart des gens de reprendre la maîtrise de leur vie. Par exemple, Shirley n'avait jamais le temps de respirer et se sentait contrariée par toutes les exigences auxquelles elle devait répondre. Elle faisait des pieds et des mains pour trouver du temps pour s'adonner aux activités qui l'intéressaient vraiment, comme suivre un cours ou jardiner. Ce qui l'en empêchait, c'était son incapacité à se faire passer en premier. Shirley avait besoin d'obtenir la permission de prendre soin d'elle-même de façon prioritaire, au détriment de tout le reste.

Joseph, par contre, semblait avoir besoin de trouver un autre emploi, et vite, mais ce n'était qu'une partie de la solution. La source de son problème était la précarité de sa situation financière. Il avait atteint la limite prévue sur sa carte de crédit, son hypothèque était trop élevée, et les dépenses de sa famille excédaient ses revenus. Pour être vraiment aux commandes de sa carrière, Joseph devait investir dans sa santé financière.

Quant à Norman, il allait devoir acquérir de nouvelles compétences qui lui permettraient de gérer plus efficacement son personnel, mais c'est lui-même qu'il devait avant tout apprendre à gérer. Il carburait à l'adrénaline, et devait ralentir et s'alimenter en énergie à des sources plus saines.

À titre de conseillère personnelle, mon travail consiste à écouter attentivement et à voir au-delà des manifestations externes d'une situation afin de cerner la source du problème. Si vous êtes exténué, une meilleure alimentation ou un programme d'exercices vous feront sans doute le plus grand bien, mais peut-être auriez-vous avantage à commencer par déterminer puis à éliminer ce qui vous vide de votre énergie. Si vous fréquentez des gens qui vous dénigrent et vous critiquent sans arrêt, vous pourriez améliorer la situation en fixant des limites, mais il vaut parfois mieux mettre fin aux relations malsaines et cultiver des rapports plus valorisants. Si le travail prend toute la place dans votre vie, ce n'est pas en trouvant un moyen de gérer votre temps que vous résoudrez votre problème. Vous devriez plutôt apprendre à vous gérer vous-même, à clarifier vos priorités et à vous concentrer sur les choses qui vous importent vraiment. Mais surtout, si vous aspirez à une vie plus authentique, qui reflète vos valeurs et vos désirs, vous allez devoir donner une plus grande place à votre vie spirituelle dans votre quotidien.

Au cours des quinze dernières années, j'ai conseillé des centaines de clients qui voulaient tous et toutes apporter des changements importants à leur vie. À l'occasion de consultations téléphoniques hebdomadaires, j'écoute attentivement mes clients me parler de ce qu'ils veulent et de ce qu'ils ne veulent pas dans leur vie. Au fil des années, j'ai défini sept obstacles courants qui empêchent constamment les gens de vivre la vie qui les passionne :

1. **Le mot « égoïste » ne fait pas partie de votre vocabulaire.** Vous avez de la difficulté à faire passer vos besoins avant ceux des autres et finissez souvent par vous sentir frustré et plein de ressentiment en raison des engagements que vous avez pris.

2. **Votre emploi du temps ne reflète pas vos priorités.** À la fin de la journée, vous vous sentez exténué et vous n'avez plus de temps pour les choses qui sont les plus importantes à vos yeux.

3. **Les gens, les lieux et les choses vous vident de votre énergie.** Votre vie est comme une interminable liste de choses à faire. Vous n'avez pas fini d'aménager votre bureau, votre maison est en désordre, ou les plaintes continuelles d'un ami ou d'un membre de votre famille vous vident.

4. **Vous vous sentez pris au piège par l'argent.** Vous êtes fatigué de ne jamais pouvoir faire les choix qui vous conviennent en raison de contraintes financières. Peut-être êtes-vous accablé

de dettes, que vous travaillez dur pour joindre les deux bouts ou que vous êtes insatisfait de la façon dont vous dépensez votre argent.

5. **L'adrénaline est devenue votre principal carburant.** Vous courez constamment d'un rendez-vous à l'autre. Vous aimeriez vous détendre, mais vous êtes incapable de ralentir la cadence. La tranquillité d'esprit est pour vous un objectif inaccessible.

6. **Vous auriez besoin de faire partie d'un réseau de soutien.** Vous éprouvez la sensation d'être isolé ou coupé des autres et vous aspirez à tisser des liens plus profonds avec des gens qui vous ressemblent.

7. **Votre bien-être spirituel occupe la dernière place dans votre vie trépidante.** Vous aimeriez vous adonner régulièrement à la méditation, à la prière, au yoga ou à d'autres formes d'activités spirituelles, mais votre vie y fait constamment obstacle.

Lorsqu'on y consacre suffisamment de temps et d'attention, ces sept blocages peuvent être aisément vaincus. Le présent livre porte sur les façons de les surmonter. Si vous êtes prêt à travailler dur et à consacrer temps (que les conseils contenus dans ce livre vous aideront à trouver!) et énergie à ce processus, je vous promets que votre vie changera radicalement. Vous avez la capacité de changer de cap et de prendre les commandes de votre vie.

Vous pouvez vivre la vie qui vous passionne, et j'aimerais vous montrer comment y arriver.

VOUS ET VOTRE CONSEILLER : UNE ASSOCIATION

La relation qui se tisse entre vous et votre conseiller est une association entre deux personnes se trouvant sur un pied d'égalité. Les rapports que j'entretiens avec mes clients se fondent sur la conviction qu'ils sont des êtres intelligents, raisonnables et capables qui ont besoin d'aide pour définir et atteindre leurs objectifs. J'offre ce soutien et cette orientation de trois façons fondamentales :

- Je pose des questions qui portent à réfléchir. Je fais confiance à la sagesse de mes clients dans la formulation de leurs besoins afin de planifier l'étape suivante.
- Je donne avec franchise des conseils et de l'information. À partir de mon expérience personnelle et de mon travail avec les gens, j'ai acquis une expertise diversifiée et j'offre une variété de ressources. De cette façon, mes clients peuvent éviter de répéter les erreurs que d'autres ont commises.
- J'offre à mes clients un soutien constant dans un contexte structuré qui leur permet de continuer à progresser. Je les félicite de leurs succès et leur tiens la main lors des périodes difficiles. Je joue en quelque sorte le rôle d'un steward dans le périple qui les mène à la vie dont ils rêvent. Je suis leur associée, et leur réussite est mon seul but.

Depuis l'époque lointaine où je travaillais dans le domaine fiscal, j'en ai appris beaucoup sur la façon de conseiller les autres. Ma formation de conseillère, mon expérience de vie et, surtout, mes clients, m'ont fait comprendre un tas de choses sur les aspirations des gens et sur les obstacles qui se mettent en travers de leur chemin. Si ce type d'expérience et de formation sont importantes, il est tout aussi essentiel pour moi de donner l'exemple en matière de qualité de vie. Ainsi, j'ai dû faire face aux mêmes problèmes que mes clients. J'ai moi aussi eu des horaires de travail ridicules, bâti une entreprise florissante, commis d'innombrables erreurs dans mes relations et négligé ma santé. Au cours des dernières années, j'ai utilisé les méthodes proposées dans ce livre pour améliorer ma propre vie. Je suis donc bien placée pour savoir qu'elles sont efficaces. J'ai fait les changements qui m'ont permis de vivre entièrement selon mes aspirations. Ma vie est en constante évolution et, contrairement aux thérapeutes, le partage de mon expérience personnelle fait partie intégrante de la relation que j'entretiens avec mes clients en tant que conseillère.

Mes clients décident généralement de travailler avec moi parce qu'ils sont prêts à faire des changements d'envergure. Ils veulent parfois changer de carrière, vivre une vie plus modeste ou donner à celle-ci un peu plus de piquant, réaliser un rêve secret ou ralentir le rythme afin de consacrer davantage de temps et d'énergie à ce qui leur tient vraiment à cœur. Au début des séances, nous devons nous attendre à travailler au moins trois mois ensemble. Toutefois, lorsque le processus commence et que les clients goûtent à la sensation de puissance intérieure que leur procure cette relation unique, ils restent souvent beaucoup plus longtemps.

Notre travail débute de la même façon que n'importe quelle relation importante. À mesure que nous apprenons à mieux nous connaître, un sentiment de confiance s'installe, qui permet aux clients de parler de leur vie en toute franchise. Pour faciliter ce processus, je leur demande de rédiger un récit de leur vie qui fait la chronique des événements importants et qui indique les défis et les frustrations auxquels ils font présentement face. Ces renseignements me donnent une bonne idée des antécédents des clients, de ce qui les vide de leur énergie et des obstacles qui leur causent le plus de soucis.

Au début, de nombreux clients me disent qu'ils ne peuvent se permettre de vivre la vie qui les passionne, ce à quoi je réponds qu'ils ne peuvent se permettre de ne pas la vivre. Leurs excuses semblent valables et insurmontables – leurs dépenses sont si élevées qu'ils conservent des emplois insatisfaisants, leur rythme de vie les épuise et les prive de l'énergie dont ils auraient besoin pour changer, ils sont trop vieux ou trop jeunes, il est trop tôt ou trop tard. L'excuse la plus paralysante de toutes est de croire qu'ils sont victimes des circonstances et qu'ils n'ont pas le pouvoir de changer leur vie.

VOTRE VIE, VOTRE CHOIX

La décision de changer sa vie commence par un choix personnel. Trop souvent, nous sommes tellement occupés à penser à toutes nos obligations que nous oublions que c'est nous qui sommes au poste de commande. Cette situation est compréhensible. En raison du coût de la vie, deux revenus sont souvent nécessaires pour élever une famille.

Les mises à pied sont chose courante, ce qui pousse les employés à travailler de longues heures dans le but d'assurer leur sécurité d'emploi. De plus, la mentalité selon laquelle «plus on gagne de l'argent, plus on en dépense» rend difficile aux gens de tous les groupes de revenus de joindre les deux bouts. Cette perception de la réalité pourrait laisser croire que toute qualité de vie est impossible. Mais ne la laissez pas vous berner. Parfois, comme dans le cas de Marsha, même le plus petit changement peut faire une grande différence.

Marsha était une mère célibataire qui tentait à la fois d'entretenir sa maison, de travailler à temps plein et d'élever deux enfants. Au comble de la tension, elle était sur le point de craquer. N'en pouvant plus, elle s'est dit qu'en devenant son propre patron, elle obtiendrait le soulagement désiré. Marsha aspirait à la flexibilité et à la liberté que cette nouvelle vie allait selon elle lui apporter. Elle était l'une de ces «superfemmes», fortes et déterminées. Elle a donc décidé de lancer une entreprise de traiteur à la maison, et m'a demandé de l'aider à élaborer un plan pour y arriver.

À mesure que j'en apprenais davantage sur la vie de Marsha, il est devenu clair pour moi qu'elle était trop débordée pour faire ce genre de changement si rapidement. Je lui ai expliqué que prendre une décision importante (qui aurait un impact sur sa famille) dans une période de stress était la meilleure façon de s'attirer des problèmes. Avant même de penser à une nouvelle entreprise, Marsha avait besoin de libérer son emploi du temps et de refaire le plein d'énergie.

Souvent, les clients ont simplement besoin qu'on leur donne la permission de prendre adéquatement soin d'eux-mêmes. Au cours de notre séance initiale, j'ai suggéré à Marsha de se concentrer sur son bien-être et de penser aux petits changements qu'elle pourrait apporter pour avoir plus de temps et d'énergie. Je lui ai proposé d'engager une personne pour s'occuper du nettoyage et de la lessive, et je lui ai recommandé plusieurs noms. En lui fournissant cette ressource, je lui ai permis de passer à l'action rapidement avant qu'elle ait le temps de formuler des réserves. Je lui ai également suggéré de faire appel à une gardienne d'enfants pour avoir au moins une soirée de libre par semaine. Elle a donc organisé un échange de services de garde d'enfants avec une amie du voisinage.

Ces changements peuvent sembler modestes, mais ils ont eu d'énormes résultats. Marsha pouvait dorénavant se détendre davantage le soir et demeurer avec ses enfants le week-end. Grâce à ce temps nouveau dont elle disposait, sa vie est devenue plus équilibrée, et elle a pu repenser à son projet en étant plus centrée. Elle a alors compris qu'elle aurait fait une erreur en se lançant si vite dans cette aventure. Elle a plutôt consacré les six mois suivants à éliminer de sa vie les choses qui la vidaient de son énergie, à réduire ses dépenses afin de faire des économies et à faire part à ses amis de ses projets d'entreprise. Petit à petit, ces mêmes amis ont commencé à lui envoyer des clients, un à un. Marsha a fini par être en mesure de passer d'un emploi à temps plein à un emploi à temps partiel, tout en continuant à mettre sur pied sa nouvelle entreprise de façon méthodique. Un an plus tard, elle s'était bâti une clientèle solide et a pu quitter son emploi sans interruption de revenu.

Pour créer la vie que vous voulez, il vous faut du courage et de la détermination et être prêt à travailler dur. La plupart de mes clients sont surpris lorsque je leur demande de se concentrer sur leur vie et non sur leur carrière ou leurs objectifs personnels. J'ai appris que pour réussir, il faut au préalable remettre sa vie sur la bonne voie. Mon travail consiste à aider mes clients à vaincre les obstacles qui les empêchent d'avoir une vie de haute qualité et à se concentrer sur les étapes qui les feront progresser de l'endroit où ils sont à celui où ils voudraient être.

Le travail que j'effectue dans un premier temps avec mes clients vise surtout à les aider à prendre soin d'eux – en s'aménageant plus de temps libre et en déterminant puis en éliminant ce qui les vide de leur énergie. Il serait insensé de leur ajouter du travail en leur demandant d'établir des objectifs ou d'entreprendre un nouveau projet lorsqu'ils sont déjà débordés (c'est le cas de la plupart d'entre eux). Je choisis plutôt de libérer leur emploi du temps pour que leur qualité de vie s'améliore immédiatement.

Il peut parfois sembler impossible de vous concentrer sur votre vie lorsqu'un travail exigeant accapare tout votre temps et votre énergie. C'est dans ces moments-là qu'il importe de vous rappeler que vous êtes aux commandes de notre vie. Avec les bons outils, vous pouvez tirer votre épingle du jeu même dans les situations les plus ardues. Revenons à l'histoire de Shirley afin d'illustrer ce point.

Shirley dirigeait un service comprenant 75 vendeurs. À ce titre, elle avait la responsabilité de faire augmenter le chiffre d'affaires de l'entreprise de 25 % avant la fin de l'année. Tendue et surmenée, elle a senti le besoin de soigner sa santé pendant qu'elle travaillerait à l'atteinte de cet objectif.

À mesure que je me familiarisais avec l'horaire de travail de Shirley, je comprenais pourquoi elle était si surchargée. Sa boîte vocale débordait quotidiennement, à tel point qu'elle arrivait à peine à faire ses retours d'appels. Elle arrivait souvent en retard à ses réunions (quand elle ne les ratait pas complètement) et buvait du café en quantité industrielle. Cette surcharge de travail était non seulement pénible pour Shirley, mais elle créait également du mécontentement de la part du personnel.

Lorsque j'ai eu bien compris la situation, j'ai dit en toute franchise à ma cliente ce que j'en pensais : elle devait obtenir de l'aide afin d'avoir plus de temps pour elle-même. Je lui ai expliqué que si sa vie ne reposait pas sur des bases solides, le succès qu'elle obtiendrait au chapitre de l'augmentation des ventes serait de courte durée.

La première étape consistait donc à donner à Shirley la permission de se faire passer en premier. Elle devait cesser de vouloir tout contrôler et commencer à déléguer les tâches. Chaque semaine, nous examinions le contenu de sa boîte vocale et établissions des stratégies pour que son adjointe administrative puisse prendre en charge la plupart des messages. À mesure qu'elle acceptait de renoncer à tout faire elle-même, elle s'est mise à confier de plus en plus de responsabilités à son assistante. Deux mois plus tard, celle-ci s'occupait de 90 % des appels. Au début, Shirley ne se serait jamais cru capable de déléguer ce type de tâche. Mais grâce à la permission qu'elle avait obtenue et à un plan judicieux, ce qui était impossible est devenu non seulement possible, mais un gage d'efficacité accrue.

Shirley a également pris la décision de quitter le bureau à 17 h 30 et non à 20 h ou à 20 h 30, comme elle en avait l'habitude. Ce changement lui a permis de passer ses soirées avec son mari et de s'adonner au jardinage, activité qui lui avait toujours procuré une grande détente. Au début, elle craignait de donner ainsi le mauvais exemple à son personnel, mais c'est le contraire qui s'est produit. En effet, elle s'est mise à accomplir son travail en moins de temps. En quittant le bureau plus tôt, elle a augmenté sa capacité de concentration et son rendement pendant la journée, de même que sa présence auprès de son personnel, à qui elle pouvait dorénavant fournir la qualité d'encadrement dont il avait besoin pour accomplir un bon travail.

J'ai également conseillé à Shirley de prévoir moins de réunions et d'arriver à l'heure, afin de reconquérir la confiance de son personnel. Au bout de six mois, Shirley avait l'impression que sa vie était beaucoup plus équilibrée, sans compter que son service a réussi à faire augmenter les ventes de 15 %. Voilà le genre de décisions et d'actions qui mènent au vrai succès.

JE SERAI VOTRE CONSEILLÈRE

Au moyen de ce livre, je souhaite être votre conseillère, pour vous aider à créer la vie qui vous passionne. Pour commencer, je vous demanderai de porter votre attention exclusivement sur votre qualité de vie. Je vous soutiendrai lorsque vous apprendrez à faire confiance à votre instinct, à votre sagesse intérieure. Et je vous enseignerai les sept stratégies qui vous permettront de franchir les obstacles qui vous empêchent de vivre la vie à laquelle vous aspirez. En suivant le programme expliqué dans ce livre, vous apprendrez les choses suivantes :

1. **Vous placer en tête de liste.** Vous apprendrez à prendre le plus grand soin de vous même et à faire de cette préoccupation le principe de base de votre vie. Je vous montrerai

comment bâtir une solide relation avec vous-même et entrer en contact avec votre sagesse intérieure, afin de créer une vie qui reflète vos désirs profonds.

2. **Clarifier vos priorités.** Je vous montrerai comment cesser de réagir à la vie et comment décider de ce qui mérite votre temps et votre attention. Vous établirez de nouvelles priorités qui reflètent ce qui est vraiment important pour vous et vous apprendrez des stratégies pour les concrétiser.

3. **Savoir ce qui vous épuise.** Je vous montrerai comment déterminer et éliminer les aspects de votre vie qui vous vident de votre énergie – qu'il s'agisse d'un bureau désorganisé, d'une maison en désordre ou d'un ami dont les plaintes incessantes vous drainent. Je vous montrerai comment colmater ces fuites d'énergie une bonne fois pour toutes.

4. **Investir dans votre santé financière.** Vous apprendrez précisément comment remettre de l'ordre dans vos finances et accumuler des réserves, de façon à ne plus vous sentir comme une victime de la vie. Et vous augmenterez votre avoir financier en adoptant certaines techniques de base de gestion financière.

5. **Savoir ce qui vous donne de l'énergie.** Je vous montrerai comment briser votre dépendance à l'adrénaline et comment vous alimenter à des sources d'énergie plus saines – comme la compagnie de bons amis, des exercices amusants et des activités qui vous alimentent l'âme.

6. **Entourez-vous de gens enrichissants.** Je vous suggérerai des façons de vous entourer de personnes avec qui vous avez des rapports de haute qualité et qui vous aident, vous encouragent et vous poussent à donner le meilleur de vous-même.

7. **Chérir votre bien-être spirituel.** Je vous expliquerai comment consacrer du temps à la relation la plus importante de toutes – le lien avec votre sagesse intérieure, la voix de votre âme. Vous instituerez une pratique personnelle et prendrez le temps, tous les jours, d'alimenter votre bien-être spirituel.

À mesure que vous incorporerez ces sept stratégies dans votre vie, vous vous sentirez mieux. Vous aurez la sensation d'être davantage en contact avec vous-même et avec les autres et d'avoir une conscience plus claire de ce qui est vraiment important pour vous. Et c'est à ce moment-là qu'un changement étonnant se produira. Vous commencerez à *attirer* vers vous des choses meilleures. Tout comme Nicole, une de mes clientes, lorsque vous envoyez dans le monde un message différent, ce que vous recevez en retour dépasse souvent tout ce que vous auriez pu imaginer.

Lors de notre première conversation, Nicole semblait découragée. Elle se disait insatisfaite de la tournure que prenait sa vie et voulait rien de moins qu'un miracle : une nouvelle vie. La plupart du temps, elle se sentait seule et isolée dans son travail de graphiste. Elle avait perdu de vue plusieurs de ses amis et passait ses week-ends toute seule devant son ordinateur.

J'ai rencontré Nicole à un moment de profond questionnement. Remplie des meilleures intentions, elle désirait contribuer à « rendre le monde meilleur », et voulait que je l'aide à trouver la carrière qui lui convenait. Elle était convaincue qu'en aidant les autres, elle aurait une vie plus satisfaisante. Au cours de notre conversation, je lui ai suggéré de commencer par rendre sa propre vie meilleure, en lui assurant que, par la suite, sa vie deviendrait « automatiquement » plus satisfaisante.

Au cours de l'année qui a suivi, Nicole s'est employée à renforcer sa relation avec elle-même et à remettre de l'ordre dans sa vie. Elle a commencé à écrire son journal intime presque quotidiennement. À mesure qu'elle progressait dans cette démarche de changement, elle notait ses sensations, s'écrivait à elle-même des lettres d'encouragement et dressait des listes de choses pour lesquelles elle était reconnaissante.

Incapable, de son propre aveu, de jeter quoi que ce soit, elle a ouvert de vieilles boîtes remontant à ses années d'université et s'est débarrassée de toutes les choses inutiles. Avec mon soutien, elle a réussi à réaliser des tâches difficiles qu'elle avait toujours pris soin d'éviter – comme par exemple mettre de l'ordre dans ses finances, créer chez elle un environnement chaleureux et mettre fin à une relation de deux ans qui ne lui apportait plus rien.

Nicole comprenait peu à peu qu'elle pouvait décider de la façon dont elle voulait vivre sa vie et que c'est la peur qui l'avait jusque-là empêchée de passer à l'action. Lorsqu'elle a eu quelqu'un à ses côtés pour la guider dans ce processus, il lui a été beaucoup plus facile de faire les changements menant à la vie qu'elle désirait.

À mesure qu'elle se sentait mieux dans sa peau, le monde commençait à la voir différemment. Comme Nicole adorait les enfants, elle avait décidé d'offrir ses services de graphiste bénévolement à l'école de son quartier. Un jour, cette école lui a offert un poste de directrice du volet création dans un nouveau centre pour enfants qui allait bientôt ouvrir ses portes dans les environs. Cet emploi permettrait à Nicole d'utiliser ses talents créatifs pour aider les autres et se faire de nouveaux amis. Aussitôt, sa santé s'est améliorée, ses moments de découragement ont presque disparu et elle a même perdu les cinq kilos de trop qui l'encombraient depuis plusieurs années.

Nicole a également ravivé sa vie spirituelle en écrivant des lettres à Dieu dans son journal et en assistant aux célébrations de l'église unitaire de son quartier. Elle sentait grandir en elle un lien de plus en plus fort avec une puissance divine, ce qui a donné à sa vie une profondeur et un sens qu'elle n'avait jamais connus auparavant. Un an plus tard, Nicole affirmait qu'elle était devenue une personne différente – une personne heureuse qui menait une vie qu'elle adorait.

Aussi étrange que ça puisse paraître, j'encourage maintenant mes clients à moins se préoccuper de trouver la carrière idéale, la meilleure occasion d'affaires ou la relation amoureuse la plus satisfaisante. En les aidant à se concentrer sur les choses fondamentales comme se trouver plus de temps pour eux-mêmes, apprendre à dire non et investir dans leur santé financière, notre travail devient un voyage spirituel. À mesure qu'ils concentrent leur attention sur l'amélioration de leur qualité de vie, l'existence à laquelle ils sont destinés prend forme devant nos yeux.

COMMENT TIRER LE MEILLEUR PARTI
DE CE LIVRE

Ce livre décrit ce voyage sous la forme d'un programme destiné à créer la vie qui *vous* convient le mieux. Si vous cherchez à améliorer votre qualité de vie, ce livre fournit un ingrédient essentiel à votre succès – un guide qui a déjà aidé nombre d'autres personnes à atteindre le même objectif. À titre de conseillère personnelle, j'ai indiqué les mêmes listes, exercices et ressources qui ont aidé tous mes clients à franchir les obstacles qui leur barraient la route vers une vie plus enrichissante.

Si vous voulez profiter au maximum de ce programme, je vous recommande fortement de suivre les directives suivantes :

• Lisez le livre en entier avant d'entamer le programme.
• Une fois votre lecture terminée, choisissez un partenaire ou formez un petit «groupe de motivation» composé de gens qui sont prêts à se soutenir mutuellement dans leur cheminement vers une vie de qualité. Comme un livre ne pourra jamais remplacer la puissante relation qui se noue entre un client et son conseiller, le fait de trouver d'autres personnes pour vous soutenir au cours de ce programme est la meilleure solution de rechange. Pour y arriver, procédez comme suit :

1. Choisissez une ou plusieurs personnes en qui vous avez confiance.
2. Assurez-vous qu'elles ont le temps de s'engager dans tout le processus, c'est-à-dire jusqu'à la fin du livre, et qu'elles ont envie de le faire.
3. Fixez un moment régulier pour les rencontres (au moins une fois par mois). Vous pouvez avoir des séances en personne ou par téléphone.
4. Lisez un chapitre à la fois chacun de votre côté avant de vous rencontrer.

5. Au moment des rencontres, observez cette marche à suivre pour qu'elles soient productives et vous apportent le soutien nécessaire :

   a. Commencez par parler de vos succès. Qu'avez-vous accompli ? Comment vous sentez-vous ? Félicitez-vous mutuellement de votre bon travail.

   b. Prenez le temps de discuter du chapitre que vous avez lu en préparation de la rencontre. Faites les exercices de groupe indiqués dans le chapitre.

   c. Décidez d'actions précises que vous comptez entreprendre avant la rencontre suivante.

   d. Demandez de l'aide. Utilisez les quinze dernières minutes de la rencontre pour faire savoir aux autres que vous avez besoin de soutien. Qu'est-ce qui vous empêche de progresser ? Où sont vos blocages ? De quoi avez-vous besoin pour passer à l'action en dépit de vos peurs ? D'un coup de main ? D'un coup de téléphone d'encouragement ? D'une ressource ou d'une référence particulière ?

- Procurez-vous un journal que vous utiliserez en même temps que ce livre.

- Chaque fois que vous lisez la phrase : « Passez à l'action ! », cela signifie que vous devez agir immédiatement. Un petit pas fera une grande différence. Aussitôt que vous terminez un chapitre, entreprenez une action facile. La réussite vous donnera un élan, et vous ne tarderez pas à avoir hâte de passer à l'étape suivante.

- Demandez de l'aide. Si un aspect ou un autre du programme vous semble trop difficile, procurez-vous l'aide dont vous avez besoin pour continuer. Que ce soit face à votre partenaire ou à votre groupe de motivation, l'important est de vous ouvrir et de demander de l'aide.

Vous pourrez également obtenir de l'aide dans la section des ressources qui figure à la fin de chaque chapitre. Ces sections comprennent des titres de livres et de bandes vidéo, des noms de personnes ainsi que d'autres renseignements qui pourront vous aider à agir.

- Célébrez vos succès. Après avoir accompli une action, prenez le temps de vous récompenser.

- Prenez votre temps. Le programme expliqué dans ce livre n'est pas conçu pour être réalisé en accéléré, mais doit plutôt s'échelonner dans le temps. La plupart des gens prendront entre une et trois années pour le mener à bien.

- Gardez l'esprit ouvert. Certaines des histoires que vous lirez vous sembleront magiques. Elles le *sont.* Lorsque vous vous serez donné comme priorité de prendre soin de vous-même et que vous agirez dans le but d'atteindre le bien-être maximal, vous déclencherez une magie qui est à la portée de nous tous. Une force divine vous guidera vers une vie de haute qualité. Cette magie surviendra en cours de route : ouvrez l'œil, car elle constitue une source de motivation sans pareille.

Maintenant, à vous de jouer. Bonne chance!

1

Placez-vous

en tête

de liste

Un matin d'hiver glacial de décembre 1984, j'ai reçu un cadeau qui allait changer ma vie à jamais. Très tôt ce jour-là, vers six heures, le bruit lointain de la sonnerie du téléphone m'a tirée d'un sommeil profond. En appliquant le récepteur à mon oreille, j'ai reconnu la voix de ma mère, qui sanglotait en parlant d'un incendie. Je me suis aussitôt dressée sur mon séant, me frappant le front pour reprendre mes esprits au plus vite. « Maman ! me suis-je écriée, qu'est-ce qui se passe ? » Silence. Je n'entendais que des pleurs. « Maman, ai-je ajouté de la voix la plus calme que j'ai pu, prends une bonne respiration, calme-toi, et dis moi ce qui ne va pas. » Tout en reprenant son souffle, elle a prononcé, entrecoupés de sanglots, quatre mots que je n'oublierai jamais : « entreprise familiale » et « en feu ».

J'ai bondi hors du lit, et après avoir enfilé des vêtements à toute vitesse, me suis précipitée vers ma voiture. Je me souviens encore d'avoir gratté une plaque de glace sur mon pare-brise *en même temps* que je roulais vers ma destination. Une fois arrivée, je n'ai pu en croire mes yeux. Notre édifice à bureaux, le bâtiment historique le plus élevé de la ville, était englouti dans une épaisse fumée noire à travers laquelle perçaient çà et là des flammes ardentes. L'édifice était un véritable brasier. Pendant un moment, je suis demeurée immobile à fixer cet enfer sans y croire, essayant de me faire à cette réalité. Puis j'ai pensé à mon père.

J'ai alors fendu la foule en bousculant les badauds, cherchant désespérément mon père. Il est étrange de constater comment, dans un moment de crise, certaines images se figent dans votre esprit à jamais. Je le revois encore, juché dans les escaliers de l'immeuble d'en face, essuyant avec embarras les larmes de ses yeux alors que je m'élançais vers lui.

Ensemble, sous le choc, nous avons regardé les pompiers tenter de sauver tout ce qu'ils pouvaient du brasier. Mon bureau, situé au rez-de-chaussée et à l'avant de l'édifice, comportait de grandes fenêtres qui me permettaient de voir toute la rue de mon poste de travail. Maintenant, j'étais à l'extérieur et je regardais à l'intérieur, alors que mes œuvres d'art, mes meubles et mon équipement de travail étaient détruits par les flammes. Je ne pouvais absolument rien faire pendant que toute ma vie partait en fumée.

Le fait de voir le fruit de mon travail acharné disparaître si tôt dans ma carrière m'a appris d'importantes leçons. En un instant, tout ce qui nous est familier peut disparaître à jamais. Toutes les choses qui étaient si importantes à peine une minute plus tôt – comme le projet d'envergure qui doit être terminé pour cinq heures ou le contrat que nous tentons d'obtenir – perdent tout leur sens en quelques secondes. Dans ces moments-là, nos pensées se tournent immédiatement vers les personnes qui font partie de notre vie.

J'ai compris instantanément à quel point la vie est fragile et à quel point il est important de porter attention à la façon dont nous employons le temps que nous passons sur cette terre. Je suppose qu'un incendie, tout comme n'importe quelle catastrophe naturelle, nous fait prendre conscience de la vitesse à laquelle la vie peut changer et de la valeur de chaque moment.

Au cours des jours suivants, nous avons évalué l'étendue des dommages. En fouillant dans les débris de ce qui était jadis mon bureau, j'éclatais en sanglots pour les raisons les plus bêtes. Mon téléphone, essentiel à mon entreprise, avait fondu, et n'était plus qu'une petite nappe de plastique noir. La petite reproduction en métal d'une boîte aux lettres, qui avait toujours suscité bien des conversations et que je gardais sur mon bureau pour amasser des pièces de monnaie, était devenue une flaque de liquide bleuâtre. Quant à ma machine à calculer, véritable extension de mon bras droit, elle avait complètement disparu.

Ces choses, sans importance pour d'autres, revêtaient pour moi un caractère hautement symbolique. Je m'étais attachée à ces objets autant que d'autres s'attachent à des souvenirs chéris qu'ils ont conservé et dont ils décorent leur foyer. C'est triste à dire, mais mon bureau était devenu ma maison.

Cette tragédie m'a forcée à examiner de près la façon dont je vivais ma vie. Malgré toutes les apparences du succès (ou ce qui était considéré comme tel dans la petite ville où j'avais grandi), je n'étais pas heureuse. Mon travail me stressait, était difficile et s'échelonnait sur de longues heures chaque jour. Ma vie était une succession d'interminables journées de travail, entrecoupées de bien peu de pauses. Je tenais tellement à accomplir mes tâches, à plaire à mes clients et à rendre mon patron heureux que je ne levais jamais le nez suffisamment longtemps de mon bureau pour me rendre compte de ce que ce rythme infligeait à ma vie. Maintenant, je commençais à ouvrir les yeux.

Je consacrais tout mon temps et toute mon énergie à la satisfaction des besoins des autres, au détriment des miens. Mon travail était devenu ma vie, et celle-ci était gravement déséquilibrée. Le bâtiment en flammes faisait figure de métaphore : je brûlais le précieux temps dont je disposais sur cette planète. Il était temps pour moi de ralentir, de regarder ma vie avec honnêteté, et de commencer à me demander ce que *je* voulais. Je devais établir clairement mes priorités.

Bien des gens traversent des crises personnelles. Celles-ci peuvent être occasionnées par le décès soudain d'un membre de la famille, par une inondation ou un incendie qui détruit la maison et toutes les possessions ou par un diagnostic de maladie potentiellement mortelle. Après avoir traversé une telle épreuve, vous n'êtes plus jamais le même. Vous êtes profondément changé. L'un des cadeaux que vous procure le fait de survivre à une crise personnelle est la motivation de réévaluer votre vie et de mettre le doigt sur les choses qui vous importent vraiment. Votre perception des choses change, et vous vous mettez à poser d'importantes questions. Suis-je réellement heureux? Qu'est-ce qui me satisfait vraiment? Qu'est-ce que je veux de la vie, et quels sont les changements que je dois effectuer pour l'obtenir?

Mais il n'est pas nécessaire de vivre une crise personnelle pour repenser sa vie. Pour certaines personnes, le réveil prend la forme d'une voix intérieure persistante qui leur rappelle que quelque chose manque à leur existence. Il peut aussi tout simplement se produire lorsque vous regardez quelqu'un savourer une glace sur un banc public et aspirez à avoir vous aussi le temps et la liberté pour faire de même. Ou en vous entendant parler encore et encore de ce jardin que vous aimeriez aménager ou de ce cours que vous souhaiteriez suivre, tout en remarquant que vous n'arrivez jamais à faire ces choses que vous voulez.

VOTRE VIE NE SE RÉSUME PAS À VOTRE TRAVAIL

Durant une crise personnelle ou après avoir écouté suffisamment longtemps votre voix intérieure, vous en venez également à réévaluer votre vie professionnelle. Est-ce que j'éprouve un sentiment de satisfaction suffisant compte tenu de tout ce que je consacre à mon travail? Qu'est-ce que j'obtiens en retour de mon investissement en temps et en énergie? Combien de temps est-ce que je passe à travailler? Vous réalisez alors que la vie a bien plus à offrir qu'une carrière ou une entreprise.

Des années de conditionnement nous ont appris à considérer le travail comme le moyen par excellence de donner un sens à notre vie et de nous réaliser. Je m'en rends bien compte lorsque des gens me téléphonent pour me demander de les aider à trouver ou à se bâtir une carrière qui corresponde à leur « objectif de vie ». Ou lorsque des chefs d'entreprise désirent élaborer l'« énoncé de mission » parfait de façon à pouvoir vivre la vie « à laquelle ils sont destinés ». C'est un piège que de croire que votre travail pourra à lui seul vous procurer un tel sentiment profond de satisfaction et d'accomplissement. Vous finissez alors par consacrer une trop grande partie de votre temps et de votre énergie au travail, y cherchant désespérément ce qui ne s'y trouve pas – une vie.

Dans notre culture centrée sur le travail, nous avons perdu contact avec nous-mêmes. Nous nous privons de lunch ou mangeons sur le pouce, brassons des affaires au volant de notre voiture et courons chercher les enfants à l'école à la fin d'une longue journée. Nous n'avons pratiquement pas de temps pour nous-mêmes, et encore moins pour cultiver des rapports de qualité avec les êtres qui nous sont chers. Cecile Andrews, dans son livre intitulé *The Circle of Simplicity*, nous révèle des faits surprenants. Elle écrit : « Les couples passent une moyenne de douze minutes par jour à se parler » et « quarante minutes par semaine à jouer avec leurs enfants ». Pas étonnant que nous soyons surmenés. Elle ajoute que « la moitié des américains souffrent d'un manque de sommeil ».

Nous consacrons bien au-delà de quarante heures par semaine au travail et à voyager sur de longues distances pour s'y rendre et en revenir. De plus, avec l'essor sans précédent des entreprises à la maison, certains d'entre nous sont perpétuellement en train de travailler. Le nombre moyen d'heures consacrées au travail par semaine (comprenant les déplacements, le travail comme tel, le temps passé à s'inquiéter pendant le week-end et la préparation) par les clients qui viennent me demander de l'aide varie entre 55 et 80. Un tel rythme de vie laisse des traces. Mes clients sont exténués à force de grimper les échelons de leur entreprise, de ne penser qu'à la réussite et de tenter de concilier travail et famille. Ils sont fatigués d'un travail qui les force à faire fi de leurs valeurs et de leur bien-être en échange d'un statut et d'un salaire. Et ils n'en peuvent plus de travailler de longues heures sans jamais avoir l'impression d'avancer ni se sentir appréciés ou satisfaits.

Les vacances sont devenues des périodes de récupération et non des moments consacrés au loisir et au divertissement. Et ces quelques semaines par année ne sont jamais suffisantes. En 1992, Joe Dominguez et Vicki Robin faisaient remarquer, dans leur livre intitulé *Your Money or Your Life*, que «le Nord-américain moyen travaille 20% plus aujourd'hui qu'en 1973, et dispose de 32% moins de temps libre par semaine». Et si on se fie à la situation de mes clients, le pourcentage de temps consacré au travail augmente sans cesse, reléguant le temps libre à quelques minuscules heures par semaine.

Face à l'augmentation des maladies liées au stress, comme les troubles cardiaques, la fatigue chronique et le cancer – qui font brusquement réaliser aux personnes s'en trouvant atteintes qu'une vie centrée sur le travail n'en est pas une –, on pourrait s'attendre à ce que davantage de gens abandonnent cette course folle. Mais il n'en est rien. Pourquoi est-il si difficile de donner priorité à nos propres besoins?

Pour certains, une vie centrée sur le travail est nécessaire pour joindre les deux bouts. Des parents, décidés à procurer à leurs enfants une bonne éducation, travaillent dur pour gagner l'argent qui leur permettra d'envoyer leur progéniture dans les meilleures écoles. Des femmes célibataires, qui veulent vivre dans des quartiers sécuritaires, acceptent de payer des loyers élevés. Et les compressions budgétaires dans les entreprises font pression sur les employés, qui craignent de se voir remplacer par des concurrents prêts à prendre leur place s'ils ne travaillent par d'arrache-pied pendant de longues heures.

D'autres, toujours aveuglés par le «mythe de l'abondance», continuent à chercher le bonheur en gagnant plus d'argent, en visant de meilleurs emplois, en s'achetant de plus belles choses et se payant des vacances plus somptueuses. Mais travailler plus dur pour acquérir plus ne mène à rien. Aujourd'hui, la plupart d'entre nous avons compris que « tout avoir » n'est pas une solution miracle. Un emploi qui procure un salaire impressionnant et un statut prestigieux ne fait pas le bonheur. Il entraîne plutôt un grand nombre de responsabilités et un degré élevé de stress, créant ainsi une sensation de vide et coupant les gens de ce qui est vraiment important.

George Leonard, pionnier dans le domaine du développement du potentiel humain et auteur de plusieurs livres (notamment *Mastery* et *The Life We Are Given*), a dit, dans le cadre d'une allocution présentée en 1989 devant l'Association for Humanistic Psychology, que « sur 4 126 chefs d'entreprise de sexe masculin, 48 % considéraient que leur vie était vaine et vide de sens, malgré des années de réussite sur le plan professionnel ». Cette sensation de vide est souvent accompagnée d'une tristesse sous-jacente qui, selon les mots d'un de mes clients, « remonte à la surface lorsqu'on s'arrête suffisamment longtemps pour la ressentir ». Un médecin âgé de 47 ans qui, au bout de quatre ans, a fini par accepter de passer une semaine seul à ne rien faire, a affirmé : « J'ai été surpris de constater à quel point tout ce dont j'avais envie était de ne rien faire et de pleurer. J'ignore pourquoi, mais j'ai ressenti une extrême tristesse en voyant que je m'étais perdu moi-même de vue et que la vie me glissait entre les doigts. » Une autre cliente m'a confié qu'une « sensation persistante de solitude » ne la quittait jamais, malgré les nombreuses personnes de qui elle s'entourait.

Ce type de sentiments peut constituer la raison pour laquelle certaines personnes se gardent si occupées. En effet, en ralentissant la cadence, on laisse remonter les émotions accumulées au fil du temps. Mais il est normal d'éprouver de la solitude et de la tristesse lorsqu'on se laisse de l'espace pour ressentir les choses. S'arrêter et prendre clairement conscience qu'on passe à côté de sa vie peut constituer une expérience éprouvante.

Parfois, le problème vient du fait qu'on se sent tiré dans trop de directions à la fois. Avec leurs emplois du temps exigeants, les clients qui mènent des vies occupées s'oublient facilement. Au début de ma carrière dans le domaine fiscal, je ne m'arrêtais jamais assez longtemps pour constater à quel point ma vie était devenue démente. J'étais trop occupée à répondre aux besoins de mes clients, de mon personnel et de mon patron pour réaliser que moi aussi, j'en avais!

À la fin d'une journée de travail exténuante, vous n'avez tout simplement pas d'énergie à consacrer à votre personne. Ma cliente Bea, employée à temps plein et mère de deux enfants, m'a dit un jour : «Pas question de penser à moi, je n'ai aucune énergie pour *ma* vie. Bien sûr, mes amis me manquent, mais à la fin de la journée, je suis si fatiguée que je n'ai aucune envie d'avoir une conversation téléphonique. Lorsque mes amis m'appellent pour bavarder, cela m'irrite. Et l'exercice? Quand pourrais-je en faire? Dès mon réveil, je prépare les enfants pour l'école et je me précipite au bureau. À mon retour, à sept heures, je suis épuisée, mais je dois nourrir les enfants, et mon mari veut me parler de sa journée. À dix heures, je tombe endormie sur le divan, et le lendemain ça recommence.»

Il y a une autre raison pour laquelle mes clients persistent à travailler de longues heures : ils ne savent pas quoi faire d'autre de leur temps. C'est ce que Janice a réalisé lors d'une de nos séances, au tout début du programme. Spécialiste en relations publiques au tempérament vif et extraverti, Janice passait ses journées à rencontrer des clients, à courtiser les médias et à planifier de nouvelles campagnes. Elle était toujours le centre d'attention et excellait à tout ce qu'elle entreprenait. À l'âge de 41 ans, le monde semblait lui appartenir. Elle voyageait partout dans le monde, logeait dans les meilleurs hôtels, et la clientèle la sollicitait de toutes parts. Mais Janice voyait les choses d'un autre œil.

Dans l'intimité de nos séances téléphoniques, elle m'a confié que son «visage public» n'était qu'une façade qu'elle revêtait chaque matin avant de partir au travail. Sous ce masque se cachait une jeune femme remplie de peurs. À l'extérieur, la réussite semblait lui sourire, mais à l'intérieur d'elle-même elle éprouvait un sentiment d'imposture. Malgré ses succès, elle avait de moins en moins d'énergie. Elle se demandait secrètement combien de temps encore elle serait capable de maintenir ce rythme effréné avant de tomber malade. Elle travaillait presque tous les soirs, profitait rarement d'une bonne nuit de sommeil et s'emportait à la moindre erreur de son personnel. Elle disait se sentir « éteinte » à l'intérieur, comme si « un matin, au réveil, [son] enthousiasme pour la vie avait tout à coup disparu ».

Lorsque je lui ai demandé de réfléchir aux moyens qu'elle pourrait prendre pour commencer à faire de son bien-être une priorité, elle m'a répondu : « À dire vrai, lorsque je me demande ce que je ferais si je ne travaillais pas, je réalise avec horreur que je n'en ai aucune idée. » Une fois qu'elle s'est avoué la vérité tout haut, elle a cessé de se mentir, et notre travail a vraiment pu commencer. Elle était enfin prête à se faire passer en premier.

Avez-vous l'impression que votre existence n'est qu'une succession de journées de travail ? Laissez-moi vous rappeler que la partie la plus importante de votre vie, c'est vous-même. Vous êtes la somme des diverses facettes de votre vie, dont le travail n'est qu'une seule. Que vous vous dirigiez vers l'épuisement professionnel, comme Janice, ou que vous en souffriez déjà, c'est le moment de décider de donner priorité à votre bien-être en vous plaçant en tête de votre liste de « choses à faire » !

PRENDRE LE PLUS GRAND SOIN DE SOI-MÊME

En ma qualité de conseillère, j'aimerais donner le coup d'envoi à notre travail en vous donnant la permission de faire de votre qualité de vie votre plus grande priorité. Or, pour remettre votre vie en forme, il vous faut vous-même être en pleine forme. La philosophie de base que j'emploie dans le travail que j'effectue avec mes clients se fonde sur le plus grand soin de soi-même – premier pas vers une vie riche et satisfaisante. Cela signifie que vous devez mettre votre bien-être au-dessus de tout : dire non à moins d'avoir absolument envie de dire oui, choisir de consacrer votre temps et votre énergie aux choses qui vous apportent de la joie, et prendre des décisions à partir de *vos* besoins et non de ceux des autres. Pour la plupart des gens, c'est là une idée difficile à accepter.

Faire de votre bien-être une priorité est une entreprise qui peut dans un premier temps vous faire peur ou même vous apparaître comme repoussante. Cependant, à mesure que vous commencerez à filtrer vos décisions selon le critère du plus grand soin de vous-même, vous constaterez que votre voix intérieure est en fait une alliée appréciable qui vous aidera à opter pour les meilleurs choix. Vous quitterez le travail plus tôt afin d'aller, comme promis, dîner avec un ami, ou vous ferez une promenade pendant l'heure du lunch au lieu de continuer à travailler. Et, surtout, vous découvrirez que lorsque vous vous mettez à prendre le plus grand soin de vous-même, une force divine se rallie derrière vous pour vous soutenir dans vos choix, vous rendant ainsi la vie beaucoup plus facile. La simple coïncidence qu'a vécue mon amie Melissa illustre ce point.

Melissa était une consultante qui enseignait aux directeurs d'entreprise comment communiquer plus efficacement avec leurs employés. Elle avait un client très exigeant, qui l'appelait constamment après les heures de bureau, en état de crise. Melissa n'en pouvait plus de ces intrusions et voulait que je l'aide à fixer des limites plus claires.

Lorsque je lui ai demandé d'évaluer sa situation et de me dire ce qu'elle croyait devoir faire pour arriver à prendre le plus grand soin d'elle-même, elle m'a répondu au bout d'un moment de réflexion, la voix hésitante, qu'il lui faudrait probablement mettre fin à sa relation professionnelle avec ce client. Melissa savait que si elle avait vraiment le souci de son bien-être, cette décision était la meilleure, mais elle avait peur de passer à l'action. Son client était très insistant, et Melissa ne savait pas comment couper les liens de façon respectueuse mais ferme.

Nous avons discuté des possibilités qui s'offraient à elle, et je l'ai aidée à déterminer ce qu'elle allait dire à son client pour terminer la relation avec élégance. Lorsqu'elle lui a téléphoné, quelle n'a pas été sa surprise d'apprendre qu'il avait décidé de donner sa démission et de quitter son entreprise. Soulagée, elle lui a souhaité bonne chance et a accepté de le rencontrer pour clore le dossier.

Voilà le genre d'événement opportun qui peut se produire lorsque vous vous engagez à prendre le plus grand soin de vous-même. Je croyais jadis qu'il s'agissait de coïncidences, mais maintenant que j'ai vu ce type de choses arriver à mes clients à maintes et maintes reprises, je suis convaincue qu'une puissance supérieure prend la relève et nous vient en aide lorsque nous choisissons notre bien-être en dépit de nos peurs et de notre embarras.

Pour pouvoir prendre le plus grand soin de soi-même, il faut apprendre à être égoïste. Pour certains, le mot « égoïste » possède une connotation négative. Cependant, il comporte également un aspect très constructif. Par exemple, lors de voyages en avion, nous avons tous entendu les agents de bord préciser, à l'intention des personnes qui voyagent avec des enfants, qu'ils doivent enfiler *en premier* le masque à oxygène en cas d'urgence, pour ainsi être mieux en mesure de prendre soin de leur enfant. De la même façon, lorsque vous prenez le plus grand soin de vous-même et faites de votre bien-être une priorité, vous devenez capable d'être pleinement généreux envers les autres, sans ressentiment ni colère.

Au début, vous aurez des réticences à devenir égoïste. Vous vous sentirez peut-être coupable, mal à l'aise, ingrat ou indigent sur le plan spirituel ; vous pourriez également craindre la réaction des autres. Mais avertissez vos amis et votre famille que vous avez décidé de prendre soin de vous-même. Ils réagiront peut-être négativement (en fait, attendez-vous à ce que certaines personnes vous critiquent sévèrement), mais souvenez-vous que *c'est votre vie qui est en jeu.* Vous méritez de prendre soin de vous-même.

Si un collègue de travail vous fait une remarque désobligeante parce que vous quittez le bureau à cinq heures ou que votre conjoint se sent menacé lorsque vous exprimez l'envie de passer du temps seul, ou encore que vos enfants se mettent en colère lorsqu'ils ne peuvent obtenir votre attention sur demande, rappelez-leur que vous agissez ainsi afin de prendre le plus grand soin de vous-même. Dites-leur que vous en deviendrez un meilleur père, une meilleure mère, un meilleur mari, une meilleure épouse ou un meilleur ami, et qu'en bout de ligne tout le monde y gagnera. Avec le temps, vous comprendrez que vous choisir vous-même est le plus beau cadeau que vous puissiez faire à autrui.

Comme le programme consiste à vous aider à agir, commençons par certaines actions précises qui vous permettront de prendre le plus grand soin de vous-même. Dans les pages qui suivent, j'ai dressé un plan qui vous aidera à commencer. Accomplissez au moins une action chaque jour. Oubliez la perfection. Le but est de vous mettre en mouvement pour accéder à un ordre supérieur dans votre vie.

À mesure que vous commencerez à libérer du temps (chapitre 2) et à refaire le plein d'énergie (chapitre 3), vous pourrez consacrer plus de temps à prendre soin de vous-même. Pour le moment, comme vous êtes encore surchargé, vous devez procéder lentement et avec précaution.

Apprendre à vous connaître

L'un des aspects les plus importants, lorsque vous décidez de prendre le plus grand soin de vous-même, consiste à établir une relation avec vous-même – vous familiariser avec vos besoins et vos désirs, bref, faire connaissance avec *vous-même*. Comme la plupart d'entre nous consacrons beaucoup trop de temps aux besoins des autres, nous perdons de vue la relation la plus importante de toutes : celle que nous entretenons avec nous-mêmes. Comment la rétablir ?

Passez à l'action ! Commencez à écrire un journal

La première chose que je vous demanderais de faire est de vous procurer un journal intime. Prenez le temps d'en trouver un qui *vous* ressemble. Ne vous contentez pas d'acheter n'importe quel carnet. Trouvez le format, l'épaisseur, la couleur, la texture et la présentation qui vous conviennent. Préférez-vous du papier réglé ou non ? Un petit ou un grand format ? Choisissez-en un qui offre beaucoup d'espace pour écrire et qui est facile à transporter.

À mesure que vous progresserez dans ce livre, je vais vous demander d'utiliser ce journal pour effectuer divers exercices et réflexions. Écrire un journal est une excellente façon d'entreprendre un dialogue soutenu avec soi-même. À l'âge de treize ans, j'ai commencé mon premier journal, pour m'aider à faire face aux tourments de l'adolescence. J'ai trouvé réconfort dans l'écriture de mes pensées et de mes émotions en créant un espace dans lequel je me sentais à l'aise et qui n'appartenait qu'à moi. Cette pratique est demeurée si importante pour moi que je suis toujours surprise de voir les gens hésiter à l'adopter.

Ces hésitations découlent souvent d'un problème double : le perfectionnisme et le manque de temps. Le perfectionnisme enlève tout plaisir et tout sens de l'aventure de l'acte d'écrire un journal. Notre réviseur ou critique intérieur s'interpose, et cette activité devient douloureuse au lieu d'être éclairante et stimulante. Il est normal, lorsque nous commençons à écrire un journal, d'entendre la voix de notre critique intérieur, qui nous dicte ce que nous devrions écrire et ne pas écrire. J'ai trouvé deux moyens utiles de ne pas me laisser influencer par cette voix.

Premièrement, écrivez d'un trait, sans vous arrêter. Fixez-vous comme objectif de remplir la page, et non d'écrire le texte parfait. Ne vous laissez pas prendre au piège de la perfection, car vous ne pourrez bénéficier des bienfaits de cette expérience. Faites des erreurs. Ne vous attardez pas à mettre des barres sur les *t* ou des points sur les *i*, et continuez à écrire. En écrivant d'un seul jet, vous découvrirez bientôt des pensées et des sentiments que vous ne soupçonniez pas, et c'est là que l'aventure commence.

Si cela ne fonctionne pas, laissez votre critique intérieur prendre la plume pendant quelque temps. Écrivez ce que vous entendez dans votre tête. Laissez votre critique parler et vous dire qu'il s'agit «d'une perte de temps», que «cette phrase était stupide» ou que «vous ne faites pas les choses comme il faut». Vous remarquerez bientôt qu'il commencera à manquer de souffle, et vous serez peu à peu en mesure d'écrire plus librement. Rapidement, votre journal deviendra pour vous un compagnon de confiance.

Si vous avez une vie occupée et remplie d'engagements, ne vous attendez pas à écrire de longs paragraphes quotidiennement. Ne vous demandez pas l'impossible. Avant que nous commencions à libérer un peu votre horaire, permettez-vous de n'écrire qu'un ou deux paragraphes lorsque vous pouvez trouver un moment de tranquillité. Souvenez-vous que l'important est de vous améliorer et non d'être parfait.

Si vous ne vivez pas seul, faites savoir aux autres que votre journal est personnel et qu'il n'appartient qu'à vous. Si vous doutez que votre intimité sera respectée, je vous recommande de trouver un endroit sûr ou cacher votre journal. De cette façon, vous aurez moins tendance à censurer vos écrits.

Plus tard, votre journal vous donnera une merveilleuse chance de faire un retour sur votre vie et de voir le chemin que vous aurez parcouru. Un journal intime s'emplit peu à peu de la richesse de notre expérience de vie – les chagrins et les joies, les événements importants, les questionnements et les recherches de sens, bref, tout ce qui fait de nous ce que nous sommes. J'ai bien des fois relu mes vieux journaux intimes le sourire aux lèvres, en voyant la personne que j'étais en train de devenir. C'est un bon rituel à observer à l'occasion des anniversaires et des occasions spéciales, lorsque vous voulez reprendre contact avec le passé et constater les progrès que vous avez accomplis.

Pour commencer votre journal, choisissez l'une des phrases suivantes et écrivez pendant quelque temps.

- Les dix choses dont je suis le plus reconnaissant sont…
- Ce que j'aime le plus à propos de moi-même est…
- L'idée d'écrire un journal m'apparaît…
- Mon désir le plus secret est…
- Ma plus grande peur est…
- Les changements qui me permettraient d'avancer dans la vie sont…

À mesure que vous écrirez votre journal, vous vous mettrez à apprécier cette nouvelle habitude. Je vais vous indiquer deux exercices qui vous permettront de vous connaître encore mieux. Mais avant, trouvons un peu de temps dans votre horaire surchargé pour mettre en pratique votre nouvelle priorité, c'est-à-dire prendre le plus grand soin de vous-même.

Passez à l'action ! Choisissez votre soirée « en tête-à-tête » avec vous-même

Lorsque vous sortez avec une personne pour la première fois et que vous vous rendez compte que vous aimeriez approfondir cette relation, que faites-vous ? Vous passez davantage de temps avec cette personne. Vous dénichez des moments dans vos horaires bien remplis pour vous rencontrer, puis vous parlez pendant des heures, posez de multiples questions et partagez vos histoires et vos expériences. C'est drôle comme nous trouvons toujours du temps pour les autres, mais jamais pour nous-mêmes. C'est précisément ce que vous aurez à faire pour reprendre contact avec vous-même. J'aimerais que vous réserviez un moment chaque semaine, que vous consacrerez à votre relation avec vous-même – une soirée en tête-à-tête avec vous-même que vous ne manqueriez pour rien au monde.

Lorsque j'ai suggéré à Janice, ma cliente au bord de l'épuisement professionnel, d'aménager du temps pour elle-même dans son horaire trépidant, elle a décidé que les dimanches soirs seraient sacrés pour elle. Elle a donc fixé ce moment pour être seule avec elle-même à réévaluer sa vie et à prendre bien soin d'elle-même. Parfois, elle laissait simplement le répondeur prendre ses appels et écrivait son journal, mijotait son plat préféré ou se détendait dans un bain chaud. Parfois encore, elle se rendait seule au cinéma ou dîner à son restaurant favori.

Chaque dimanche soir était consacré à un tête-à-tête avec elle-même, et elle ne laissait personne interrompre ces moments. Au début, Janice a dû faire face aux protestations de certains amis qui voulaient quand même la voir, mais comme je l'ai mentionné précédemment, en leur expliquant d'emblée que prendre soin d'elle était devenu sa priorité, ils ont très vite compris. En fait, quelques-uns d'entre eux se sont même mis à l'imiter.

Quel moment vous réserverez-vous ? Fixez chaque semaine un rendez-vous avec vous-même que vous pourrez honorer. Inscrivez ici le jour et l'heure choisis :

_____

Puis, pensez à certaines des choses que vous aimeriez faire afin de prendre bien soin de vous-même. Inscrivez les trois premières qui vous viennent à l'esprit :

1. _____
2. _____
3. _____

Maintenant que vous avez réservé du temps pour vous-même, les deux exercices d'écriture suivants vous aideront à vous faire une idée objective d'où vous en êtes présentement dans votre vie.

Passez à l'action ! Écrivez le récit de votre vie

Premièrement, j'aimerais que vous utilisiez votre journal pour cerner l'histoire de votre vie. Il s'agit ici d'un exercice intense qui vous permettra de rendre hommage à la personne que vous êtes et à vos origines. Je commence toujours le travail avec mes clients avec cet exercice, non seulement pour arriver à mieux les connaître, mais aussi pour les aider à mieux se connaître eux-mêmes. En écrivant les détails et les expériences qui ont fait de vous qui vous êtes aujourd'hui, vous comprendrez et apprécierez mieux les choix que vous avez faits et qui vous ont mené au point où vous en êtes présentement.

Quels sont les événements qui vous ont le plus affecté? Pourquoi? À quelles occasions vous êtes-vous senti aimé, apprécié, en colère, trahi, pleinement vu et entendu? Quels sont les événements que vous n'oublierez jamais? Qu'est-ce qui vous a fait vous arrêter net et courir dans la direction opposée? Y a-t-il un type de personne en particulier qui ne cesse de revenir dans votre vie? Les réponses à ces questions composent les diverses facettes de votre être et peuvent vous faire comprendre des choses importantes.

Parfois, le fait d'écrire le récit de votre vie jettera un éclairage sur certains des défis auxquels vous faites face aujourd'hui. Par exemple, lorsque j'ai demandé pour la première fois à Florence, une directrice de banque âgée de 48 ans, d'écrire le récit de sa vie, elle s'est sentie dépassée par cette demande. Je lui ai donc suggéré de se simplifier la tâche en traçant un simple plan schématique faisant la chronique des événements importants de sa vie et des gens qui en faisaient partie.

En couchant ces événements sur papier, Florence a été surprise de voir certaines constantes émerger. Elle semblait toujours nouer des relations avec des femmes froides et autoritaires. Cette tendance avait commencé avec sa mère et s'était poursuivie pendant toute sa vie, créant chez elle une grande confusion et la rendant incapable de faire confiance aux femmes de caractère.

Une des raisons pour lesquelles Florence avait sollicité mon aide au départ était pour résoudre un problème avec une collègue difficile, sa directrice adjointe. Florence affirmait que son assistante lui paraissait distante et hostile. Elle ne disait jamais grand-chose durant les réunions, ce qui rendait Florence nerveuse parce qu'elle ne savait jamais à quoi s'en tenir avec cette femme.

Florence m'a alors confié qu'elle se sentait « sur la défensive en sa présence, pratiquement toujours prête à un affrontement ». Après avoir considéré le récit de sa vie, elle a compris pourquoi sa relation avec son assistante était si tendue. Cette collègue était le genre de femme qui gardait son quant-à-soi et se contentait d'accomplir son travail. Florence percevait cette attitude comme étant froide et autoritaire. Mais une fois qu'elle eût remarqué la constante qui ressortait de son récit de vie, elle a vu les choses différemment et a cessé peu à peu de prendre le comportement de son assistante comme une attaque personnelle.

Aussitôt que Florence a réalisé que son attitude défensive était une réaction aux femmes de son passé, elle a changé d'attitude face à sa collègue. Je lui ai suggéré de l'inviter pour le lunch afin d'établir avec elle une meilleure relation. Florence a été agréablement surprise lorsque sa collègue lui a dit apprécier l'invitation et être heureuse d'avoir ainsi l'occasion de mieux la connaître.

Que découvrirez-vous lorsque vous écrirez le récit de votre vie? Si cette idée vous décourage, ne renoncez pas pour autant. Soyez créatif. Écrivez les événements importants de votre vie point par point, sous forme d'énumération. Divisez cette action en plus petites étapes. Consacrez une demi-heure de votre soirée hebdomadaire avec vous-même à écrire progressivement l'histoire de votre vie.

Pour commencer, séparez votre vie en décennies. En réfléchissant à chacune d'entre elles, complétez les phrases suivantes :

Les événements significatifs de cette époque de ma vie sont...
L'événement dont je me souviens le plus est...
Ces événements ont affecté ma vie comme suit : ...
La ou les personnes qui m'ont le plus influencée ont été...
Cette partie de ma vie m'affecte aujourd'hui de la façon suivante : ...

Ne soyez pas surpris si vous avez de la difficulté à vous remémorer les événements du passé – c'est le cas de la plupart des gens. Demandez de l'aide à vos amis ainsi qu'aux membres de votre famille, fouillez dans des albums de photos ou regardez des vieux films de famille afin de stimuler votre mémoire. Non seulement l'écriture du récit de votre vie vous fournira-t-elle des renseignements précieux sur vous-même, mais le processus lui-même solidifiera le lien que vous avez avec vous-même.

La plupart des gens avec qui j'ai travaillé et qui ont rédigé le récit de leur vie y ont habituellement gagné un fort sentiment d'amour-propre et de compassion pour toutes les étapes qu'ils ont traversées. C'est une excellente façon de consolider votre relation avec vous-même. Vous apprendrez des tas de choses sur ce qui vous motive, et vous pourriez même détecter des habitudes de comportement qui pourraient faire obstacle aux changements proposés dans le présent livre. Par exemple, vous remarquerez peut-être que durant toute votre vie, vous avez eu de la difficulté à fixer vos limites face aux autres, ce qui entrave la pleine satisfaction de vos besoins. Ou une tendance à la procrastination qui vous a toujours empêché de mener à bien vos projets. Fort de ces connaissances, vous pourrez vous préparer plus efficacement à faire les changements qui vous permettront de créer la vie que vous voulez par-dessus tout.

Explorez cet exercice avec votre partenaire ou votre groupe. Lorsque vous aurez terminé la rédaction de votre récit de vie, partagez-le avec les autres et demandez à votre partenaire ou à votre groupe de vous poser les questions suivantes :

- Qu'avez-vous appris à propos de vous-même en faisant cet exercice?
- Quelles tendances ou thèmes avez-vous remarquées? Avez-vous peur de faire des changements? Vous contentez-vous de moins? Certaines personnes ou un type de personne en particulier reviennent-elles sans cesse dans votre vie? Aimez-vous prendre des risques? Vos intérêts pour certains domaines se sont-ils manifestés tôt?
- Qui vous a influencé le plus? Cette influence vous a-t-elle soutenu ou nui?
- Si vous pouviez changer une partie de votre passé, quelle serait-elle? Pourquoi?
- Remarquez-vous quelque chose dans votre passé qui pourrait vous empêcher de faire des changements dans le présent ou dans l'avenir?
- De quoi êtes-vous le plus fier?

Écrivez les réponses à ces questions dans votre journal. En discutant de votre récit de vie avec les autres, vous pourriez être surpris de constater des similarités. S'il est une chose que j'ai apprise après avoir lu un grand nombre d'histoires de vie, c'est à quel point nous nous ressemblons tous. Les événements et les détails ont beau être différents, mais les leçons et les désirs fondamentaux qui les sous-tendent sont très similaires.

Passez à l'action ! Élargissez votre perspective afin d'y inclure « toute » votre vie

Maintenant, j'aimerais que vous examiniez de plus près la façon dont vous vivez votre vie maintenant. L'une des façons de cesser d'avoir une vie centrée sur le travail consiste à prendre conscience des autres aspects de l'existence qu'on pourrait négliger.

La vie comporte bien des facettes, toutes aussi importantes les unes que les autres. Pour prendre tout son sens, elle doit être équilibrée. J'aimerais vous donner la permission d'élargir votre vision de la vie au-delà du travail afin d'englober les autres domaines – votre santé émotionnelle et physique, vos relations, votre bien-être spirituel, vos loisirs et le temps que vous passez avec les autres. En portant attention à ces domaines, vous prendrez davantage conscience de ce qui manque à votre existence.

Lorsque vous vivez une vie plus holistique, vous arrivez naturellement à répartir votre temps et votre énergie différemment, créant ainsi une sensation d'équilibre qui vous rend moins vulnérable au découragement lorsque des changements surviennent dans un domaine ou un autre. Par exemple, si vous perdez votre travail ou que vous êtes à la veille d'un divorce, vous pouvez vous appuyer sur les autres parties de votre vie pour vous soutenir. Ainsi, un problème survenant dans un domaine ne devient pas obligatoirement une question de vie ou de mort, comme c'est arrivé à mon client Mark.

Mark entretenait une relation avec une femme qu'il avait rencontrée trois années auparavant durant ses vacances d'été, lors d'une randonnée de voile. Cette relation le rendait fou. Lui et sa compagne se disputaient constamment à propos de tout, des questions d'argent à leurs différents amis. Au cours de l'année précédente, Mark avait tenté de mettre fin à la relation, convaincu que leurs différences étaient insurmontables. Mais il éprouvait une sensation de vide aussitôt qu'il se retrouvait tout seul, et cette pénible solitude le poussait à retourner vers son ex-compagne pour tenter un nouvel essai.

Dans son for intérieur, Mark savait que cette relation n'avait aucun avenir, mais il ne pouvait se résoudre à y mettre fin. Lorsque sa compagne était absente, il se disait incapable de fonctionner, comme si sa vie n'était qu'un grand vide. Malheureusement, Mark n'était pas davantage capable de fonctionner lorsque sa compagne était auprès de lui. Les problèmes qui minaient leur relation étaient pour lui une source d'anxiété la plupart du temps. De plus, le stress que lui causaient leurs va-et-vient constants entre les disputes et la rupture l'empêchait de se concentrer sur son travail ou sur d'autres activités. Au lieu de cela, il passait le plus clair de son temps à ruminer des pensées obsessionnelles à propos de sa compagne et à se faire du mauvais sang en pensant à ce que serait la vie sans elle.

Lorsque j'ai expliqué à Mark que toute sa vie tournait autour de cette relation, et que c'était pour cette raison que l'idée de rompre avait pour lui un goût de fin du monde, sa façon de voir le problème s'est mise à changer. En comptant le temps passé avec sa compagne, celui à récupérer à la suite de leurs disputes et celui à s'inquiéter à la perspective de vivre seul, presque 80 % de son temps et de son énergie était consacré à ce domaine de sa vie, au détriment des autres. Pas étonnant que Mark craigne de mettre fin à cette relation – sans elle, sa vie était plutôt vide.

Avec mon aide, Mark a décidé de s'employer à vivre de façon plus équilibrée. Il n'a pas mis fin tout de suite à la relation. Il a plutôt réduit la quantité de temps qu'il passait avec sa compagne et s'est mis à revoir ses amis. Il est également retourné au centre sportif de son quartier et s'est remis à faire de l'exercice. De plus, à la suggestion d'un ami proche, il a commencé à consulter un thérapeute pour démêler ses sentiments confus. Trois mois plus tard, Mark a mis fin à sa relation pour de bon, a vécu une période de tristesse puis a décidé de passer à autre chose. En répartissant son temps, son énergie et son attention sur d'autres domaines de sa vie, il s'est senti beaucoup plus solide et capable d'autonomie.

Où se situent les déséquilibres de votre vie? À quoi consacrez-vous la plus grande partie de votre temps et de votre attention? Y a-t-il des aspects que vous avez négligés ou remis à plus tard? Si vous êtes comme la plupart des gens, vous aimeriez avoir plus de temps à consacrer à votre santé, au divertissement ou aux êtres qui vous sont chers. Les diagrammes ci-contre illustrent la différence entre une vie holistique et le type de vie qui est celle de la plupart de mes clients avant que nous entreprenions le travail. (Si vous êtes une mère ou un père «au foyer», vous pouvez remplacer la section travail par le soin des enfants et l'entretien de la maison – ou même probablement ajouter celle-ci à celle-là.)

Le diagramme supérieur illustre une vie holistique, pleine et équilibrée. Celui du dessous illustre le déséquilibre typique de la vie de mes clients avant que nous entreprenions le travail. Comme vous pouvez le constater dans le diagramme de la vie «déséquilibrée», la plupart des gens passent plus de temps à aider les autres d'une façon ou d'une autre qu'à s'occuper de leur bien-être spirituel ou à se détendre. En effet, dans ce diagramme, la portion «relations» ne représente pas nécessairement les moments de détente – elle peut englober des périodes consacrées à soigner un parent âgé ou à composer avec une relation difficile. D'une façon ou d'une autre, la plupart des clients ne vivent pas «pleinement».

Ne soyez pas surpris d'éprouver de la tristesse en prenant connaissance de ces diagrammes. Comme je l'ai mentionné précédemment, il est normal d'éprouver un sentiment de perte lorsqu'on s'arrête pour examiner comment on a vécu sa vie, si bien sûr on en est insatisfait. Si vous avez tellement travaillé que votre santé s'en trouve affectée, ou si l'énergie que vous avez consacrée à une relation vous a amené à vous négliger vous-même, ces réalités pourraient s'avérer difficiles à accepter.

VIE PLEINE VERSUS VIE CENTRÉE SUR LE TRAVAIL

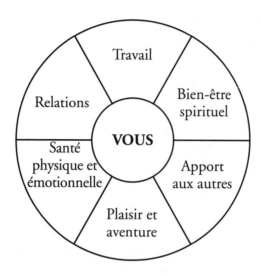

Vie équilibrée et « pleine »

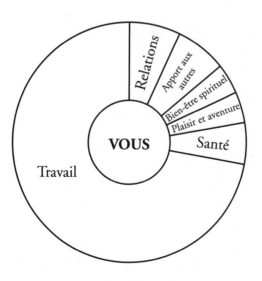

Vie « déséquilibrée »

Je sais que vous pouvez vous créer une vie où votre temps serait mieux réparti entre chacun de ces domaines. En examinant honnêtement ce qui monopolise votre attention et armé d'une volonté de changer les choses, vous pouvez équilibrer votre vie. Il faut avant tout prendre conscience du problème. Ensuite vient le temps de prendre les mesures nécessaires au changement.

Karen a pu remettre sa vie sur la bonne voie en y apportant un changement de taille. Designer d'intérieur au faîte de sa carrière, elle adorait son travail. Il lui permettait d'exprimer sa créativité et de rencontrer des gens nouveaux et intéressants. Seulement, il y avait un problème : l'entreprise où elle travaillait était située trop loin de chez elle. Lorsque la circulation était dense, le temps qu'elle consacrait quotidiennement à ses déplacements pouvait s'élever à trois heures.

Lorsque Karen a procédé à l'«examen global» de sa vie, elle s'est rendu compte que, en comptant ses déplacements quotidiens, le temps qu'elle consacrait au travail occupait 75 % de sa vie, ce qui lui laissait très peu de temps pour sa famille et ses amis, ses loisirs, sa santé ainsi que son bien-être spirituel.

Lorsque je l'ai encouragée à examiner sérieusement ce qu'il lui en coûtait d'habiter si loin de son lieu de travail, sur le plan tant pratique qu'émotionnel, elle a compris qu'un changement s'imposait. Elle adorait sa demeure, mais ces déplacements interminables l'avaient fait suffisamment souffrir. Bien que ce fût une décision difficile, Karen a finalement décidé de garder son emploi et de vendre sa maison. En déménageant plus près du travail, elle a libéré presque quinze heures par semaine, qu'elle a dès lors pu consacrer à des cours de dessin, à de l'exercice physique et à des activités sociales en compagnie de ses amis.

Examinons maintenant votre vie. Prenez votre journal et, en lisant les sections qui suivent, remarquez quels sont les domaines auxquels vous devrez porter attention. Soyez attentif à vos émotions – l'intuition d'un conflit, une envie de crier «Oui!» ou un pincement au cœur sont autant de signes indiquant que vous venez de lire quelque chose d'important. Prenez-en note dans votre journal.

La santé physique et émotionnelle

Il est facile d'ignorer sa santé physique et émotionnelle, jusqu'à ce qu'un problème se présente. La plupart d'entre nous attendons qu'il soit trop tard. Nous menons des vies occupées et mouvementées, et nous plaçons le travail et les besoins des autres avant notre propre bien-être. Nous remplissons nos corps de *fast-food*, endurons des degrés élevés de stress et courons dans tous les sens, survoltés à l'adrénaline. Comme le petit lapin de la publicité pour la pile *Energizer*, nous avançons, avançons... et puis un jour quelque chose tombe en panne. Nous tombons malades, recevons un diagnostic médical inattendu ou remarquons que nous n'arrivons plus à en faire autant qu'avant. C'est à ce moment-là que la plupart des gens, comme Jonah, commencent à se préoccuper de leur santé.

Jonah était un courtier en immobilier qui menait une vie occupée. Dans son entreprise, il avait conservé le titre de meilleur vendeur pendant trois années d'affilée. Fier de sa réussite, il était convaincu que son succès était dû à sa disponibilité illimitée vis-à-vis de ses clients, soit sept jours sur sept, vingt-quatre heures sur vingt-quatre. Après tout, lorsque le client désirait acheter ou vendre, le courtier se devait d'être à son service.

Malheureusement, le stress causé par les interruptions des repas de famille, les volte-face des clients et l'impatience des vendeurs ne sont pas demeurés sans conséquences. Sa femme se plaignait de ne jamais le voir. Il ratait souvent les activités scolaires de ses enfants, et sa santé physique a fini par s'en ressentir. Jonah n'avait plus l'énergie d'antan, et remarquait qu'il s'essoufflait et se fatiguait plus facilement. Lorsqu'il a finalement consulté son médecin, il a appris que sa pression sanguine était trop haute et qu'il souffrait d'épuisement. S'il ne ralentissait pas, l'a averti son médecin, il allait avoir de graves problèmes.

Jonah s'est donc trouvé forcé de réévaluer ses priorités. Était-ce si important d'être le meilleur? Avait-il le temps de profiter de l'argent qu'il gagnait au prix d'un travail énorme? Comment ses problèmes de santé allaient-ils affecter sa vie de famille? Jonah a donc décidé de changer les choses. Il a accepté de prendre un jour de congé par week-end et de ne voir ses clients que deux soirs par semaine. Il a engagé un étudiant universitaire pour l'aider aux tâches administratives et a commencé à se chercher un assistant qualifié qui pourrait le remplacer au besoin. Au début, Jonah a perdu des clients, mais il a gagné quelque chose de beaucoup plus important : sa vie.

Nous avons tous entendu dire que « tant qu'on a la santé, tout va bien ». Or, la chose qui peut contribuer à stopper notre vie du jour au lendemain est précisément celle à laquelle nous portons le moins attention. L'excès de stress nous pousse à adopter les habitudes mêmes que nous tentons d'éviter : nous mangeons trop lorsque nous sommes contrariés, sautons nos séances d'exercice physique lorsque nous sommes trop occupés ou carburons à la caféine. Nous finissons alors par tomber malades et sommes forcés de nous arrêter et de nous soigner afin de reprendre la course. Cela devient un cercle vicieux.

Prendre soin de son corps, c'est bien plus que soigner une maladie. Une bonne santé signifie avoir amplement d'énergie pour faire tout ce qu'on veut faire. Notre mode de vie se reflète dans notre corps. En tombant malade, le corps nous indique que nous subissons un excès de stress depuis déjà trop longtemps. Combien de fois, atteint d'un rhume ou d'une grippe, avez-vous soudainement réalisé à quel point vous tenez votre santé pour acquise ? À mesure que vous libérerez du temps (chapitre 2) et referez le plein d'énergie (chapitre 3), vous constaterez qu'il vous sera plus facile de prendre soin de votre corps. Vous pouvez faire de votre santé une priorité avant que la maladie ne frappe. D'ici là, y a-t-il un changement tout simple que vous pourriez apporter pour améliorer votre santé physique ? Prenez-en note dans votre journal.

Et qu'en est-il de votre santé émotionnelle ? Les recherches récentes dans le domaine de la médecine corps-esprit révèlent que nos émotions ont un énorme impact sur notre santé physique. Les médecins ont fini par reconnaître le lien entre le corps et l'esprit, et que notre état émotionnel peut influer sur la maladie. Lorsque vous vous sentez solide sur le plan des émotions, vous êtes en mesure d'agir de façon beaucoup plus proactive et beaucoup moins réactive. Cela vous permet de faire les bons choix, lesquels, en retour, sont garants d'une bonne santé.

Prendre soin de votre santé émotionnelle peut vouloir dire faire appel au soutien d'un thérapeute, réserver du temps pour être seul avec vous-même et vous adonner à une contemplation tranquille ou rire un bon coup avec des amis. Savoir ce qui vous fait du bien et incorporer ces choses dans votre vie quotidienne vous fera reprendre espoir et adopter une attitude constructive en plus de protéger votre santé globale.

Qu'est-ce qui favorise votre santé émotionnelle ? Une longue conversation avec un ami proche ? Lire un bon livre ? Ma cliente Lorraine, qui cherchait des moyens de réduire le stress que lui procurait son travail d'infirmière urgentiste, a décidé de faire de cette quête un projet stimulant.

Lorsque j'ai demandé à Lorraine de penser à une époque de sa vie où elle s'est sentie particulièrement détendue, elle a mentionné un chalet d'été qu'elle et son mari avaient loué cinq ans auparavant. En l'écoutant parler de ces vacances, j'ai remarqué que les choses qui semblaient la rendre plus heureuse étaient liées à ce qu'elle voyait. Lorraine me décrivait un endroit empreint de beauté. Des œuvres d'art accrochées aux murs, à la mer qu'elle pouvait voir de la fenêtre de sa chambre, en passant par les tons pastel des pièces qui la calmaient et la détendaient, toute cette beauté environnante la comblait.

Après avoir découvert que la beauté était un ingrédient important de sa santé émotionnelle, j'ai demandé à Lorraine de créer à l'intérieur de sa maison un lieu qui la détendrait tout autant. Elle a alors choisi de transformer la pièce de travail et, avec l'aide de son mari, en a revêtu les murs des couleurs douces qui lui plaisaient tant et l'a décorée avec des œuvres d'art qui la touchaient profondément. Chaque jour, à son retour du travail, elle allait se détendre quelque temps dans cette oasis de paix et de tranquillité.

Pensez à une occasion où vous vous êtes senti calme et détendu. Où étiez-vous ? Que faisiez-vous ? Écrivez ces pensées dans votre journal.

Les relations

Les relations que vous entretenez avec les êtres qui vous sont chers constituent le principal ingrédient d'une vie de haute qualité. Ces relations font de vous qui vous êtes et donnent un sens à votre vie. En tant qu'êtres humains, nous avons tous besoin d'éprouver un sentiment d'appartenance, qui peut être rempli en faisant partie d'une solide communauté. Lorsque votre horaire déborde, il est trop facile de tenir pour acquis les gens qui vous sont les plus proches – vous vous dites qu'ils vont comprendre. Mais tout le monde a ses limites. Mettre de côté une relation pendant que vous êtes occupé à faire autre chose, en particulier si cela vous arrive fréquemment, est un comportement qui n'est pas sans conséquence et qui peut finir par endommager la relation. Or, il n'est jamais trop tard pour rebâtir un lien important.

Mon client David voulait incorporer plus de plaisir à sa vie. Chef d'entreprise occupé, il était marié depuis quinze ans et avait un enfant. Lui et sa femme, avocate très en demande, travaillaient à temps plein et se voyaient à peine. En raison des fréquents voyages d'affaires de David, ils vivaient des vies pratiquement séparées.

De temps à autre, David ne tenait plus en place et avait l'impression que la routine de son travail lui procurait un ennui croissant – de là son désir d'égayer quelque peu sa vie. Mais lorsque je lui ai demandé de réserver chaque semaine du temps pour lui-même, il a découvert que son agitation cachait un sentiment de tristesse de ne pas avoir de partenaire attentionnée et présente qui partageait vraiment sa vie. Jusque-là, lorsqu'il entrait en contact avec cette douleur, il se replongeait immédiatement dans son univers de travail et de voyages.

Lors de nos séances, je rappelais à David ce qu'une relation solide et satisfaisante pourrait apporter à sa vie – quelqu'un à aimer et de qui être aimé, un rapport sexuel profond, une partenaire avec qui partager les moments de plaisir et d'aventure, et le merveilleux sentiment d'avoir toujours quelqu'un à ses côtés. Non seulement ces choses étaient-elles absentes de son mariage, mais son incapacité à aborder ce sujet avec son épouse lui causait des tourments constants.

Lorsqu'une relation est solide, elle enrichit notre vie et nous procure un sentiment de sécurité. Lorsqu'elle ne l'est pas, elle nous épuise et nous vide de notre énergie, que nous le réalisions ou non. Après avoir reconnu ce que la relation de «colocataire» qu'il entretenait avec son épouse lui coûtait en énergie émotionnelle, David a décidé de proposer à sa femme d'obtenir de l'aide.

Avez-vous des relations que vous tenez pour acquises auxquelles vous devriez consacrer davantage de temps et d'attention? Des amis que vous n'avez pas vus depuis quelque temps? Avez-vous passé suffisamment de temps avec votre famille récemment? N'attendez pas que les problèmes surviennent. En lisant la liste ci-après, demandez-vous si l'une de vos relations pourrait bénéficier d'un surplus d'attention. Écrivez le nom des personnes suivantes dans votre journal.

Conjoint/ami de cœur   *Famille élargie*
Amis   *Collègues de travail*
Parents   *Voisins*
Enfants   *Relations à distance*

Le bien-être spirituel

L'expression «bien-être spirituel» a un sens différent d'une personne à l'autre. Pour certaines, la vie spirituelle se déploie dans un contexte religieux. Elles se rendent dans un lieu spécifique pour se recueillir, étudient des textes religieux ou jouent un rôle actif au sein d'une communauté religieuse. Pour d'autres, le sentiment d'apaisement et d'équilibre que leur donne un séjour dans la nature, la méditation, ou l'étude de différentes pratiques spirituelles leur procure un bien-être spirituel. Aujourd'hui, la plupart des gens veulent sentir qu'ils communiquent, d'une façon ou d'une autre, avec une puissance divine. Quelle que soit la manière dont vous choisissez de réaliser votre plénitude spirituelle, vous pourrez trouver une réelle sécurité intérieure et vous ouvrir à l'expérience du grand tout.

Catholique non pratiquant, Terry avait abandonné depuis longtemps la religion de son enfance lorsque la mort d'un ami proche a suscité chez lui un questionnement sur la vie après la mort. Il s'est alors mis à visiter l'église de son enfance et à revoir ses croyances religieuses. Durant cette période de réflexion, un vieil ami de l'époque de l'école secondaire lui a parlé de la religion bouddhiste lors d'une réunion d'anciens. À mesure qu'il se renseignait sur la pratique de la méditation, il éprouvait une affinité croissante avec le message de cette religion et s'est mis à l'incorporer dans sa vie.

Dans quel état est votre vie spirituelle? En quoi a-t-elle changé par rapport aux années précédentes? Qu'est-ce que «bien-être spirituel» signifie pour vous? Écrivez vos réponses dans votre journal.

Le plaisir et l'aventure

La plupart d'entre nous avons très peu de plaisir et d'aventure dans la vie. Nous les réservons pour les vacances ou les jours fériés. Or, le plaisir est un ingrédient essentiel d'une vie épanouie, en plus d'avoir un impact hautement favorable sur notre santé et notre bien-être. Incorporer régulièrement plaisir et aventure à notre existence nous aider à prendre la vie moins au sérieux et, surtout, à créer des souvenirs durables. Je me rappelle d'un bon ami à moi qui racontait avoir besoin qu'on lui dise périodiquement que les dépenses consacrées au plaisir étaient «acceptables».

Noreen avait toujours rêvé d'aller à Tahiti. Depuis des années, elle en parlait à ses amis, lisait de nombreux livres sur la région et s'absorbait dans la lecture de brochures touristiques. Elle avait les moyens de voyager et aurait pu aisément s'absenter du bureau, mais elle ne le faisait jamais. Un jour, un bon ami lui a demandé pourquoi. Après un moment de réflexion, elle lui a répondu avoir l'impression qu'il ne s'agissait pas d'une «dépense légitime».

Quand l'ami de Noreen lui a affirmé que son intense désir d'entreprendre ce voyage et sa capacité de le faire constituaient des raisons suffisamment légitimes, Noreen s'est mise à voir les choses différemment. Pendant son enfance, on lui avait inculqué une solide éthique du travail, selon laquelle le plaisir n'était pas considéré comme une utilisation valable de son temps, et elle vivait toujours selon ces règles. Elle a alors décidé d'y faire entorse et d'organiser son voyage.

Parfois, nous avons tout simplement besoin qu'on nous rappelle que le plaisir est tout aussi important que le travail. Qu'avez-vous fait pour vous amuser récemment? Qu'aimeriez-vous faire? Écrivez vos idées dans votre journal.

L'apport aux autres

Lorsque votre coupe est pleine, vous éprouvez tout naturellement le besoin de partager avec d'autres. En étant serviable et en offrant votre soutien aux personnes dans le besoin, vous vous rapprochez d'autrui et enrichissez votre vie. Le sourire du vieil homme qui apprécie votre aide ou les remerciements d'une jeune fille qui attend impatiemment chacune de vos visites vous rappelle votre chance et à quel point nous avons tous et toutes besoin les uns des autres.

Votre apport peut prendre bien des formes. Vous pouvez partager votre richesse, vos connaissances ou votre temps. Un de mes clients avait trouvé une façon formidable d'aider les autres tout en ayant beaucoup de plaisir. Frank avait pour métier de raconter des histoires. Chaque semaine, il visitait l'hôpital pour enfants de son quartier pour raconter des histoires aux jeunes patients. Ceux-ci se rassemblaient dans la salle de jeux, et au milieu de leurs rires et de leurs cris de joie, Frank éprouvait un extraordinaire sentiment de gratitude et d'amour. Cette visite hebdomadaire lui faisait toujours prendre conscience de l'ampleur de sa chance et que donner c'est recevoir.

Rappelez-vous une occasion où vous avez fait preuve de générosité envers autrui. Comment vous êtes-vous senti? Si vous aviez un surplus de temps, d'énergie et de ressources, avec qui les partageriez-vous aujourd'hui? Écrivez la réponse dans votre journal.

Maintenant que vous avez eu l'occasion de réfléchir à certains des différents ingrédients d'une vie équilibrée, vous pouvez y ajouter les aspects qui sont particulièrement importants à vos yeux. Peut-être souhaiteriez-vous passer davantage de temps seul ou encore vous adonner à un loisir ou à une activité créative en particulier. Prenez du recul et considérez votre vie selon cette nouvelle perspective. Qu'est-ce qu'une vie équilibrée, selon vous? Quelles sont les choses dont vous voulez davantage, et celles dont vous voulez moins? Créez un portrait global de votre vie, et décrivez-le dans votre journal. Cette vision vous semblera peut-être fantaisiste, mais vous ne tarderez pas à la transformer en réalité.

Branchez votre tête à votre cœur

La plupart d'entre nous avons été habitués à vivre sur un mode cérébral. Notre culture valorise la connaissance, la vivacité intellectuelle ainsi qu'une solide éducation. Mais une personne qui vit dans sa tête est coupée de ses émotions, pourtant essentielles à sa capacité d'atteindre le bien-être. Lorsque vous perdez contact avec vos émotions, plusieurs choses peuvent se produire. Premièrement, vous risquez de prendre des décisions qui ne sont pas nécessairement dans votre meilleur intérêt. Vous êtes plus susceptible de mettre de côté vos priorités au profit des exigences des autres en faisant ce que vous croyez devoir faire au lieu de ce que vous avez envie de faire. Vous savez que vous agissez ainsi lorsque vous acquiescez à une demande et que vous le regrettez aussitôt.

Deuxièmement, votre seuil de tolérance au stress et à l'anxiété augmente, et vous finissez par «subir» les choses. Vous assumez de plus en plus de responsabilités, sans vous rendre compte que vous êtes surchargé jusqu'à ce qu'il soit trop tard. Je reconnais cette tendance chez mes clients qui souffrent de grippes et de maladies à répétition. C'est un signe de surmenage et de stress. Mais le signal d'alarme ne se déclenche que lorsqu'il est trop tard.

Troisièmement, vous vous privez de toute la richesse que procurent les émotions. J'emploie souvent l'expression «être en contact avec son âme» pour décrire cette capacité de vraiment ressentir les choses en toute situation. Vivre dans votre tête nuit également à votre capacité de vous laisser profondément toucher par vos expériences – et vous engourdit progressivement l'âme.

Vous savez que vous êtes coupé de vos sentiments lorsque vous vous sentez indifférent dans des occasions où les autres réagissent de façon plus émotive, comme par exemple à des mariages ou des funérailles, et que votre conjoint, vos amis ou les membres de votre famille vous font remarquer que vous semblez distant et retranché en vous-même. Le lien entre votre tête et votre cœur est essentiel à une vie saine. Sans lui, vous finirez par traverser la vie comme un somnambule. Voici des exercices qui vous aideront à créer ce lien.

Passez à l'action! Arrêtez-vous – Respirez – Ressentez

Vérifiez l'état de vos émotions avant de prendre toute décision. Détendez-vous, respirez, et laissez les choses monter en vous. Quand nos vies bougent trop vite, nous devenons incapables de ressentir quoi que ce soit, et nous avons tendance à agir impulsivement. Lorsque vous faites face à un choix, arrêtez-vous, prenez une profonde respiration et prenez acte de vos émotions. Y a-t-il des signes de tension? Où se situe-t-elle? Est-ce quelque chose que vous voulez vraiment faire? La respiration vous aidera à habiter votre corps ainsi qu'à brancher votre tête à votre cœur. Le corps ne ment jamais et peut devenir un puissant guide qui vous aidera, si vous le laissez faire, à prendre vos décisions.

Donnez-vous le temps de vraiment sentir ce que vous aimeriez faire. Mon amie Helen a adopté une politique personnelle qui donne de bons résultats. Elle attend toujours après une bonne nuit de sommeil avant de prendre toute décision. Ses amis et sa famille sont au courant de cette politique, et lui laissent tout le temps voulu pour se décider. De cette façon, elle est toujours certaine d'avoir pris la bonne décision.

Passez la semaine qui vient à remarquer consciemment comment réagit votre corps à différentes expériences. Par exemple, remarquez comment vous vous sentez lorsque vous avez une conversation avec quelqu'un, regardez un film ou lisez le journal. Exercez-vous à brancher votre tête à votre cœur en vous laissant amplement le temps de respirer profondément et de prendre conscience de ce qui est en vous. En renforçant ce lien par une pratique quotidienne, vous commencerez instinctivement à savoir ce que vous voulez vraiment, et il vous sera d'autant plus facile de prendre des décisions dans le souci du plus grand soin de vous-même.

Passez à l'action! Ralentissez

Comme je l'ai mentionné plus tôt, il est difficile de ressentir quoi que ce soit lorsqu'on vit trop rapidement. Ne laissez pas le rythme effréné de notre société vous confiner à votre univers mental. Commencez à ralentir la cadence consciemment et à remarquer comment vous vous sentez au cours de la journée. Lorsque vous dégustez un repas, mangez lentement et concentrez votre attention sur le présent. Lorsque vous vous rendez à l'arrêt d'autobus, ralentissez et remarquez vos émotions. Parlez plus lentement, écrivez plus lentement, cessez de courir d'un rendez-vous à l'autre. Ramenez-vous au moment présent à l'aide de cet exercice très simple :

Lorsque vous courez dans tous les sens, arrêtez-vous et répétez les phrases suivantes en vous-même :

> *[Votre nom], arrête-toi et sois présent.*
> *Inspire profondément (respirez).*
> *[Votre nom], ralentis, remarque ce qui t'entoure (regardez autour de vous).*
> *(Demandez-vous) Comment est-ce que je me sens présentement?*

Vous pouvez avoir recours à cet exercice à tout moment de la journée afin de vous exercer à ralentir le rythme. Vous pourriez même coucher sur papier, dans votre journal, les émotions avec lesquelles vous entrez en contact. Vous découvrirez avec bonheur que la vie est beaucoup plus enrichissante lorsqu'on s'arrête pour en profiter.

Écoutez votre sagesse intérieure

À mesure que vous ralentirez et vous brancherez sur vos émotions, vous serez prêt pour un autre ingrédient important dans la pratique du plus grand soin de vous-même : reprendre contact avec votre «sagesse intérieure». Vous possédez une voix intérieure qui, si vous l'écoutez, vous guidera vers des décisions qui seront toujours dans votre meilleur intérêt. Certaines personnes appellent cette voix le moi supérieur, la sagesse profonde ou l'intuition. J'aime à penser qu'il s'agit de la voix de l'âme. C'est la partie de vous-même qui recèle plus de sagesse que vous n'en avez conscience. C'est votre lien fondamental avec le divin, et lorsque vous écoutez cette sagesse et agissez en conséquence, votre vie devient une aventure magique.

À de nombreuses reprises dans le présent livre, je vais vous demander de faire appel aux conseils de votre sagesse intérieure afin de vous aider à prendre des décisions. Avec le temps, vous en viendrez à faire confiance à cette sagesse dans tout ce que vous entreprenez. J'aimerais que vous commenciez à ouvrir cette voie de communication avec votre sagesse intérieure à l'aide des exercices suivants :

Passez à l'action ! Demandez de simples conseils

À différents moments de la journée, arrêtez-vous et demandez conseil à votre sagesse intérieure sur des décisions simples. Commencez avec quelque chose de modeste, comme par exemple le meilleur choix de livre à acheter ou de film à voir. Portez attention aux réponses qui surgissent au hasard dans votre esprit. Vous pourriez voir une image, entendre une voix ou éprouver une sensation dans votre for intérieur vous indiquant la voie à suivre. Peut-être vous demanderez-vous si votre choix est bel et bien inspiré par votre sagesse intérieure ou si ces signes ne sont que le fruit de votre imagination. Ne vous en faites pas. Le fait de demander conseil régulièrement à votre sagesse intérieure lui signale que vous êtes prêt à l'écouter, ce qui ouvre la porte à une meilleure communication. Avec le temps, vous aurez de plus en plus de facilité à reconnaître la voix de votre sagesse intérieure. D'ici là, portez simplement attention à ce qui se présente.

Amy avait accepté l'invitation d'un ami à aller au cinéma voir un drame se déroulant à l'époque des premiers gangsters de Las Vegas. Son instinct lui avait pourtant fait sentir qu'il ne s'agissait probablement pas du meilleur choix. En effet, Amy détestait les films violents, dont les images persistaient dans son esprit longtemps après la représentation. Mais, croyant qu'elle était trop sensible (un jugement que nous passons communément lorsqu'il s'agit de notre intuition), elle a décidé d'accepter l'invitation.

À mi-chemin du film, Amy s'est trouvée prise de nausée devant une scène de violence particulièrement explicite. À partir de ce moment-là, loin de se remettre, elle s'est sentie de plus en plus mal. Elle a dit s'être sentie « violentée » par les horribles images de brutalité. En quittant le cinéma, Amy était très contrariée. Elle s'en voulait de ne pas avoir suivi son instinct (sa sagesse intérieure). Mais elle venait d'apprendre une précieuse leçon, qu'elle n'était pas près d'oublier. Son intense réaction émotionnelle était venue lui rappeler sans ambiguïté qu'elle pouvait faire confiance à sa sagesse intérieure.

Arrêtez-vous et demandez maintenant conseil à votre sagesse intérieure en ce qui a trait à une décision simple. Portez attention aux signes qu'elle vous envoie et assurez-vous d'agir en conséquence.

UTILISEZ VOTRE JOURNAL. Pour ceux et celles d'entre vous qui préféreraient adopter une approche différente, écrire des lettres à votre sagesse intérieure est une autre façon efficace d'établir un lien avec elle. Ouvrez votre journal, et écrivez une lettre qui commence par « Chère sagesse intérieure », puis rédigez tout ce qui vous vient à l'esprit. Laissez vos pensées circuler librement sans vous censurer. Écrivez jusqu'à ce que vous ressentiez un sentiment d'aboutissement. Puis, terminez en posant une question à votre sagesse intérieure, comme par exemple :

- Quel serait pour moi le meilleur choix ?
- Quelle serait pour moi la meilleure direction à prendre ?
- Qu'est-ce qui m'empêche d'aller de l'avant ?
- Qu'est-ce que j'ai besoin d'apprendre ?

Concentrez votre énergie sur la question en même temps que vous l'écrivez. Puis, installez-vous tranquillement et laissez-vous entrer dans un état de réceptivité. Vous pouvez y arriver en imaginant un bol vide qui attend d'être empli par une réponse. Ou vous pouvez vous rappeler une période où vous étiez profondément amoureux. À mesure que vous sentez votre cœur et votre esprit s'ouvrir, attendez tranquillement la réponse.

Lorsque vous sentez le moment venu, remettez-vous doucement à écrire. Laissez toutes les choses qui vous viennent à l'esprit emplir la page. Au début, vous entendrez peut-être votre juge intérieur vous murmurer des choses telles que « c'est stupide » ou « c'est mon esprit qui fabrique les réponses ». Oui, c'est bien de *vous* que viennent les réponses, mais plus vous serez en contact avec votre sagesse intérieure, plus ces réponses proviendront d'un ordre supérieur.

INSPIREZ-VOUS DE VOS RÊVES. Porter attention à vos rêves constitue une autre façon de tisser un lien avec votre sagesse intérieure. Nous faisons tous des rêves, mais parfois nous les oublions. En écrivant vos rêves dans votre journal, ou ne serait-ce que les fragments dont vous vous rappelez, vous faites comprendre à votre inconscient que vous êtes à l'écoute. Lorsque ce message sera bien reçu, vous aurez plus de facilité à vous rappeler vos rêves.

Avant de vous endormir, demandez à votre sagesse intérieure des conseils sur une question en particulier. Portez lentement cette question à votre esprit et gardez-la pendant que vous tombez endormi. Vous pouvez garder une enregistreuse à proximité pour lui confier les pensées et les impressions qui vous réveillent pendant la nuit. Comme il est beaucoup plus facile de se remémorer des fragments de rêve lorsqu'on s'éveille doucement, essayez de faire cet exercice sans utiliser votre réveil. Vos rêves jetteront parfois un éclairage important sur votre subconscient.

Gary avait décidé d'utiliser ses rêves afin de mieux comprendre pourquoi il tombait malade à répétition. Chaque soir, il posait à sa sagesse intérieure une simple question : «Qu'est-ce que j'ai besoin de comprendre ?» Les deux premières nuits, Gary ne s'est rappelé d'aucun de ses rêves, mais il a continué à poser la question. La troisième nuit, il a fait un rêve puissant. Il y voyait un cheval se faire battre par un homme qui lui était familier, mais qu'il ne pouvait identifier. En regardant l'homme battre le cheval, il était incapable d'émettre une seule parole. Il voulait arrêter l'homme, mais ne pouvait parler. Lorsque Gary et moi avons discuté de ce rêve et de ce qu'il signifiait pour lui, il a dit croire que le cheval et son tortionnaire représentaient tous deux des aspects de lui-même. Il était d'avis que le rêve lui disait de cesser de se tomber dessus constamment.

Passez à l'action ! Faites une demande à voix haute

La dernière méthode permettant d'être à l'écoute de notre sagesse intérieure est ma préférée. Lorsque vous êtes aux prises avec un dilemme ou une question, levez-vous et demandez l'aide de votre sagesse intérieure, en parlant tout haut. Par exemple, si vous avez besoin d'aide concernant la façon de procéder dans la réalisation d'un projet, levez-vous et dites fermement : «Écoute-moi, sagesse intérieure, j'ai besoin de ton aide pour ce projet. Je n'avance plus et je ne sais plus comment progresser. Que dois-je faire ?»

Remarquez la première chose qui vous vient à l'esprit. Le nom d'une personne, un renseignement ou un endroit s'imposent-ils à votre attention ? Vous ne percevez rien ? Quelle que soit la réponse, passez à l'action. Communiquez avec la personne, tâchez d'en savoir davantage sur la question ou rendez-vous à l'endroit qui vous est venu à l'esprit. Si vous n'avez rien obtenu comme réponse, cessez toute activité et détendez-vous.

Lorsque vous prendrez l'habitude de vous fier aux conseils de votre sagesse intérieure, vous commencerez tout naturellement à faire les bons choix pour votre vie. Restez ouvert, demeurez à l'écoute de votre voix intérieure et, surtout, agissez !

Félicitations ! Le moment est maintenant venu de vous récompenser pour votre dur travail et votre persévérance ! Offrez-vous un présent. Prenez rendez-vous pour un massage. Prenez l'après-midi de congé et allez vous amuser, voir un bon film ou faire quelque chose qui reflète votre souci de vous faire passer en premier. Vous êtes sur la bonne voie pour arriver à prendre le plus grand soin de vous-même et acquérir les habitudes menant à une vie plus équilibrée. Ces actions vous aideront à démarrer, et, à mesure que vous incorporerez cette philosophie dans votre vie quotidienne, vous constaterez que des « coïncidences » surviendront. À mesure qu'une puissance d'un ordre plus élevé s'installera dans votre vie et soutiendra votre décision de prendre soin de vous-même, écrivez à propos de ces expériences dans votre journal et encerclez-les en rouge ! Laissez-les vous rappeler qu'une magie naît lorsque vous prenez le plus grand soin de vous-même.

RAPPELS

Votre vie ne se résume pas à votre travail. Placez-vous en tête de votre liste de « choses à faire », et laissez la pratique du plus grand soin de vous-même constituer la solide fondation d'une existence de grande qualité.

- Commencez à être égoïste – vous le méritez !
- Prenez le plus grand soin de vous-même :
    Apprenez à vous connaître !
    Branchez votre tête à votre cœur.
    Soyez à l'écoute de votre sagesse intérieure.

RESSOURCES

JOURNAUX INTIMES

Closerie Publishing, Inc.
1952 South La Cienerga Blvd.
Los Angeles, CA 90034
(310) 559-9704
Closerie offre différents types de journaux intimes.

Running Rhino & Co.
P.O. Box 24843
Seattle, WA 98124
(206) 284-2868
www.runningrhino.com
Running Rhino offre des journaux de différents formats avec reliure – idéaux pour écrire et dessiner.

SARK'S Play! Book and Journal: A Place to Dream While Awake
SARK (Berkeley, CA, Celestial Arts, 1993)
Ce journal à nul autre pareil vous incite à écrire en posant des questions amusantes et intéressantes.

SITES WEB

Dream Work: Dream Pactices from Various Traditions
www.resonate.org/places/practice/dreams.htm
Ce site Web fournit divers renseignements sur le travail concernant les rêves.

AUTRES

Center for Jung Studies of Detroit
17150 Kercheval Avenue
Grosse Pointe, MI 48230
(313) 881-7970
Cette organisation offre des programmes d'étude sur les rêves.

Inner Work: Using Dreams and Active Imagination for Personal Growth

Par Robert A. Johnson (HarperSanFrancisco, 1989)

Robert Johnson, auteur et analyste jungien renommé, explique de quelle façon le travail sur les rêves et sur l'imagination active peut mener à l'intégration du conscient et de l'inconscient, dans le but de faire de vous un être entier et de vous procurer une vie plus satisfaisante.

Wayne McEwing

The Dream Connection
Dreamcomm@aol.com
888-why dream

Wayne offre des consultations téléphoniques à des clients de partout au pays. Il croit que les rêves procurent des renseignements nouveaux provenant directement de la partie la plus élevée et la plus authentique d'une personne, et il aide ses clients à faire bon usage de cette sagesse dans leur vie de tous les jours.

2

Clarifiez

vos

priorités

Nous sommes lundi matin, et comme d'habitude, Don court dans tous les sens pour arriver au travail à l'heure. Depuis plusieurs semaines, il n'a pas pu aller faire de l'exercice avant de se rendre au travail, même si ce n'est pas l'envie qui lui manque. Malheureusement, des nuits sans sommeil causées par un stress persistant l'empêchent de se lever à temps. À titre de directeur médical d'un centre de santé très fréquenté, il reçoit plus de trente patients par jour, en plus de faire des consultations téléphoniques et de voir à la gestion du personnel administratif.

Don affirme avoir l'impression de gaspiller sa vie. Il rêve de se marier et de fonder une famille, mais il ne peut imaginer comment il pourrait faire entrer une épouse et des enfants dans son horaire débridé. En route vers le travail, Don se demande s'il pourra tenir jusqu'à la fin de la journée, qui se présente comme une succession ininterrompue de rendez-vous et de réunions jusqu'à 19 heures. Encore une fois, il devra annuler sa partie de squash avec George, un ami dont la patience arrive à bout. Don n'en peut plus de ne jamais avoir le temps de faire ce dont il a envie. En s'arrêtant à un feu rouge, il renverse la tête, ferme les yeux et se répète pour la centième fois que cette frénésie doit cesser.

À combien de reprises vous êtes-vous senti comme Don, frustré de ne pas pouvoir trouver le temps de faire les choses qui vous importent? Avez-vous l'impression qu'aller au gymnase, rencontrer un ami pour le lunch ou même lire un bon livre sont des tâches qui s'ajoutent à votre interminable liste de «choses à faire»? À quand remonte la dernière fois que vous avez profité d'un après-midi de détente au musée ou d'une soirée emmitouflé au lit à regarder une bande vidéo?

Chaque jour, des millions d'Américains conjuguent travail et obligations personnelles, essayant de prendre une longueur d'avance et de suivre le rythme effréné de la vie. Ils travaillent pendant de longues heures et effectuent des tâches personnelles comme aller à la banque ou faire des courses pendant l'heure du lunch et les week-ends. Ils prennent des cours dans le cadre de leur travail, assistent à des conférences et démystifient les plus récentes technologies, dans le but de devancer la concurrence. Courriel, boîte vocale, courrier ordinaire, télécopie et messageries – les choses mêmes qui sont censées leur rendre la vie plus facile – réclament sans cesse leur attention, les forçant à mettre de côté les choses qui leur importent sur le plan personnel. Pas étonnant que les livres sur la simplicité soient devenus si populaires, car le désir d'en finir avec cette démence ne cesse de croître.

Vous avez le choix de la façon dont vous souhaitez vivre votre vie ou consacrer votre temps. Vous pouvez soit continuer à vivre comme vous le faites en espérant que les choses s'améliorent, ou agir pour changer. Dans le présent chapitre, nous allons poursuivre notre cheminement sur la voie du plus grand soin de vous-même en nous concentrant sur trois choses que vous devrez faire pour clarifier vos priorités.

Premièrement, nous porterons un regard réaliste sur la façon dont vous passez votre temps maintenant. Quelles sont les choses qui, quotidiennement, font l'objet de votre attention et de votre concentration? En examinant de près à quoi vous consacrez votre temps, vous pourrez comprendre clairement quelles sont vos priorités actuelles. Vous pourrez alors vous demander si elles ont du sens. En considérant votre horaire selon une nouvelle perspective, vous comprendrez mieux les changements que vous devrez apporter pour sortir de la course et profiter de la vie.

Une fois déterminée la nature de vos priorités actuelles, je vous demanderai de faire appel aux conseils de votre sagesse intérieure afin d'en établir de nouvelles. En suivant votre sagesse intérieure, vous modifierez intentionnellement vos priorités dans le but d'en établir d'autres qui vous permettront de porter attention à ce qui est important pour vous. Enfin, lorsque vous aurez créé vos nouvelles priorités, je vous montrerai comment les respecter, de façon à prendre le temps de choisir votre vie.

OÙ VA TOUT CE TEMPS ?

Commençons par examiner votre emploi du temps. Où passez-vous votre temps ? De quoi a l'air une semaine type de votre vie ? C'est à ce moment-là que mes clients deviennent nerveux. Lorsque je leur demande de me faire parvenir par télécopieur une copie de leur emploi du temps de façon à ce que nous examinions ensemble leur semaine de travail, ils se lancent immédiatement dans des excuses expliquant pourquoi ils ne peuvent rien annuler : « C'est la troisième fois que je remets ce dîner, et si j'annule encore une fois elle va me tuer » ou « Je me suis engagée à me rendre à cette réunion, je ne peux plus reculer », ou encore « Je suis président du conseil, c'est mon devoir d'assister aux réunions deux fois par semaine ». Le message qui sous-tend chacune de ces excuses très réelles est que tous ces gens sont persuadés de ne pas avoir le choix en ce qui a trait à leur emploi du temps. C'est là notre première erreur : ajouter foi à ce mensonge.

Nous avons tous et toutes le choix. Certains décisions peuvent être difficiles à prendre, comme par exemple annuler un engagement ou un rendez-vous, quitter un emploi trop exigeant, mettre fin à une relation qui nous vide de notre énergie ou dire non à un enfant. Mais il ne faut pas confondre difficile avec impossible.

Si vous voulez obtenir une amélioration rapide et substantielle de votre qualité de vie, prenez une décision importante. Par exemple, vous pourriez décider de quitter votre poste de vice-président du conseil et laisser la place à quelqu'un d'autre. Bien sûr, cette décision pourrait s'avérer difficile et susciter chez vous des inquiétudes en ce qui a trait à la réaction des autres, mais la qualité de votre vie s'en trouvera immédiatement améliorée.

Si vous préférez effectuer un changement plus lent, prenez une décision plus modeste. Annulez vos rendez-vous de l'après-midi et allez vous divertir, ou réduisez votre degré de stress en gardant une soirée entièrement libre pendant la semaine pour vous détendre. Ce qu'il vous faut comprendre, c'est que vous avez le choix en ce qui a trait à la façon dont vous vivez votre vie. Il ne vous reste qu'à déterminer à quel point vous êtes prêt à vous en prévaloir ou en mesure de le faire.

Le temps qui nous est alloué n'est pas illimité. Nous ne disposons que d'une certaine quantité de temps – 168 heures par semaine, 52 semaines par année, avec de la chance. Le temps est un cadeau que la plupart d'entre nous tenons pour acquis. Nous devenons tellement pris dans le tourbillon de nos vies quotidiennes que nous nous arrêtons rarement pour réfléchir sérieusement à la façon dont nous utilisons ce cadeau. Au lieu de cela, nous avons recours à des ordinateurs bloc-notes, des agendas électroniques ou autres outils perfectionnés dans l'espoir de répartir notre temps plus efficacement. Mais ces gadgets ne servent qu'à perpétuer le mythe selon lequel nous pouvons «gérer le temps». En réalité, nous ne pouvons que nous gérer nous-mêmes. La meilleure façon de trouver plus de temps consiste à dire non, à prévoir moins d'activités à l'agenda ou à annuler des rendez-vous. Il s'agit ici de «gestion de soi-même», ce qui n'a rien à voir avec la gestion du temps.

Mes nouveaux clients se plaignent souvent qu'ils ont à peine le temps d'aller à la salle de bain, et donc encore moins de suivre un cours qui les intéresse depuis toujours ou d'avoir une conversation détendue avec un ami. Lorsque je regarde la quantité moyenne de temps que ces clients consacrent à leurs activités ordinaires pendant une journée type de la semaine, je ne m'étonne pas qu'ils aient l'impression d'avoir à ce point perdu la maîtrise de leur vie. En effet, pour eux, il n'y a tout simplement plus assez d'heures dans une journée.

Nombre total d'heures dans une journée :   24
Nombre moyen d'heures consacrées :

Au sommeil (temps passé au lit, sans
    nécessairement dormir)   7
Au travail (comprenant les déplacements,
    la préparation, les inquiétudes, etc.)   12
À l'entretien de sa personne (repas, ménage,
    courses, habillement, etc.)   4
À soi-même (exercice, amis et famille, etc.)   1

Total des heures restantes   0

Avec un horaire comme celui-là, les week-ends deviennent un fourre-tout où s'entassent toutes les activités liées aux nécessités de la vie, comme la lessive, faire réparer la voiture ou l'ordinateur, les courses et autres tâches personnelles, sans compter le travail que vous rapportez à la maison, que ce soit dans votre porte-documents ou dans votre tête. Lorsque vous additionnez toutes ces heures dans une semaine, c'est encore plus évident.

L'une des meilleures façons de voir si votre horaire reflète vos priorités est d'inscrire sur une feuille de papier les détails d'une semaine type de travail. Pour mieux comprendre de quoi il s'agit, examinons l'horaire hebdomadaire de ma cliente Joan.

Épouse et mère de deux enfants, Joan étudiait à temps plein afin d'obtenir son diplôme en même temps qu'elle élevait sa famille. Son mari, technicien en réseautique œuvrant dans le service à la clientèle d'une entreprise informatique, travaillait sur appel 24 heures sur 24 et rentrait rarement à la maison à temps pour dîner avec les enfants. Joan affirmait que sa vie lui apparaissait chaotique. Ballottée entre les activités de ses enfants, l'école et l'entretien de la maison, elle vivait avec le sentiment constant d'être dépassée par les événements, ce qui la vidait la plupart du temps de toute énergie.

Au cours de notre conversation téléphonique, Joan s'est plainte de se sentir coupée de son mari et aisément frustrée par les enfants. Elle remettait en question sa décision de poursuivre ses études et avouait en hésitant rêver secrètement qu'elle faisait ses bagages et qu'elle quittait cette vie pour de bon.

Cette pensée sombre était fort compréhensible, compte tenu de l'état de sa vie quotidienne. Je lui ai donc demandé d'indiquer en détail son emploi du temps quotidien pendant une semaine. Une fois l'exercice terminé, elle n'a eu aucun mal à comprendre son état d'esprit. Voici ce qu'il en était :

EMPLOI DU TEMPS DE JOAN

	Dimanche	Lundi	Mardi	Mercredi	Jeudi	Vendredi	Samedi	Heures totales
Nombre total d'heures	24	24	24	24	24	24	24	168
Activités :								
Sommeil	8	8	8	8	8	8	8	56
Études	4	8	7	7	7	6	3	42
Tâches quotidiennes :	4	3	3	4	3	3	4	24
Soins personnels								
Ménage								
Courses								
Cuisine								
Lessive								
Sensation d'épuisement	2	1	1	1	1	1	3	10
Entretien des enfants	4	3	4	4	4	3	4	26
Mari	1					1	1	3
Elle-même	1						1	2
Santé		1	1		1			3
Amis						2		2
Nombre total d'heures restantes	0	0	0	0	0	0	0	0

Il est facile de voir pourquoi la vie de Joan était si insensée. Après avoir ajouté les 56 heures en moyenne consacrées au sommeil, elle a constaté que toutes les heures de sa semaine étaient prises. Ses études, combinées à l'entretien du foyer et au soin des enfants, représentaient plus de travail que ne pouvaient en accomplir deux personnes. Joan, qui avait toujours été habituée à avoir les choses bien en main et n'était jamais à court de ressources, quelle que soit la situation, avait maintenant l'impression de perdre la maîtrise de sa vie. C'est là une situation typique, en particulier chez les perfectionnistes. Ils s'entêtent à en faire toujours plus, à tout accepter, comme ils l'ont toujours fait, jusqu'à ce qu'ils se rendent compte qu'ils n'arrivent plus à se retrouver dans toute cette folie. Ou qu'ils tombent d'épuisement.

Lorsque vous êtes prisonnier d'un horaire dément, il est facile de perdre de vue la façon dont vous passez votre temps et de ne pas voir que vos priorités sont mauvaises. Lorsque Joan a dressé une liste de ses activités en ordre de priorité sur la base du temps consacré à chacune, les choses se présentaient comme suit :

1. Études (cours, déplacements, travaux, étude) – 42 heures par semaine
2. Tâches quotidiennes (soins personnels, ménage, courses, cuisine, lessive, etc.) – 24 heures par semaine
3. Enfants (soins, divertissement, déplacements pour les mener à leurs activités) – 26 heures par semaine
4. Temps perdu (sensation d'épuisement qui empêche de faire quoi que ce soit) – 10 heures par semaine
5. Temps passé avec son mari – 3 heures par semaine
6. Temps avec elle-même (lecture, détente) – 2 heures par semaine
7. Santé émotionnelle et physique/temps passé avec les amis – 5 heures par semaine

Joan a été surprise de voir le peu de temps qui lui restait pour elle-même, sa santé et son bien-être. Elle s'est alors demandée comment les choses avaient pu dégénérer à ce point. Il importe de vous arrêter et de regarder de près ce qui accapare votre temps. Souvent, mes clients me disent que leur famille est leur priorité, mais lorsqu'ils analysent leur horaire de la semaine, ils se rendent compte qu'ils ne consacrent que trois heures à cette priorité.

Plus loin dans le présent chapitre, nous examinerons les nouvelles priorités de Joan et verrons comment elle a réorganisé son horaire pour pouvoir les respecter. Mais commençons par voir ce qu'il en est de votre temps.

Passez à l'action! Où va votre temps?

À quoi consacrez-vous ce cadeau qu'est votre temps? En utilisant le tableau figurant à la page 73, indiquez vos activités quotidiennes accompagnées du nombre moyen d'heures consacrées à chacune. Soyez créatif – utilisez une grande feuille de papier et prenez tout l'espace dont vous avez besoin. Soyez précis. Si le travail occupe une partie importante de votre vie, vous devriez peut-être décomposer vos tâches quotidiennes en détail pour voir combien de temps vous passez à accomplir celles qui vous plaisent le plus.

Soyez honnête avec vous-même. Par exemple, lorsque vous calculez votre temps de travail, assurez-vous d'additionner le temps passé à travailler comme tel aux déplacements, à la préparation et au temps passé à vous inquiéter sur des questions liées au travail. Lorsque vous ferez le total de ces heures, vous saurez combien de temps le travail occupe réellement dans votre vie.

Si vous utilisez un carnet de rendez-vous, examinez votre horaire des quelques semaines précédentes pour vous aider à déterminer ce que vous faites de votre temps. Sinon, demandez à votre conjoint, à vos enfants ou à vos amis proches de vous dire ce qui, selon eux, accapare le plus votre temps et votre attention. Je demande parfois à parler au conjoint de mes clients de même qu'aux colocataires, aux secrétaires ou aux collègues pour aider mes clients à se faire une idée très précise de leurs activités de la semaine. Ces personnes peuvent fournir des renseignements extrêmement utiles sur votre «vrai» emploi du temps et vous aider à prendre conscience de certains comportements que vous êtes trop occupé pour remarquer.

Dans la colonne de gauche, faites la liste de vos activités à l'aide des exemples ci-dessous. Ensuite, indiquez le nombre moyen d'heures correspondant quotidiennement à chacune. Enfin, faites le total d'heures par jour et par semaine.

Liste d'activités

Voyages

Études

Inquiétudes

Sommeil

Divertissement

Comptes

Télévision

Temps passé seul

Soins personnels

Repos et détente

Réponse aux messages
    téléphoniques et électroniques

Fatigue

Travail (déplacements, prépa-
    ration, inquiétudes, pensée
    créative/imagination)

Déplacements

Apprentissage

Plaisir

Courses

Soins aux enfants

Amis et famille

Bénévolat

Loisirs

Santé et bien-être

Pratique spirituelle

Lecture

Rêveries

Tâches domestiques (nettoyage,
    cuisine, courses,
    réparations/entretien)

MON EMPLOI DU TEMPS

	Dimanche	Lundi	Mardi	Mercredi	Jeudi	Vendredi	Samedi	Heures totales
Nombre total d'heures	24	24	24	24	24	24	24	168
Activités :								
Sommeil								
Travail :								
Déplacements								
Préparation								
Inquiétudes								
Tâches quotidiennes :								
Soins personnels								
Ménage								
Courses								
Cuisine								
Lessive								
Autres :								

Nombre total d'heures restantes

Passez à l'action! Dressez la liste de vos priorités actuelles

La façon dont vous employez votre temps révèle vos priorités réelles. Vous pouvez commencer à voir les choses qui sont importantes pour vous à partir du nombre d'heures que vous leur consacrez. Dressez ci-dessous la liste des sept choses qui prennent le plus de votre temps. À l'aide des heures totales obtenues au tableau, faites la liste de vos priorités actuelles, en commençant par l'activité qui vous prend le plus de votre temps et en terminant par celle qui vous en prend le moins.

1. _____
2. _____
3. _____
4. _____
5. _____
6. _____
7. _____

En relisant votre liste, posez-vous les questions suivantes, et notez vos réponses dans votre journal.

1. Ma vie est-elle équilibrée?
2. Qu'est-ce qui manque à ma liste?
3. S'il s'agissait de ma dernière semaine sur cette terre, serais-je satisfait de cette façon d'occuper mon temps?
4. Mes priorités sont-elles celles que je croyais?
5. S'agit-il des priorités que je veux par-dessus tout?
6. Combien de temps est-ce que je passe à m'occuper des autres?
7. Ai-je trop d'activités?

Certains de mes clients se rendent compte qu'il leur manque du temps. En d'autres termes, leur nombre total d'heures est supérieur aux 168 heures que comprend une semaine. Bien que cela puisse se produire en raison d'une mauvaise évaluation des heures, c'est le plus souvent le résultat d'un horaire de fou et d'une mauvaise connaissance de la façon dont on occupe son temps.

Passez à l'action! Établissez vos nouvelles priorités

Maintenant que vous avez pris connaissance de vos priorités actuelles – ce à quoi vous employez votre temps –, vous êtes prêt à réévaluer votre liste et à choisir consciemment de nouvelles priorités sur la base de ce qui vous importe vraiment. Votre lien avec votre sagesse intérieure est un aspect essentiel de ce processus.

Réservez un après-midi où vous ne risquez pas d'être interrompu pour effectuer cet exercice. Si vous travaillez à la maison, vous devriez peut-être trouver un autre endroit pour éviter les interruptions susceptibles de se produire. Considérez cette période comme sacrée, comme un moment privilégié pour plonger à l'intérieur de vous-même et pour décider à quoi vous voulez dire oui dans votre vie.

Faites appel à votre guide intérieur pour établir vos nouvelles priorités. Commencez par vous détendre. Fermez les yeux et respirez profondément, en vous détendant un peu plus à chaque respiration. Laissez vos pensées vagabonder librement.

Lorsque vous vous sentez prêt, ouvrez votre journal et, en utilisant la liste de vos priorités actuelles, répondez aux questions suivantes :

Qu'est-ce qui vous importe le plus en ce moment dans votre vie?
Où aimeriez-vous passer plus de temps?
Si vous pouviez faire tout ce que vous voulez sans restrictions, que feriez-vous?
Certains domaines de votre vie nécessitent-ils votre attention, comme votre santé, une relation, votre travail ou vos finances?
Avez-vous un rêve ou un désir secret que vous ne cessez de remettre à plus tard et auquel vous aimeriez consacrer plus de temps? De quoi s'agit-il?
À quoi devriez-vous consacrer moins d'attention? Plus d'attention?

Écrivez les premières choses qui vous viennent à l'esprit. Donnez-vous la permission de laisser libre cours à vos désirs. Que voulez-*vous*? Oubliez les « je devrais » et concentrez-vous sur les « je veux ». Qu'est-ce qui est important pour votre bien-être et la prochaine étape de votre croissance personnelle? Avez-vous des problèmes d'argent qui vous enchaînent à un emploi que vous détestez? Donnez-vous la priorité de les régler. Aimeriez-vous avoir plus de plaisir dans la vie? Inscrivez cet aspect dans votre liste. Caressez-vous un projet que vous remettez constamment à plus tard, comme écrire un livre ou étudier une autre langue? Prenez-en note. Ne vous contentez pas de moins. C'est de votre vie qu'il s'agit. Choisissez les priorités qui sont personnellement importantes pour vous, et ajoutez-les à votre liste. Considérez tous les domaines de votre vie :

Santé émotionnelle et physique
Relations
Bien-être spirituel
Travail
Service/apport aux autres
Plaisir/aventure/loisir

Passez à l'action! Dressez une liste de oui absolus

Une fois que vous avez défini ce qui est important pour vous en ce moment, vous êtes prêt à dresser une nouvelle liste – une liste de oui absolus. Il s'agit d'une nouvelle liste de priorités qui vous inspirera à utiliser de façon différente ce cadeau qu'est le temps. Elle constituera le guide par excellence qui vous aidera à faire des choix judicieux sur la façon de vivre votre vie. À titre d'exemple, retournons à la situation de Joan.

À mesure qu'elle remaniait ses priorités, Joan se rendait compte que si elle n'accordait pas plus d'importance à sa santé émotionnelle et physique, elle allait droit vers l'épuisement professionnel et serait incapable de prendre soin d'elle-même et de sa famille. Elle a donc décidé de placer son bien-être en tête de sa nouvelle liste et de consacrer, tous les jours, du temps à la lecture ou à la méditation, ou encore à se donner la permission de ne faire absolument rien.

Comme Joan était persuadée qu'un mariage solide est une fondation essentielle pour élever une famille, elle a décidé de placer au deuxième rang de sa liste les moments avec son mari. Non seulement souhaitaient-ils passer du temps ensemble durant la semaine, mais ils ont décidé de sortir de la ville un week-end à tous les deux mois et passer la nuit dans un endroit à prix raisonnable. Bien des couples qui travaillent à l'extérieur de la maison en arrivent facilement à tenir leur relation pour acquise et finissent par se perdre de vue. Joan et son mari ont voulu faire de la qualité de leur mariage une priorité en passant davantage de temps ensemble.

Joan a également décidé de s'inscrire à moins de cours chaque semestre. En refaisant sa liste, elle a compris que sa qualité de vie était beaucoup plus importante que d'obtenir son diplôme dans les délais qu'elle s'était imposés. En choisissant sa vie plutôt que de finir ses études rapidement, elle pouvait profiter des deux – une idée toute nouvelle pour elle.

Joan a également déterminé des façons de combiner le temps passé avec sa famille et celui passé avec ses amis. Avec une amie, elle a trouvé des activités qu'elles pouvaient faire ensemble, avec leurs enfants. Je lui ai également recommandé d'engager une aide domestique, même si c'était seulement deux fois par mois, pour s'occuper du ménage et de la lessive. Je l'ai aussi encouragée à cesser de vouloir tout contrôler en laissant son mari aider davantage au soin des enfants. Une fois sa nouvelle liste terminée, Joan s'est immédiatement sentie soulagée et enthousiaste face à ses nouvelles priorités. Sa nouvelle liste se présentait comme suit :

1. Santé émotionnelle et physique – temps passé tranquillement seule avec elle-même à lire, à méditer quotidiennement et à faire de l'exercice

2. Relation avec son mari – temps passé ensemble chaque soir avant le coucher, soirée en tête-à-tête au cours de la semaine, un week-end à l'extérieur une fois tous les deux mois

3. Relation avec les enfants – soins, plaisir, les conduire à leurs activités

4. Études – assister à ses cours, déplacements, étudier pour les examens

5. Temps passé avec les amis – dîners, cinéma, cuisiner ensemble

6. Tâches ménagères – courses, cuisine

Joan a mis environ six mois à faire les changements nécessaires afin d'arriver à respecter ses nouvelles priorités. Lorsqu'elle prenait du temps pour elle-même, elle a dû faire face à son sentiment de culpabilité de ne pas être une bonne mère ou une bonne épouse. Mais elle a très vite compris que c'est en prenant soin d'elle-même qu'elle pourrait le mieux prendre soin de sa famille. En fait, son mari et ses enfants se sont mis à faire des commentaires appréciatifs sur sa bonne humeur, et ont accueilli le changement avec bonheur. En réorientant sa vie vers les choses qui comptaient le plus pour elle, Joan a donné le bon exemple à ses enfants. Il y a maintenant deux ans qu'elle a amorcé ces importants changements. Elle est aujourd'hui sur le point d'obtenir son diplôme, et a réussi à maintenir ses priorités.

Maintenant que vous avez passé du temps avec vous-même à réfléchir à vos nouvelles priorités, vous pouvez dresser votre liste de oui absolus :

Ma liste de oui absolus

1. _____

2. _____

3. _____

4. _____

5. _____

6. _____

7. _____

Cette liste vous enthousiasme-t-elle? Vous inspirera-t-elle à changer de cap et à porter davantage attention à ces domaines? Recopiez votre liste sur plusieurs fiches de format 8 cm sur 13 cm, que vous garderez bien à la vue. Placez-en une dans votre carnet de rendez-vous, une sur le miroir de la salle de bain et une autre sur le tableau de bord de votre voiture. Gardez-en également une près du téléphone de façon à ne pas accepter d'activités qui ne font pas partie de vos priorités. Laissez votre liste de oui absolus vous rappeler ce qui est important – ce que *vous* voulez vraiment. Lorsque vous savez ce que vous voulez, vous pouvez déterminer clairement ce à quoi vous souhaitez consacrer votre attention, et vous devenez capable de respecter vos priorités en toute situation.

RESPECTEZ VOS NOUVELLES PRIORITÉS

Maintenant que vous connaissez vos nouvelles priorités, l'étape suivante consiste à les respecter. J'aimerais vous donner la permission de réorienter votre vie vers ce qui compte le plus pour vous. Vous pouvez y arriver en adoptant une ou plusieurs des stratégies suivantes :

- Intégrez vos priorités dans la vie de tous les jours
- Apprenez à dire non
- Prévoyez du temps pour vivre votre vie

Passez à l'action! Intégrez vos priorités dans votre vie de tous les jours

Commençons par changer votre façon de penser en ce qui a trait à votre emploi du temps. Au lieu d'essayer de faire entrer dans une existence déjà bien remplie des activités qui reflètent vos priorités, cherchez des façons d'améliorer votre vie existante grâce à elles. Par exemple, si le plaisir figure sur votre liste de oui absolus, demandez-vous comment vous pourriez l'inclure dans vos tâches quotidiennes. Lindsay, une de mes clientes, est un bon exemple. Aux prises avec un défi de taille, elle a brillamment réussi à respecter la priorité qu'elle s'était donnée, soit d'avoir du plaisir dans la vie.

Lindsay et son mari avaient décidé, d'un commun accord, que ce dernier accepterait un nouveau poste au sein d'une entreprise située dans un État voisin. Même si l'emploi représentait une augmentation de 25 000 $ de leur revenu annuel, un problème se présentait : ils ne disposaient que de trois mois pour vendre leur maison et déménager toute la famille avant le début de la nouvelle année scolaire. C'était comme si le destin avait imposé cette nouvelle priorité par exprès pour désorganiser la vie de Lindsay. Mais celle-ci a choisi de saisir cette occasion pour faire preuve de créativité.

Pendant la plus grande partie de sa vie, Lindsay avait été trop sérieuse. C'est pourquoi, lorsqu'elle a redéfini ses priorités, bien décidée à « s'amuser un peu », elle a inscrit le plaisir à sa liste. J'ai demandé à Lindsay comment elle pourrait rendre ce déménagement imminent amusant et facile, dans le souci de respecter cette priorité. Immédiatement, les idées ont afflué dans son esprit. Elle a demandé à sa famille et à ses amis de l'aider à préparer son déménagement dans la bonne humeur. Ainsi, un week-end, plusieurs amis proches ont accepté d'emporter leurs disques préférés ainsi que nombre de boîtes en vue d'une « partie d'empaquetage », après quoi ils sont tous restés à coucher. Ensuite, Lindsay a dressé la liste de toutes les façons dont elle avait déjà pensé améliorer sa maison actuelle, et a conçu une liste de caractéristiques de la maison idéale.

Pour rendre le déménagement facile, elle a dressé une liste de toutes les choses à faire, puis délégué les tâches. Sa sœur, qui était agente immobilière, lui a offert de faire des recherches sur son nouveau quartier et de fournir aux agents immobiliers de la région la liste des exigences de Lindsay. Un autre ami a offert de se renseigner sur l'existence de ressources comme les gardiennes d'enfants, les écoles et les services de santé. Enfin, Lindsay a engagé une équipe d'étudiants pour nettoyer la maison au lendemain du déménagement.

Tout s'est déroulé étonnamment bien. Lindsay s'est fait un devoir de se récompenser à mesure qu'elle menait à bien une étape du projet.

Elle allait se faire donner des massages et prévoyait des activités amusantes pour elle-même et les enfants. En faisant participer ses amis et sa famille et en rendant les choses agréables, Lindsay a permis à tout le monde de passer un bon moment ensemble avant son départ.

Grâce à une planification adéquate et à un peu de créativité, pratiquement n'importe quelle situation peut devenir une occasion de mettre de l'avant vos priorités dans le contexte de votre vie quotidienne. Tout comme pour Lindsay, le plaisir était une priorité pour Bill. Après avoir élaboré le profil du client idéal à partir des caractéristiques de ceux avec qu'il avait eu le plus de plaisir à travailler, il s'est mis à refuser toute personne qui ne correspondait pas à ce profil. Pour la première fois depuis des années, l'idée d'aller travailler l'emplissait d'enthousiasme.

Lois, designer d'intérieur, a fait de son bien-être spirituel une grande priorité. Afin d'intégrer cette priorité à sa vie quotidienne, elle a audacieusement changé la vocation de son entreprise : de la conception traditionnelle, elle est passée à la création d'environnements «enrichissants pour l'âme» à l'intention de ses clients. Un an plus tard, Lois s'était bâti une telle réputation grâce à sa spécialité qu'elle a dû engager deux employés pour s'occuper du surplus de travail.

Comment ferez-vous pour intégrer vos priorités à votre vie quotidienne ? Relisez votre liste de oui absolus et inscrivez ci-dessous trois exemples. Si vous n'êtes pas certain de la façon de procéder, demandez à votre partenaire ou à votre groupe de vous faire part de leurs suggestions.

1. _____

2. _____

3. _____

Passez à l'action ! Dites non à moins qu'il s'agisse d'un oui absolu

Une fois que vous aurez déterminé ce à quoi vous voulez dire oui, votre capacité de dire non deviendra un muscle qu'il importera de développer. L'incapacité à utiliser ce muscle est l'obstacle principal qui empêche la plupart des gens d'obtenir la vie qu'ils veulent. C'est la raison pour laquelle votre liste de oui absolus doit être remplie de choses qui vous importent vraiment. Lorsque vos priorités sont irrésistibles, vous devenez très motivé à dire « non merci ».

C'est vous qui décidez de ce que vous ferez et de ce que vous ne ferez pas. Si vous ne dites pas oui, votre emploi du temps ne se remplira pas. Et si vous dites oui seulement aux choses qui vous intéressent réellement, vous éviterez de vous sentir frustré ou en colère plus tard lorsque vous vous verrez forcé de faire quelque chose à contrecœur. Il existe une bonne façon de prendre conscience que vous dites oui quand vous pensez non : connaître votre façon de prendre des décisions.

Dans la semaine qui vient, remarquez le nombre de fois que vous acceptez de faire quelque chose qui n'est pas un vrai oui – le genre de oui! absolu que vous ressentez lorsqu'on vous invite à aller voir une de vos pièces favorites ou un spectacle musical. Remarquez également à quelle fréquence vous regrettez d'avoir pris un engagement, comme assister à une soirée mondaine qui vous rebute. Inscrivez une note dans votre agenda chaque fois que cela se produit et faites le total à la fin de la semaine. Maintenant, regardez le nombre obtenu. Êtes-vous surpris?

Si vous êtes comme la plupart des gens, il vous arrive probablement de dire oui à des choses qui ne constituent pas pour vous une priorité. Par exemple, accepter de dîner avec un collègue simplement parce qu'elle vous en a fait la demande à plusieurs reprises et que vous vous sentez obligé d'accepter. Ou accepter de piloter un projet supplémentaire au travail, ajoutant ainsi à votre degré de stress, parce que vous voulez qu'on vous considère comme un bon travailleur. Ou encore, un membre de votre famille téléphone pendant le dîner, et au lieu de lui dire que vous allez le rappeler afin de retourner savourer votre repas, vous demeurez au téléphone et ressentez une exaspération croissante à mesure que la conversation progresse. Ces types de choix, souvent faits rapidement et sans beaucoup de réflexion, vous priveront de ce précieux cadeau qu'est le temps.

La première étape consiste à prendre conscience de la situation. Portez attention au nombre de fois que vous faites des choses que vous préféreriez ne pas faire, afin de commencer à prendre des décisions conformes à ce que *vous* voulez. Utilisez l'exercice Arrêtez-vous – Respirez – Ressentez expliqué au chapitre 1. Obligez-vous à introduire un intervalle entre une demande sollicitant votre temps et votre réponse. Pour bien des gens, dire oui est un réflexe, une solution de facilité. Sally était tristement familiarisée avec ce défi.

On pouvait toujours compter sur Sally pour dire oui. Elle était celle à qui ses amis et sa famille faisaient appel lorsqu'ils avaient besoin d'aide. Pour Sally, apprendre à dire non était un projet redoutable. Elle aimait aider les autres et en était venue à compter sur le fait qu'ils avaient besoin d'elle – elle disait que cela lui donnait l'impression d'être aimée. Sally craignait que si elle se mettait à dire non, les gens allaient se mettre en colère et cesser de lui téléphoner.

Pour lui rendre les choses plus faciles, j'ai demandé à Sally d'avertir ses amis et sa famille dès le départ qu'en raison de ses nouvelles priorités, elle allait devoir refuser plus souvent leurs demandes d'aide. Ce changement a exigé une bonne dose de confiance de sa part – car en modifiant son comportement et en faisant une priorité du temps consacré à elle-même, elle risquait de perdre certaines relations.

Lorsque Sally a informé ses amis et sa famille de sa décision, elle a été surprise de constater que certains d'entre eux non seulement comprenaient cette décision, mais voulaient y apporter leur soutien. Certains autres se sont bien sûr trouvé une autre personne pour les tirer d'affaire. Mais quelque chose d'étrange est arrivé à Sally lorsqu'elle a commencé à prendre soin d'elle-même : elle a cessé d'avoir besoin de ce type de relation, dont elle ne voulait plus.

Qu'est-ce qui vous empêche de dire non ? Lorsque je pose cette question à mes clients, j'entends le type de réponses suivantes :

Si je dis non, je pourrais décevoir les gens.
Si je dis non, je serai obligé de faire face aux réactions des gens.
J'ai peur de faire des vagues et de créer des conflits.

Si je dis non, je pourrais le regretter plus tard.

Si je dis non, les gens ne m'aimeront plus.

Si je dis non, les gens pourraient cesser de faire appel à moi.

Si je dis non, les conséquences de mon refus pourraient être graves —
quelqu'un pourrait mettre fin à notre relation ou se mettre en
colère, ou je pourrais perdre mon emploi.

C'est plus facile de dire oui.

Le dénominateur commun à toutes ces réponses est la peur. Dire non fait naître la peur de décevoir ou de blesser les autres, de rater une occasion, et de faire une erreur. Mais dire non signifie dire oui à vous-même! Utilisez à titre de guide vos fiches où figure votre liste de oui absolus. Gardez-les à proximité reportez-vous-y fréquemment. Ne laissez pas la peur de dire non vous empêcher de vivre la vie que vous voulez.

Utilisez la question suivante comme guide pour vous aider à déterminer si la peur vous empêche de dire non à quelque chose dans votre vie :

Si vous pouviez dire non à quelqu'un ou à quelque chose, sachant que cela n'entraînerait ni ressentiment ni conséquences négatives, à qui ou à quoi diriez-vous non?

Y a-t-il un projet que vous aimeriez abandonner? Une relation à laquelle vous voudriez mettre fin? Un rendez-vous que vous souhaiteriez annuler? La réponse à cette question pourrait révéler la motivation réelle derrière ces engagements que vous prenez pour ensuite les regretter. Peut-être avez-vous plus peur de faire des vagues que de respecter vos priorités.

À l'aide de la question ci-dessus, dressez une liste de cinq choses auxquelles vous aimeriez dire non :

1. _____

2. _____

3. _____

4. _____

5. _____

Ensuite, demandez le soutien de votre partenaire ou de votre groupe. Commencez par le premier non de votre liste et passez à l'action. Il n'y a rien de mal à dire non ou à changer d'avis, en particulier si vous êtes dépassé ou à court de temps. Il y aura des moments où, pour atteindre une vie de haute qualité, vous serez obligé de décevoir les autres. Rappelez-vous qu'un principe spirituel est à l'œuvre dans la vie : lorsque vous prenez bien soin de vous-même, c'est toujours aussi dans le meilleur intérêt des autres personnes en cause. Elles pourront être déçues ou en colère, mais ça ne fait pas pour autant de votre décision de dire non un mauvais choix.

Tout comme Sally, laissez savoir aux autres dès le départ que vous avez adopté de nouvelles priorités, et qu'il pourrait vous arriver de changer d'avis. Si ce n'est pas un oui absolu, c'est un non. Bien des clients sont surpris d'apprendre que changer d'avis est un choix légitime. Jenny, infirmière travaillant dans un important hôpital d'une grande ville, s'est sentie grandie après avoir fait ce choix.

Jenny s'était inscrite, avec une amie, à une conférence devant durer tout un week-end. À mesure que la date approchait, l'idée d'avoir tout le week-end occupé après avoir travaillé des doubles quarts à quatre reprises durant la semaine n'avait plus aucun attrait pour elle. Elle aurait plutôt préféré rester à la maison et se détendre. Lorsque je lui ai suggéré d'annuler son inscription et de dire à son amie qu'elle avait décidé de ne pas assister à la conférence, Jenny a semblé agréablement surprise. Elle m'a dit qu'il ne lui était tout simplement pas venu à l'esprit qu'elle pouvait annuler.

Jenny a par la suite téléphoné à son amie pour lui expliquer la situation. Lorsqu'elle lui a dit avoir réellement besoin de se reposer et de se détendre durant le week-end, son amie s'en est trouvée très déçue et ne s'est pas gênée pour le lui faire savoir. Mais Jenny a tenu bon et a maintenu sa décision. La semaine suivante, en prenant le lunch avec cette amie, Jenny a appris que celle-ci avait rencontré un homme à la conférence et avait passé un moment formidable.

Au début, il vous faudra peut-être faire des choix difficiles, comme décevoir un ami lorsque vous décidez d'annuler un engagement, mais à mesure que vous saurez prendre du premier coup de meilleures décisions, il vous arrivera moins souvent de devoir changer d'avis. Pour le moment, n'hésitez pas à faire volte-face, tout en vous en excusant.

Il est plus facile de changer d'avis lorsqu'on possède les mots appropriés. Essayez la formulation suivante :

« _____, je me rends compte que je suis débordée en ce moment. Je me suis engagée à prendre soin de moi-même, et je dois annuler notre projet. Je suis désolée de ce changement et j'espère que tu comprendras. Prenons un autre rendez-vous dans une semaine. »

Votre façon de dire les choses est tout aussi importante que ce que vous dites. Soyez à la fois direct et délicat. Il est inutile de vous perdre en explications. Tenez-vous-en à la vérité – prendre soin de vous-même est toujours une excuse valable.

Il existe une façon d'éviter d'avoir à changer d'avis et de décevoir les autres ; elle consiste à vous laisser de l'espace pour respirer. Lorsqu'on vous demande quand vous pourriez être libre pour assister à une réunion, à un dîner ou autre, arrêtez-vous et laissez-vous plus de temps que d'habitude pour réagir. Ou demandez d'avance la permission de changer d'avis. Si vous n'êtes pas tout à fait certain de vouloir participer, demandez s'il vous serait possible de changer d'avis à la dernière minute.

Commencez à prendre des engagements qui vous conviennent. Si vous croyez être capable de terminer un projet en une semaine, dites qu'il vous en faut deux, et remettez-le plus tôt. Au lieu de compter sur les échéances pour vous motiver, donnez-vous la possibilité de prendre plaisir au processus en ralentissant le rythme. Cela vous permettra de respirer et vous donnera la réputation d'une personne qui respecte sa parole. Après tout, combien de fois vous est-il arrivé d'entreprendre un projet qui vous stimulait au départ, mais qui devient une source de frustration parce que vous avez attendu à la dernière minute?

Passez à l'action! Réservez du temps pour choisir votre vie

En partant du principe de la soirée en tête-à-tête avec vous-même dont nous avons parlé au chapitre 1, sortez votre calendrier et, pour les six prochains mois, réservez un après-midi ou une soirée par semaine juste pour vous (écrivez à l'encre). Dans le cas des travailleurs autonomes, je recommande habituellement une journée entière par semaine – de cette façon, en cas d'urgence, vous pourrez prendre l'après-midi.

Consacrez cette période de repos à une activité qui vous plaît vraiment. Oubliez le travail, et amusez-vous. Faites-vous donner un massage, allez voir un film ou visiter un musée. Donnez-vous la permission de ne pas penser! Nous avons tous besoin de nous reposer de cette activité mentale incessante. En raison de nos emplois du temps hautement structurés et compartimentés, nous avons oublié à quel point il peut être agréable de n'avoir nulle part à aller. Prévoyez des «pauses spontanéité» à la fin de la journée, lorsque le travail est accompli. Ces petits moments réguliers où rien n'est prévu à l'horaire sont essentiels à une vie de haute qualité.

En prévoyant d'avance ces moments, vous vous empêchez de surcharger votre horaire. En vous attaquant ainsi à la source du problème, vous aurez plus de facilité à prendre des décisions lorsque vous serez sollicité. En effet, si une période de temps vous est réservée, elle n'est disponible pour personne d'autre. C'est comme lorsque vous faites enlever votre nom de la liste d'envoi d'un catalogue au lieu d'avoir constamment à jeter à la poubelle les catalogues qui vous parviennent quotidiennement par le courrier. Attaquez-vous à la source du problème. Réservez du temps pour votre vie avant toute autre chose.

Je crois si fermement en l'importance d'avoir des heures de loisir régulières que je les recommande souvent comme stratégie de marketing à mes clients propriétaires d'entreprise. Au début, ils me croient un peu folle quand je leur affirme que le fait de prendre fréquemment des pauses et des vacances peut contribuer à augmenter leur chiffre d'affaires. Quand j'ai fait une telle suggestion à Grace, elle m'a répondu en riant : « Impossible. »

Grace n'a pas son pareil pour ce qui est de créer des réseaux et fait partie d'une puissante communauté d'affaires. Membre de trois organismes professionnels, elle adore être au poste de commande et n'hésite pas à apporter son aide pour les campagnes de financement et la planification d'activités. Lorsque nous avons commencé à travailler ensemble, elle se plaignait que son entreprise plafonnait et désirait trouver de moyens de la faire progresser.

Lorsque j'ai analysé l'ordre du jour d'une semaine type de la vie de Grace, j'ai remarqué qu'elle avait un emploi du temps surchargé. Elle faisait du bénévolat au moins trois fois par semaine, publiait un bulletin mensuel, et consacrait toujours au moins une journée par week-end au travail. Je lui ai dit que si elle voulait améliorer son entreprise, elle devait abandonner le bénévolat pendant les six prochains mois et réserver deux jours par semaine pour elle-même et pour planifier la prochaine étape de développement de son entreprise. Mais Grace hésitait à abandonner quoi que ce soit.

Elle a plutôt accepté de réduire ses activités. Au cours des trois mois qui ont suivi, elle a refusé plusieurs demandes. Elle s'est sentie inconfortable au début, mais à mesure qu'elle se donnait le temps de souffler un peu, elle s'est mise à comprendre à quel point ses priorités étaient déséquilibrées. Maintenant qu'elle avait goûté à ce que la vie pouvait être lorsqu'on ne courait pas constamment dans tous les sens, elle a réduit encore davantage ses priorités. Au cours des trois mois suivants, elle s'est retirée de deux groupes où elle faisait du bénévolat.

Lorsque Grace a analysé la performance de son entreprise à la fin de l'année, elle a constaté avec étonnement que son chiffre d'affaires avait augmenté de 20 % pendant la période où elle avait pris soin d'elle-même. Lorsque vous ralentissez, que vous consacrez du temps à votre vie et que vous prenez le plus grand soin de vous-même, le succès est garanti. Grace s'est aussitôt mise à planifier ses prochaines vacances.

Lorsque vous commencerez à dire non, vous remarquerez que votre calendrier comportera plus d'espaces vides. Vous serez alors immédiatement tenté de remplir ces espaces. Ne vous laissez pas aspirer par le vide créé par ce temps nouvellement apparu. Laissez-vous simplement «être» pendant quelque temps. Souvent, mes clients me disent s'ennuyer lors de leurs temps libres et souhaiter les remplir avec des activités. Mais c'est en étant prêt à faire face à l'inconfort que suscite l'ennui que vous pourrez accéder à la tranquillité d'esprit qui naîtra bientôt en vous.

Entraînez-vous intentionnellement à ne rien faire. Prenez des pauses quotidiennes et laissez-vous être. Commencez par rester assis tranquillement pendant cinq minutes. Si vous en avez envie, imaginez un endroit où vous vous sentez profondément détendu et laissez votre esprit y vagabonder. Lorsque vous commencez à vous sentir nerveux et inconfortable, prenez une profonde respiration et retournez en esprit à cet endroit. Chaque jour, ajoutez une minute à cet exercice jusqu'à ce que vous soyez capable de demeurer assis confortablement pendant vingt ou trente minutes à la fois. Cet exercice tout simple vous apprendra comment faire la paix avec votre être au lieu de toujours vous activer. Il est excellent lorsque vous arrivez en avance à une réunion, lorsque vous voyagez en train ou dans les occasions où vous devez attendre.

Raymond, entrepreneur prospère, détestait s'ennuyer. Il emportait toujours quelque chose à lire ou à faire au cas où il arriverait trop tôt à un rendez-vous, où il serait pris dans la circulation ou encore s'il devait attendre quelqu'un. L'idée de ne rien faire et de se laisser être lui donnait des maux de tête. Pendant une période où son emploi du temps s'était quelque peu libéré, il a accepté de me faire plaisir en jouant un jeu dont j'avais entendu parler par un ami.

J'ai demandé à Raymond de fermer les yeux et de compter à reculons de cent à quatre-vingts en visualisant chaque nombre. Dès que son esprit se mettait à vagabonder et qu'il ne voyait plus le nombre, il devait recommencer à partir de cent. Chaque jour, il devait ajouter dix unités à l'exercice, jusqu'à ce qu'il soit capable de descendre jusqu'à zéro.

Après avoir répété cet exercice pendant trois mois, non seulement Raymond pouvait-il aller jusqu'à zéro, mais il était capable de concentrer son attention de façon très intense. Il a appelait ce jeu sa nouvelle discipline spirituelle.

Surveillez les signes indiquant que vous êtes sur le point de vous laisser entraîner de nouveau dans le tourbillon d'une vie débridée. Lorsque mes clients commencent à éprouver l'inconfort que procure l'ennui ou les temps libres, ils me disent des choses telles que « Je crois que c'est le bon moment pour entreprendre un nouveau projet », ou « J'ai l'impression que tout le monde avance et que je fais du sur-place ». Ou encore, « Ces temps-ci, je me sens triste et seul, et je ne sais pas trop quoi faire de moi-même ». Si vous éprouvez ce genre de sentiment, vous êtes au bon endroit. C'est le signe que vous devez tenir bon, malgré l'ennui et l'inconfort, jusqu'à ce que vous émergiez à l'autre bout du tunnel. Lorsque vous serez capable de rester tranquille en disposant d'un surplus de temps et d'espace, vous serez en mesure de les remplir seulement avec les choses qui importent vraiment – celles qui figurent sur votre liste de oui absolus.

Protégez vos priorités. Maintenant que vous savez ce qui vous importe personnellement, protégez vos nouvelles priorités en fixant des limites. C'est comme si vous procédiez selon de nouvelles règles du jeu. Par exemple, si la tranquillité d'esprit est l'une de vos priorités, établissez une règle selon laquelle vous ne répondez plus au téléphone après 21 h ou avant 9 h. Cette règle contribuera automatiquement à créer une atmosphère paisible dans votre foyer. Si l'équilibre entre votre vie professionnelle et votre vie personnelle vous importe, décidez de ne plus faire d'affaires pendant le week-end. Rich, qui travaille à la maison, ferme la porte de son bureau le vendredi à 17 h pour ne la rouvrir que le lundi matin à 10 h.

Considérez ces nouvelles règles comme une façon d'instituer des périodes de temps « protégées » pour faire ce qui vous importe. Jody, une cliente dont la forme physique est une priorité absolue, ne laisse plus rien interférer avec sa séance quotidienne d'exercices. Elle a déterminé quel était le moment de la journée qui lui convenait le plus et protège ce moment en évitant d'y prévoir des activités professionnelles. Relisez votre liste de oui absolus et demandez-vous quelles sont les nouvelles limites que vous aurez à instituer afin de vous assurer que vos priorités sont protégées. Lorsque vous observez de nouvelles règles, vous créez la vie que *vous* voulez!

Vous méritez de vivre exactement la vie que vous voulez. Si vous n'êtes pas aux commandes de votre propre avion, quelqu'un d'autre le sera. Ne laissez pas les autres dicter la qualité de votre vie – prenez les choses en main. Dites non, changez d'avis, faites tout ce qui est nécessaire pour prendre le temps de choisir votre vie. Laissez votre liste de oui absolus devenir le document qui présidera à votre qualité de vie. Récompensez-vous pour votre engagement et pour le dur travail que vous avez accompli jusqu'ici. Prenez une journée de congé!

RAPPELS

C'est vous qui décidez des personnes et des choses qui méritent votre temps. Choisissez sagement – votre vie en dépend!

- Sachez où va votre temps – la façon dont vous passez votre temps révèle vos vraies priorités.
- Décidez de ce que *vous* voulez! Laissez votre sagesse intérieure vous guider dans l'établissement de nouvelles priorités.
- Dressez votre liste de oui absolus, et laissez-la vous inspirer à vivre une vie formidable!
- Respectez vos nouvelles priorités – incorporez-les à votre vie quotidienne, apprenez à dire non, et, surtout, prenez du temps pour vous-même!

RESSOURCES

LIVRES

First Things First : To Live, to Love, to Learn, to Leave a Legacy,
par Stephen R. Covey, A. Roger Merrill, Rebecca Merrill (New York, Fireside Books, 1996).

365 Ways to Simplify Your Work Life : Ideas That Bring More Time, Freedom and Satisfaction to Daily Work,
par Odette Pollar (Chicago, Dearborn Trade, 1996).

Time Shifting: Creating More Time for Your Life,
par Stephan Rechtschaffen (New York, Doubleday, 1997).
Rechtschaffen append au lecteur comment « façonner le temps » – bouger au même rythme que les autres, étirer le présent et pratiquer la conscience de soi.

The Circle of Simplicity – A Return to the Good Life,
par Cecile Andrews (New York, Harper Collins, 1997).
Andrews offre des moyens créatifs et pratiques d'améliorer la qualité de votre vie en simplifiant et en modifiant vos comportements.

Slowing Down to the Speed of Life,
par Richard Carlson, Joseph Bailey (Harper SanFrancisco, 1997).
Un guide simple et efficace afin de créer une vie paisible à tous points de vue.

MAGAZINE

Priorities Magazine – The Journal of Personal and Professional Success,
par Franklin Covey
Dans ce magazine bimensuel, des collaborateurs et des experts de tous les coins du pays offrent des conseils en matière de carrière, de famille, de communication, de leadership, de finances,

de santé et de forme physique. Pour vous abonner, composez le (800) 880-1492, ou consultez le catalogue électronique à http://www.franklincovey.com

3

Qu'est-ce qui vous épuise ?

Jody était ma première cliente de la journée. Lorsque j'ai répondu au téléphone, elle pouvait à peine contenir son enthousiasme. Jody s'était récemment mise à prendre le plus grand soin d'elle-même et voulait me faire part d'un de ses succès. Après lui avoir suggéré, lors de notre séance précédente, d'éliminer de sa vie tout ce qui la vidait de son énergie, je lui avais fait parvenir à cet effet ce que j'appelle ma liste « Qu'est-ce qui vous épuise ? » pour l'aider à déterminer ce qui la drainait. Elle avait déjà éliminé plusieurs éléments figurant sur la liste, et l'un d'eux en particulier était responsable de son emballement.

Jody travaillait pour une entreprise de production cinématographique située sur la côte ouest des États-Unis. Au cours des quatre années précédentes, en plus de son emploi à temps plein, elle avait peiné à l'écriture d'un scénario. Presque tous les soirs, elle avait consacré de deux à quatre heures à le rédiger et à le peaufiner. Six mois auparavant, Jody avait mené à bien son projet, mais depuis, le scénario récoltait la poussière sur son bureau. Pour une raison quelconque, elle était incapable de soumettre son manuscrit aux personnes qui seraient en mesure de l'acheminer vers des producteurs potentiels. Son patron lui avait dit à plusieurs reprises qu'il était prêt à le faire lire à un bon ami à lui, un producteur réputé, mais elle se bornait à le remercier tout en ignorant son offre.

Après avoir fait des lectures sur la façon dont certains éléments de notre vie peuvent nous épuiser, Jody a compris que chaque jour que le manuscrit demeurait sur son bureau la vidait un peu plus de son énergie. En outre, à mesure qu'elle éliminait certains irritants en utilisant la liste comme guide, elle se rendait compte concrètement du puissant effet positif que ces changements pouvaient avoir sur son niveau d'énergie et sur son humeur. Elle s'est alors dit que comme ce projet avait été si important pour elle, elle bénéficierait sûrement d'un important regain d'énergie si elle remettait enfin le document entre les mains des personnes appropriées.

Un matin en sortant de chez elle, tremblante de nervosité et d'émotion, elle a pris le manuscrit et l'a emporté au travail. À l'heure du lunch, elle l'a remis à son patron en lui faisant part de ses inquiétudes et en lui demandant de le remettre à son ami. Deux jours plus tard, son patron l'informait que le producteur avait adoré le scénario et qu'il désirait la rencontrer immédiatement. Jody ne tenait plus en place !

Dans le chapitre précédent, nous avons expliqué comment redéfinir vos priorités et être en mesure de les respecter au quotidien. Dans le présent chapitre, nous verrons comment déterminer et éliminer les choses qui vous vident de votre énergie – cette énergie vitale qui vous permet de réaliser vos projets, d'entrer en relation avec les autres et de demeurer en forme émotionnellement et physiquement. Chez la plupart des gens qui ont une vie stressante, cette énergie est limitée, voire presque inexistante.

Imaginez qu'il existe un baromètre à l'intérieur de votre corps. Chaque jour, pendant que vous vaquez à vos occupations habituelles, le niveau de ce baromètre s'élève ou s'abaisse selon la quantité d'énergie dont vous disposez. Lorsque vous travaillez dur dans à un emploi stressant, vous consommez de l'énergie, et le niveau du baromètre baisse. Quand vous prenez un repas équilibré, vous emmagasinez de l'énergie et le niveau s'élève. Ce baromètre indique en quelles circonstances votre énergie diminue au cours de la journée. Normalement, nous croyons que notre niveau d'énergie monte et descend selon ce que nous «faisons». Mais ses fluctuations dépendent de beaucoup plus.

Chacune de vos actions exige de l'énergie. Vous ne le savez peut-être pas, mais les choses que vous ne faites *pas* exigent également de l'énergie – de l'énergie mentale, émotionnelle, qui pourrait être employée de façon plus constructive. Le bureau en désordre que vous voudriez ranger vous déconcentre et vous vide de votre énergie. La garde-robe que vous souhaiteriez renouveler ou les vêtements que vous devriez raccommoder vous prennent de l'énergie chaque fois que vous vous demandez ce que vous allez porter. Votre voiture vous épuise chaque fois que vous vous rappelez qu'elle aurait besoin d'un changement d'huile. Toutes ces choses vous prennent un peu de votre énergie tous les jours.

Et qu'en est-il des problèmes de plus grande envergure? Un parent âgé qui vit loin et dont les difficultés vous causent de constants tracas. Les problèmes financiers que vous n'avez pas réglés qui vous réveillent au beau milieu de la nuit. Ou le problème de santé que vous ignorez jusqu'à ce qu'il s'aggrave et exige votre attention. Ce ne sont là que quelques exemples de situations plus énergivores qui vous harassent et vous empêchent de jouir de la vie. Tout ce qui figure dans votre liste mentale de «choses à faire» et que vous remettez constamment au lendemain vous déconcentre et crée en vous un sentiment de culpabilité, en plus de vous priver de l'énergie dont vous auriez besoin pour accomplir vos objectifs.

Comment notre système énergétique fonctionne-t-il? Caroline Myss, auteure du livre *Anatomie de l'esprit*, explique que «dans le système énergétique humain, les interactions que nous avons individuellement avec notre environnement peuvent être considérées symboliquement comme des circuits électromagnétiques; ces circuits parcourent notre corps et nous connectent aux objets et aux personnes de l'extérieur». Elle affirme également que «par l'entremise de ce système, nous sommes constamment en communication avec tout ce qui nous entoure».

Imaginez pendant un instant que des cordons d'énergie relient votre corps à toutes les choses inaccomplies ou incomplètes de votre vie. Ces cordons vous relient à votre passé (ce qui est demeuré inachevé ou non résolu) et à votre avenir, c'est-à-dire à vos espérances et à vos inquiétudes. Si ces cordons d'énergie sont concentrés dans votre passé ou dans votre avenir (là où la plupart des gens vivent), il ne vous reste plus d'énergie pour le présent.

Certains cordons, plus volumineux que d'autres, représentent les éléments qui monopolisent le plus d'énergie (souvent ceux qui vous inspirent le plus de crainte, comme la déclaration d'impôt que vous n'avez pas envoyée ou le problème de santé que vous avez négligé). Ces cordons énergétiques sont gorgés de votre force vitale, celle-là même dont vous avez besoin pour demeurer en santé, pour vous divertir en compagnie de vos amis et de votre famille, vous amuser, exprimer votre créativité et faire le travail que vous aimez.

Combien de ces cordons vous relient à des choses qui vous plaisent? De quelle quantité d'énergie disposez-vous présentement pour faire de votre vie ce qui vous tient le plus à cœur? Arrêtez-vous pendant un moment et ouvrez votre journal. Prenez quelques respirations profondes pour vous centrer et vous détendre. Maintenant, remarquez où va votre énergie. Qu'est-ce qui vous tracasse? Votre énergie est-elle happée par une conversation avec un collègue qui vous a mis en colère la semaine dernière? Quelles sont les choses que vous aimeriez régler? Votre testament est-il à jour, avez-vous envoyé votre déclaration d'impôt? Avez-vous des tracas concernant l'avenir? Aimeriez-vous dire quelque chose à votre patron, à un ami ou à votre mère? Remarquez ce qui accapare votre attention et vous prive de votre précieuse énergie vitale.

Imaginez maintenant que vous pouvez changer la disposition de ces cordons. En vous penchant sur chaque problème, au moyen des outils adéquats, et en les réglant complètement, vous ferez peu à peu revenir votre énergie dans le présent. Imaginez que vous ramenez toute votre énergie dans le moment présent. Vous sentez que vous devenez plus fort, que vous avez plus d'énergie, et que vous êtes plus enthousiaste face à la vie. Comment vous sentez-vous, maintenant que vous vous êtes réapproprié toute votre énergie ? Éprouvez-vous un sentiment de soulagement et de paix intérieure maintenant que vous êtes libéré de vos tracas ?

Mes clients sont habituellement très surpris d'apprendre qu'au début, la plus grande partie de notre travail consistera à *enlever* des choses de leur vie plutôt que de fixer des objectifs. Encore une fois, l'important est de prendre le plus grand soin de soi-même. Au début, vous devenez égoïste, puis vous commencez à réaménager votre vie pour qu'elle reflète vos priorités, puis vous déterminez et éliminez ce qui vous vide de votre énergie !

Vous trouverez ci-contre la liste « Qu'est-ce qui vous épuise ? », qui vous aidera à déterminer ce qui vous draine de votre énergie. Cette liste comprend certains des éléments énergivores courants, que j'ai relevés à partir de mon travail avec mes clients. Prenez quelques minutes pour en prendre connaissance. Prenez une profonde respiration et invitez votre sagesse intérieure à vous aider. Cochez les éléments qui s'appliquent à vous et sentez-vous libre d'en ajouter d'autres qui pourraient vous venir à l'esprit.

Passez à l'action ! Déterminez ce qui vous épuise

Qu'est-ce qui vous épuise ?

Relations
___ Certaines personnes me vident continuellement de mon énergie.
___ J'ai des appels téléphoniques et des messages électroniques à retourner, de même que du courrier auquel je dois répondre.

___ J'ai un conflit non résolu avec un membre de la famille.

___ Je n'ai pas d'amitiés profondes dans la vie.

___ Je ressens un vide dans ma vie car je n'ai pas de conjoint.

___ Il existe une personne à qui je dois pardonner.

___ J'ai une relation à laquelle je dois mettre fin.

___ Je dois faire un appel téléphonique que je redoute, ce qui occasionne chez moi stress et anxiété.

___ J'entretiens présentement une relation qui va à l'encontre de mes valeurs.

___ J'aimerais faire partie d'une communauté qui m'apporterait réconfort et soutien.

Milieu de vie

___ Ma voiture a besoin d'être nettoyée ou réparée.

___ Ma garde-robe a besoin d'être renouvelée ou retouchée.

___ J'aimerais vivre dans une autre région.

___ Mes appareils ménagers doivent être réparés ou améliorés.

___ Ma maison n'est pas décorée d'une façon qui me ressource.

___ Mes placards ou mon sous-sol sont encombrés et ont besoin de rangement.

___ Des réparations doivent être effectuées dans ma maison ou mon appartement.

___ Ma maison est en désordre et désorganisée.

___ J'aimerais que mon environnement soit davantage empreint de beauté.

___ Je regarde trop la télévision.

Corps, esprit et âme

___ Je consomme de la nourriture malsaine.

___ Il y a quelque chose au sujet de mon apparence physique qui me dérange.

___ Ma dernière visite chez le dentiste remonte à trop longtemps.

___ Je ne dors pas suffisamment pour me sentir complètement reposé.

___ J'aimerais faire de l'exercice régulièrement, mais je n'arrive pas à trouver le temps.

___ J'ai un problème de santé pour lequel je tarde à consulter le médecin.

___ J'ai des besoins émotionnels qui ne sont jamais comblés.

___ J'aimerais lire certains livres, mais je ne trouve jamais le temps de le faire.

___ Je n'ai pas d'intérêts personnels qui me stimuleraient intellectuellement.

___ J'aurais besoin dans ma vie d'une pratique spirituelle et religieuse.

Travail

___ Mon travail ne me stimule plus, et j'ai de la difficulté à m'y rendre chaque jour.

___ Mon travail me stresse, et je me sens épuisé à la fin de la journée.

___ Mon lieu de travail est désorganisé et mon bureau est un capharnaüm, à tel point que j'ai de la difficulté à trouver ce que je cherche.

___ Au travail, j'évite une confrontation ou un conflit.

___ Je subis le comportement inapproprié d'un patron ou d'un collègue.

___ Je ne connais rien à l'informatique, ce qui nuit à mon rendement.

___ Je n'ai pas le matériel de bureau approprié pour faire mon travail correctement.

___ Mon travail ne me permet pas d'exprimer ma créativité.

___ Je dois déléguer certaines tâches, mais je suis incapable de cesser de vouloir tout faire.

___ Je me sens dépassé par la quantité d'information que je reçois sous forme de courrier ordinaire ou électronique, de livres et de magazines.

Finances

___ J'ai omis de faire certaines déclarations d'impôt, et je dois encore certains montants à l'impôt.

___ Je paie mes factures en retard.

___ Je dépense plus que ce que je gagne.

___ Je n'ai pas de plan en ce qui a trait à mon avenir financier.

___ Ma cote de solvabilité n'est pas aussi bonne que je le souhaiterais.

___ Je n'ai pas de régime d'épargne régulier.

___ Mon assurance ne me procure pas une protection adéquate.

___ Mon hypothèque est trop élevée, et j'aurais besoin de modifier mon programme de paiements.

___ J'ai des dettes que je dois rembourser.

___ Mon testament n'est plus à jour.

Voyons maintenant où va votre énergie. Attribuez 2 points à chaque élément coché. Faites le total section par section, et multipliez chaque résultat par 2. Puis, faites la somme totale des résultats de chaque section. En supposant que votre baromètre intérieur commence à 100 points, à quel niveau êtes-vous présentement? Quelle quantité d'énergie vous reste-t-il pour ce qui vous importe vraiment? Y a-t-il des domaines qui exigent de vous plus d'énergie que d'autres? Inscrivez ce résultat dans votre journal pour que, à mesure que nous avancerons dans ce chapitre, vous soyez en mesure de voir avec quelle efficacité vous éliminez les facteurs qui vous vident de votre énergie.

Pouvez-vous *sentir* la quantité d'énergie mentale accaparée par ces tracas? Si vous êtes comme la plupart des gens, 75 % de votre énergie mentale est monopolisée par ce type de distractions. La plupart d'entre nous ne savons pas à quoi cette énergie est employée dans notre vie de tous les jours, et il est très révélateur d'en prendre conscience. Ainsi, vous pourriez être surpris d'apprendre que, même si votre patron est très sévère, c'est en réalité l'état de vos finances qui sape vos forces.

Examinez attentivement ce que vous avez coché dans la liste. Maintenant que vous savez ce qui vous épuise, vous pouvez commencer à vous concentrer sur les choses que vous avez toujours remises au lendemain ou que vous subissez contre votre gré. Il est extrêmement soulageant de pouvoir enfin passer à l'action. À mesure que vous éliminerez les facteurs qui vous distraient et qui vous vident de votre énergie, vous sentirez immédiatement votre énergie remonter, ce qui vous motivera grandement. Vous aurez davantage d'énergie pour réaliser les actions qui reflètent vos priorités. Ne laissez plus les actions qui sont essentielles à votre qualité de vie ne recevoir qu'une quantité négligeable de votre attention. Colmatez les fuites et remplissez-vous d'énergie !

Mon client Ron en avait assez de toujours se sentir exténué. Pour se débarrasser de ses quinze kilos en trop, il avait essayé maints programmes d'exercice, avait fait appel à un entraîneur personnel et suivi tous les régimes amaigrissants. Mais rien ne semblait donner de résultats. Lorsque nous avons commencé à travailler ensemble et que Ron a établi ses nouvelles priorités, il a placé sa santé physique en tête de liste. Il voulait faire de l'exercice régulièrement, un objectif que nombre de mes clients ont tendance à remettre à plus tard. Mais il n'y arrivait pas. Or, c'était la petite voix intérieure qui lui murmurait constamment des remarques négatives sur la nécessité de se mettre en forme qui était l'une des principales causes de son manque d'énergie mentale.

La plupart des gens ont de la difficulté à trouver le temps de faire de l'exercice régulièrement, même s'ils y tiennent vraiment. Inévitablement, ils ne se rendent pas compte de la quantité d'énergie émotionnelle et physique qu'ils pourraient consacrer à leur santé. Si vous ne disposez pas de suffisamment d'énergie dans votre vie, l'exercice régulier devient une autre activité que vous « devriez » faire au lieu d'être une merveilleuse façon de reprendre contact avec vous-même et votre corps. Comme dans tous les autres cas, il faut d'abord voir où va votre énergie.

J'ai demandé à Ron de se servir de la liste « Qu'est-ce qui vous épuise » afin de dresser une liste des dix choses qu'il remettait à plus tard. Le but était de déterminer ce qui monopolisait son énergie. Voici comment se présentait sa liste :

1. Faire de l'exercice régulièrement et bien s'alimenter – perdre quinze kilos.
2. Faire le ménage du garage avant l'hiver pour pouvoir y garer les voitures.
3. Passer plus de temps avec Dina (sa femme) et les enfants.
4. Établir un plan stratégie pour atteindre ses objectifs commerciaux pour l'année prochaine.
5. Finir de peindre la clôture.
6. Lire les piles de documents d'information sur les nouveaux produits qui traînent sur le plancher de son bureau.
7. Engager deux associés pour la vente.
8. Prendre un rendez-vous chez le dentiste et chez le médecin.
9. Ranger le sous-sol.
10. Réduire sa consommation de café et de sucre.

Propriétaire d'un magasin d'articles de sport en plein essor, Ron travaillait au moins soixante-dix heures par semaine, sans compter le temps qu'il passait à s'inquiéter à propos des objectifs de vente, des problèmes touchant le personnel et de la planification stratégique, ce qui exigeait de lui un important effort mental et émotionnel. En tout, Ron consacrait au moins 80 % de son énergie à son entreprise, ce qui laissait peu pour sa femme, ses trois enfants et ses activités domestiques, et encore moins pour l'exercice. Sans une quantité suffisante d'énergie, ses tentatives de remise en forme étaient vouées à l'échec.

J'ai encouragé Ron à procéder autrement afin de réaliser sa priorité numéro un. Après lui avoir expliqué en quoi consistaient les connexions énergétiques, je lui ai suggéré de commencer par éliminer tous les obstacles qui l'empêchaient de faire de sa forme physique une priorité. En examinant la liste des choses qu'il remettait à plus tard, nous avons tout d'abord déterminé les tâches qu'il pourrait déléguer. Je lui ai donc suggéré d'engager quelqu'un pour finir de peindre la clôture, de demander à ses employés de prendre connaissance de la documentation sur les nouveaux produits et de lui présenter ensuite des recommandations, et de faire appel à un nutritionniste compétent pour l'aider à adopter un bon régime alimentaire. Si Ron éprouvait au départ certaines réticences à confier des tâches aux autres, il n'a pas tardé à en voir les avantages et à s'extirper du piège consistant à croire que « personne ne fait les choses aussi bien que moi ».

Ensuite, nous avons intégré les tâches que Ron devait accomplir dans un jeu auquel participerait toute sa famille, ce qui lui permettrait à la fois de passer plus de temps avec celle-ci *et* de mener ses projets à terme. Ron a demandé l'aide de son épouse et de ses enfants pour réaliser les tâches domestiques qui le tracassaient depuis quelque temps. Tous ensemble, ils ont dressé un tableau, qu'ils ont affiché au mur de la cuisine, de façon à pouvoir suivre l'avancement des travaux. Chaque fois qu'ils terminaient une tâche, ils trouvaient des façons créatives de célébrer. Au cours des six mois suivants, à mesure que Ron progressait dans la réalisation des tâches figurant sur sa liste, il s'est mis à éprouver un sentiment d'apaisement et de bien-être grâce à l'accroissement de son niveau d'énergie. Il a donc pu trouver le temps de faire de l'exercice régulièrement et tout naturellement en faisant des promenades avec sa femme et des randonnées à vélo avec ses enfants.

Votre engagement à faire les changements difficiles mais nécessaires qui vous rendront votre énergie peuvent avoir un impact immédiat et positif sur votre qualité de vie. Décider enfin de demander un divorce ou de quitter un emploi qui ne vous convient plus peut vous propulser soudainement dans une direction complètement nouvelle. En fait, c'est probablement la raison pour laquelle certaines personnes sont paralysées et évitent de passer à l'action. Inconsciemment, elles savent que leur vie va changer si elles accomplissent certaines choses ou laissent aller de vieux « trucs ». J'ai vu des clients surmonter une peur des médecins qui les avait habités toute leur vie en allant passer un examen complet, puis déménager à l'autre bout du pays dans un lieu où ils avaient toujours voulu vivre après avoir été déclarés en bonne santé. J'en ai vu mettre fin à une relation destructrice et en nouer une nouvelle, plus saine, avec un partenaire qui leur convenait mieux, après avoir fait face à leur peur d'être seuls et pris des mesures pour améliorer leur propre bien-être.

Quels sont les changements qui surviendront dans votre vie si vous commencez à éliminer ce qui vous vide de votre énergie? Demandez-vous si vous hésitez à faire certaines démarches parce que vous savez quel impact ces changements auront sur votre vie.

———————

Maintenant que vous avez déterminé certaines des choses qui vous vident de votre énergie et qui déséquilibrent l'ensemble de votre vie, il est temps de dresser votre propre liste des dix choses que vous remettez constamment à plus tard. Voici comment vous y prendre :

1. Relisez les phrases que vous avez cochées dans la liste « Qu'est-ce qui vous épuise? ».
2. Dressez une liste des éléments que vous y avez ajouté, s'il y a lieu.
3. En relisant le tout, choisissez dix choses que vous aimeriez par-dessus tout régler dès maintenant et indiquez-les ci-dessous.

Ma liste des dix choses
que je remets constamment à plus tard

1. _____
2. _____
3. _____
4. _____
5. _____
6. _____
7. _____
8. _____
9. _____
10. _____

Lorsque Katherine, une de mes clientes, a fait le test en utilisant la liste «Qu'est-ce qui vous épuise?» et dressé sa liste des dix choses qu'elle remettait constamment à plus tard, elle a été surprise de voir combien d'énergie elle consacrait à des activités qui la détournaient de ses priorités. Présidente d'une entreprise de formation et de perfectionnement, elle jonglait constamment avec son horaire dans le but de répondre aux besoins de ses clients. Elle disposait de très peu de temps pour se détendre et se sentait souvent seule et isolée. Après avoir réévalué ses priorités, Katherine a compris à quel point il était important pour elle d'entreprendre une relation intime menant au mariage et à la fondation d'une famille.

Lorsque nous avons examiné sa vie de près, il est apparu clairement qu'elle n'avait pas d'énergie à consacrer à une relation. Elle passait sa semaine à voyager d'un bout à l'autre du pays, et elle avait besoin de ses week-ends pour se remettre du stress que lui causait son travail. Je lui ai fait remarquer que si elle n'avait pas suffisamment de temps pour elle-même, elle n'aurait certainement pas de temps pour une relation amoureuse. De plus, dans sa situation, elle risquait d'attirer un homme tout aussi indisponible qu'elle!

Katherine a remarqué qu'elle avait obtenu un pointage élevé dans les domaines du travail, du milieu de vie et de la santé. En effet, en raison de son horaire de voyage débordant, elle n'était pas souvent chez elle et ne pouvait donc pas se créer un milieu de vie stimulant. Elle passait également trop de temps dans les avions et les hôtels à respirer de l'air vicié et à consommer de la nourriture malsaine.

Katherine a décidé de commencer par consacrer l'essentiel de son énergie et de son attention à sa vie personnelle avant de partir à la recherche de l'homme de sa vie. Elle a réduit ses heures de travail en formant son personnel pour qu'il soit en mesure de la remplacer dans 50 % de ses tâches. Elle a ainsi pu réduire ses déplacements et se mettre à prendre soin d'elle-même. De plus, dans le but de créer un milieu de vie qui lui permettrait de se ressourcer, Katherine a fait appel à un décorateur afin de réaménager sa maison. Elle a également trouvé un service de traiteur livrant à domicile des plats sains.

Huit mois plus tard, Katherine se sentait davantage en paix avec sa vie. Elle passait beaucoup plus de temps dans sa maison nouvellement décorée et disposait de beaucoup plus d'énergie pour se divertir pendant le week-end. Lorsqu'elle s'est mise à retrouver son énergie et à se sentir mieux dans sa peau, je lui ai suggéré d'établir un profil du «partenaire idéal». Chaque jour, dans son journal, elle allait devoir dresser une liste des qualités qu'elle recherchait chez un compagnon de vie. Ce n'est pas un hasard si, un mois plus tard, elle s'est mise à faire des rencontres correspondant à ce profil et à fréquenter le sexe opposé pour la première fois depuis trois ans.

Passez à l'action! Retrouvez votre énergie vitale

Le moment est maintenant venu pour vous d'éliminer une fois pour toutes ce qui vous draine de votre énergie. Faites plusieurs copies de votre liste des dix choses que vous remettez à plus tard et placez-la à des endroits où vous pourrez les relire régulièrement. Placez-en une dans votre bureau, une dans votre agenda et une autre sur le mur de la cuisine ou sur le réfrigérateur.

Ensuite, fixez-vous une limite de temps pour mener à bien toutes les tâches qui figurent sur la liste. Je recommande habituellement trente jours, selon ce qu'il y a à faire. Certaines choses, telles que rencontrer des professionnels, nouer de nouvelles amitiés ou déménager, exigeront davantage de temps. Vous pouvez commencer votre démarche en prenant les rendez-vous nécessaires, en dressant une liste des qualités que vous recherchez chez un ami ou en faisant des recherches sur l'endroit où vous aimeriez habiter.

Généralement, il y a trois façons de réaliser les tâches qui figurent sur votre liste :

Faites-le vous-même. Agissez!
Confiez-le à quelqu'un d'autre. Engagez quelqu'un!
Laissez tomber. Débarrassez vous-en!

AGISSEZ !

Cette méthode est réservée aux choses que *vous* seul pouvez accomplir, comme prendre les mesures pour régler des problèmes de santé, résoudre des problèmes de couple ou déménager (même si vous pouvez obtenir beaucoup d'aide pour un déménagement). Relisez votre liste et prévoyez dans votre agenda suffisamment de temps pour accomplir les tâches de façon concentrée et méthodique. Trop souvent, nous reléguons ces tâches au bas de notre liste de priorités, même si elles nécessitent énormément d'énergie. Prévoyez une journée ou un après-midi, et relevez les manches !

Par exemple, la quantité d'énergie nécessaire pour dissimuler une vérité ou pour éviter un conflit est importante. Lorsque vous faites enfin face à la situation, un soulagement prodigieux s'installe – vous pouvez pratiquement sentir l'énergie se libérer en vous. Assurez-vous d'avoir le soutien nécessaire ! Avec l'aide de votre partenaire ou de votre groupe de motivation, organisez une journée « dire la vérité ». Demandez à tous et toutes de s'engager à dire une vérité avant une certaine date, et prévoyez une rencontre pour faire un retour sur vos expériences.

Lorsqu'un client a de la difficulté à trouver le courage de dire la vérité, je lui offre habituellement la possibilité de parler avec lui avant et après son aveu. En effet, il est beaucoup plus facile de faire face à une situation potentiellement difficile en sachant que quelqu'un sera là pour nous soutenir après coup. Patricia a apprécié ce soutien lorsqu'elle a dû mettre cartes sur table face à un associé avec qui elle ne pouvait plus travailler.

Elle et son associé faisaient équipe depuis plus de dix ans, et elle savait qu'il était temps de mettre fin à leur association. Ils avaient évolué dans des directions différentes, et la tension montait entre eux. Or, Patricia se sentait paralysée par la peur et incapable d'avouer la vérité à son collègue. Elle avait besoin de trois choses pour aller de l'avant. Premièrement, de l'aide pour savoir comment présenter les choses – les mots pour le dire. Deuxièmement, elle avait besoin d'aide une fois cette difficile conversation terminée – une personne avec qui en parler après coup. Enfin, elle voulait être capable de transmettre son message d'une façon qui ferait honneur à leur longue association.

En lui demandant d'écrire au «je», j'ai aidé Patricia à rédiger une conversation que j'ai répétée avec elle jusqu'à ce qu'elle puisse s'exprimer naturellement. Le fait d'entreprendre la conversation au «je» aide à mettre l'accent sur vous-même et non sur l'autre personne ou ses actions. Cela permet de communiquer de façon respectueuse et d'honorer la relation. Il est toujours utile de rédiger à l'avance toute conversation importante et de répéter avec une personne neutre. Cela vous permet de réfléchir à vos paroles et d'avoir suffisamment confiance, le moment venu, pour dire ce que vous avez à dire à la personne appropriée.

Lorsque Patricia m'a téléphoné à la suite de sa rencontre avec son associé, elle se sentait chancelante mais soulagée. Son associé n'était pas surpris, même s'il était contrarié et déçu, et elle était d'avis que la conversation s'était déroulée mieux que prévu.

Il est toujours possible de dire la vérité de façon digne et respectueuse grâce à la préparation et au soutien adéquats. Souvenez-vous, demandez de l'aide pour déterminer quoi dire, ne vous perdez pas en explications, tenez-vous-en à la vérité et parlez toujours au «je».

Si la prise en charge d'un problème de santé (comme se rendre chez le médecin ou chez le dentiste) vous rend nerveux, faites au préalable des entrevues avec divers professionnels de la santé et ne choisissez que ceux qui sont sensibles à vos besoins. Demandez à un ami de vous accompagner. N'affrontez pas seul les choses qui vous font peur!

Considérez ces démarches comme un moyen de faire de la place pour les choses meilleures qui viendront plus tard dans votre vie. Les «trucs» auxquels nous nous accrochons, que ce soit dans notre tête ou dans notre milieu de vie, occupent de la place qui pourrait servir à de nouvelles possibilités, à des gens intéressants, à des affaires fructueuses et même à plus d'argent. C'est ce que j'ai expliqué à Peter, un client qui se sentait dépassé par la quantité de papiers à classer.

Avocat très en demande, Peter avait plus de clients qu'il ne pouvait en accepter. Outre une bonne dose de stress, il devait composer avec des classeurs débordant de documents et des piles de dossiers encombrant le plancher de son bureau. Peter disait que tous les jours, lorsqu'il entrait dans son bureau, il se sentait automatiquement abattu à la vue de ce désordre.

Même s'il désirait ardemment se doter d'un meilleur système de rangement, il n'avait pas trouvé le temps d'acheter de nouveaux classeurs. Je lui ai alors dit de communiquer avec un magasin de meubles de bureau usagés de la région l'après-midi même, et de se faire livrer trois classeurs, soit un de plus que ce dont il croyait avoir besoin. Ainsi, avec un classeur de plus, il disposerait d'une réserve d'espace de rangement. Je lui ai expliqué que le fait de ranger ses dossiers et de créer de l'ordre à partir du chaos était une initiative judicieuse du point de vue des affaires. En dégageant son bureau, il se dégageait l'esprit, ce qui allait améliorer son rendement de façon extraordinaire, en plus de faire sentir à ses clients qu'ils avaient reçu un bon service.

À la livraison des classeurs, Peter a décidé de réserver un après-midi pour faire du rangement. Il a donc profité de cette période de temps avec lui-même pour réorganiser son bureau de fond en comble. Non seulement a-t-il rangé tous les dossiers dans les classeurs, mais il a également installé deux étagères afin d'y exposer ses photographies préférées et les prix qu'il avait remportés au cours de sa carrière, comme il rêvait de le faire depuis plus d'un an. Lorsque j'ai demandé à Peter pourquoi il en avait fait davantage que simplement ranger les piles de documents, il m'a répondu : «Je ne pouvais plus m'arrêter. Une fois les dossiers classés, j'étais si heureux d'avoir de l'espace supplémentaire que j'ai décidé de continuer jusqu'à ce que le bureau soit resplendissant!» Maintenant, lorsqu'il entre dans son bureau, il n'éprouve plus aucun sentiment d'accablement. Au contraire, il se sent rempli d'énergie et prêt à travailler.

Toutes les personnes avec qui j'ai travaillé ont éprouvé un grand soulagement lorsqu'ils ont fini par accomplir les tâches qui leur pesaient depuis longtemps. Aujourd'hui, quand mes clients veulent des suggestions sur la façon d'atteindre leurs objectifs – comme augmenter leur chiffre d'affaires, rencontrer l'âme sœur ou se faire un nouvel ami, je leur conseille de ranger un classeur ou de vider un placard. Ils ont beau rire, mais je sais pertinemment que «pour attirer les bonnes choses, il faut leur faire de la place».

Dès que vous avez mené à bien une tâche, cochez-la dans la liste «Qu'est-ce qui vous épuise». Puis faites encore une fois le total de vos points et imaginez le niveau d'énergie s'élever sur votre baromètre intérieur. N'est-ce pas merveilleux de vous être enfin débarrassé de ces tâches? Sentez-vous la montée d'énergie? Le soulagement? Formidable! Maintenant, passons à la méthode suivante : laisser quelqu'un d'autre s'en charger!

Engagez quelqu'un !

Nous abordons ici ma méthode favorite pour éliminer les choses qui prennent trop d'énergie. Trouvez quelqu'un pour laver votre voiture, faire vos courses, ranger votre bureau ou faire vos comptes. Dans nos vies occupées, il s'agit là d'un moyen par excellence de rester sains d'esprit et spirituellement équilibrés. Confier à une autre personne certaines des tâches de votre liste est un moyen rapide et facile d'avancer. Au début, vous aurez peut-être des réticences à laisser une autre personne les réaliser à votre place, mais faites un effort! Si vous n'avez pas les moyens de vous procurer de l'aide, faites des échanges. «Personne ne peut le faire mieux et plus rapidement que moi» et «Ça prendra plus de temps à montrer comment faire à quelqu'un que de m'en charger moi-même» sont des excuses que j'entends fréquemment et qui empêchent mes clients de passer à l'action et créent chez eux un sentiment d'impuissance. Partagez vos richesses et engagez quelqu'un afin d'économiser temps et énergie – votre tranquillité d'esprit vaut largement l'investissement!

L'engagement d'un assistant est un bon exemple de situation qui, lorsqu'il s'agit de déléguer, présente des obstacles au succès de mes clients. Justin, jeune comptable brillant, savait qu'il était temps qu'il engage un assistant personnel bien avant qu'il finisse par le faire. Il avait trois réticences majeures à cet égard. Pouvait-il se le permettre financièrement ? Comment pourrait-il trouver le temps de former quelqu'un alors qu'il était lui-même débordé ? Ses clients accepteraient-ils de faire affaire avec quelqu'un d'autre ?

Pour inciter Justin à explorer plus avant cette possibilité, nous avons évalué ensemble la valeur de son temps. Justin était un comptable agréé travaillant à son compte dont les honoraires étaient de 125 $ l'heure. Même s'il avait une réceptionniste, il devait souvent faire lui-même les arrangements en vue des réunions ou des appels conférences et effectuer des recherches pour ses clients. Lorsqu'il s'est rendu compte que la réalisation de ces tâches lui coûtait 125 $ l'heure, il a dû se poser une nouvelle question : pouvait-il se permettre de ne *pas* engager quelqu'un ?

J'ai proposé à Justin de travailler avec un autre type d'assistant – un « assistant virtuel ». Cette personne travaillerait chez elle, avec son propre ordinateur, et ne facturerait que pour les heures travaillées. De cette façon, Justin éviterait les coûts liés à l'aménagement d'un nouveau bureau (meubles, ordinateur, téléphones, etc.) et de payer quelqu'un pour du temps non productif. Nous nous sommes ensuite penchés sur ses craintes relativement à la formation et aux réticences éventuelles de ses clients à faire affaires avec quelqu'un d'autre. J'ai suggéré à Justin d'écrire toutes les qualités qu'il souhaitait trouver chez un assistant, tant sur le plan professionnel que sur le plan personnel. Il allait devoir faire ses entrevues avec soin afin de trouver quelqu'un qui soit compatible avec sa personnalité et son style. Avec l'aide d'un assistant hautement compétent et doté d'une bonne présentation, capable d'apprendre rapidement, il offrirait un meilleur service à ses clients. Après tout, Justin subissait d'énormes pressions, et j'étais certaine que ses clients s'en apercevaient.

Mais il y avait un hic à faire appel à un assistant chevronné : Justin devait être prêt à offrir le salaire correspondant à ce type de soutien. La plupart des gens ont tendance à lésiner sur les coûts, et ne sont pas plus avancés au bout du compte. Or, investir dans un assistant hautement efficace ne prend habituellement pas plus que trente jours pour devenir rentable. Justin a accepté de faire une période d'essai. Au bout d'un mois, constatant que les demandes des clients avaient été réglées en deux fois moins de temps que d'habitude, il s'est demandé comment il avait pu vivre sans son nouvel assistant virtuel.

Si vous n'êtes pas certain de l'opportunité d'engager un assistant, faites l'exercice suivant. Pendant les deux prochaines semaines, gardez un calepin à portée de la main, et chaque fois que vous effectuez une tâche que vous pourriez confier à quelqu'un d'autre, prenez-en note. Peu importe que vous soyez chef d'entreprise ou femme au foyer; portez attention aux tâches que vous n'avez plus de plaisir à accomplir et ajoutez-les à votre liste. Le simple fait de confier à quelqu'un votre lessive, vos courses ou les démarches liées à la réparation de votre voiture peut libérer une quantité incroyable d'énergie.

Déterminez quelles sont les tâches à accomplir et décidez du type de personne qui pourrait le mieux s'en charger. S'il s'agit simplement de faire des courses ou de travailler dans votre jardin, un étudiant pourrait faire l'affaire. Mettez une annonce au babillard du centre étudiant de l'université de votre région, ou demandez au fils ou à la fille d'un voisin. Vous pourriez également engager vos propres enfants. S'il s'agit d'une tâche plus exigeante – par exemple réorganiser votre bureau ou créer une base de données –, vous devrez engager une personne plus expérimentée, comme un organisateur professionnel, un secrétaire ou un assistant virtuel. Si vous ne savez pas à qui vous adresser, demandez de l'aide. Pensez à des amis ou à des collègues qui se sont dotés d'un solide système de soutien et demandez-leur de vous aider à faire le meilleur choix. Vous trouverez à la fin du présent chapitre des ressources qui vous seront utiles pour trouver l'aide dont vous avez besoin.

Lorsque vous aurez délégué les tâches appropriées figurant sur votre liste, cochez-les sur la liste «Qu'est-ce qui vous épuise». Faites votre total et sentez encore une fois l'énergie monter en vous. À ce stade-ci, vous devriez vous sentir si motivé que vous êtes prêt pour la dernière étape – laisser tomber!

Débarrassez-vous-en !

Il nous arrive parfois de conserver dans notre liste de « choses à faire » des tâches que nous devrions tout simplement laisser tomber. Ainsi, feuilleter chacun des magazines que vous avez accumulés avant de le jeter n'est peut-être pas nécessaire. Débarrassez-vous-en. De la même façon, vous devriez probablement vous débarrasser des vêtements qui nécessitent des retouches et que vous *pourriez* porter encore un jour (même s'ils dorment dans votre placard depuis des années). Essayez de laisser aller vos biens accumulés chaque fois que l'occasion se présente. Si vous craignez d'avoir un jour besoin de quelque chose dont vous vous êtes débarrassé, voici trois moyens d'apaiser cette inquiétude :

1. Mettez dans une boîte tous les documents ou les articles dont vous n'êtes pas prêt à vous débarrasser et inscrivez-y la date de six mois plus tard, puis notez cette date dans votre calendrier. Rangez ensuite la boîte dans votre sous-sol ou dans votre débarras. Si, au bout de six mois, vous n'avez eu besoin d'ouvrir la boîte, jetez-la *sans* même en regarder le contenu. Vous apprendrez ainsi à jeter les choses plus rapidement.

2. Déterminez où vous pourriez trouver les choses que vous jetez s'il vous arrivait d'en avoir besoin. Ainsi, avant de jeter, demandez vous : « Où pourrais-je trouver cette chose si j'en avais besoin ? » Vous saurez ainsi à l'avance qu'elle n'est pas perdue à jamais. Grâce à l'énorme quantité d'information maintenant accessible sur Internet, vous êtes presque assuré de pouvoir trouver tout ce que vous cherchez. Vous n'avez qu'à naviguer pendant une heure sur Internet pour vous en rendre compte. Si vous n'y avez pas accès à domicile, rendez-vous à la bibliothèque ou au cybercafé de votre quartier et prenez le temps de voir la mine de renseignements que recèle la toile. Vous serez étonné de ce que cet outil vous permet de trouver. Cette abondance de ressources vous rassurera, car vous saurez que vous pourrez trouver n'importe quel renseignement au besoin.

3. Demandez de l'aide. Classer des piles de documents, de vieux dossiers et de magazines peut s'avérer ardu et ennuyeux. Facilitez-vous la tâche. Invitez un ami et donnez une petite fête à cette occasion. Demandez de l'aide pour jeter les choses dont vous avez de la difficulté à vous séparer. Choisissez un ami qui est plus efficace que vous quand il s'agit de ranger et de jeter des choses et demandez-lui de s'asseoir avec vous et de vous aider à décider quoi garder et quoi jeter. N'oubliez pas que vous libérez ainsi la place pour de bien meilleures choses. Avec vos nouvelles priorités à l'esprit, posez-vous cette question : suis-je prêt à laisser cet article prendre la place de ce que je veux vraiment (des affaires plus fructueuses, de nouvelles relations, plus d'abondance) ? Lorsque vous ne savez plus si vous devez ou non vous débarrasser de quelque chose, cette question peut s'avérer très efficace pour vous aider à prendre une décision.

Faites don des choses dont vous n'avez plus besoin. Il existe de nombreux organismes (tels que l'Armée du salut ou Goodwill) qui sont constamment à la recherche d'articles ménagers et de vêtements, qu'ils distribuent aux personnes dans le besoin. La possibilité de faire un don charitable peut constituer une importante motivation pour vous et votre famille. Lorsque Maura a éprouvé des difficultés à faire accepter à sa famille de faire don de certains objets inutilisés, je lui ai suggéré de faire des recherches dans le but d'en apprendre le plus possible sur un centre d'hébergement de son quartier. Après avoir obtenu plus de renseignements sur les personnes qui avaient recours aux services du centre, je lui ai demandé de prévoir une réunion de famille afin de faire part à ses proches de ce qu'elle avait appris. Elle a pu ainsi sensibiliser les membres de sa famille aux besoins des personnes démunies, et tous se sont alors sentis personnellement motivés à apporter leur aide.

Le samedi suivant, ils ont passé pendant cinq heures la maison au peigne fin pour rassembler les choses qu'ils n'utilisaient plus.

Ensemble, toute la famille a ensuite fait trois voyages au centre d'hébergement pour y porter leurs dons. Organisez votre propre journée de « dons ». Cela vous permettra non seulement de libérer de l'espace, mais aussi de faire connaître à vos enfants le sentiment de satisfaction que procure la générosité. Et en plus, ces dons sont déductibles des impôts !

Organisez une vente bric-à-brac et gagnez quelques dollars. Un article qui ne vaut rien aux yeux d'une personne peut valoir son pesant d'or pour une autre. Une de mes clientes organise chaque année une vente bric-à-brac dans son quartier, qui lui rapporte plus de 1 000 $! Trouvez un magasin de vêtements usagés dans votre région et vendez-y les vêtements que vous ne portez plus. Faites don de vos vieux livres à la bibliothèque de votre quartier – de cette façon, vous pourrez toujours les retrouver lorsque vous en aurez besoin.

Évitez les accumulations de choses inutiles. Cherchez la source du problème. Par exemple, si vous avez une case postale, dépouillez votre courrier au bureau de poste et jetez tous les documents inutiles. Ne rapportez à la maison que ce dont vous avez absolument besoin. Prévoyez un après-midi par semaine pour faire le ménage de votre maison ou de votre bureau afin de jeter tout ce qui traîne ou régler tout ce qui doit l'être. Habituez-vous à aller jusqu'au bout et à ne traiter un document qu'une seule fois en utilisant un simple mantra lorsque vous êtes sur le point d'abandonner au beau milieu d'une tâche. Répétez-vous : « Je termine toujours ce que j'ai commencé », puis terminez le travail.

Organisez une soirée d'échanges. Tous les six mois, ma cliente Kelly et ses amies se réunissent afin d'échanger les vêtements, les bijoux et les articles ménagers dont elles n'ont plus besoin. Chacune d'entre elles découvre toujours un trésor lors de ces rencontres. Lorsque tout est fini, elles font don des articles qui restent à des organismes de bienfaisance.

Dites au revoir à tout ce dont vous n'avez plus besoin. Reprenez votre liste des dix choses que vous remettez constamment à plus tard et cochez les tâches que vous avez menées à bien, puis refaites votre total. Félicitations! Vous ne tarderez pas à disposer de plus d'énergie pour ce qui compte vraiment!

Au cours de vos démarches visant à mener à bien les tâches figurant sur votre liste, essayez de trouver des moyens d'y prendre plaisir. Par exemple, au cours de l'écriture du présent livre, j'écoutais toujours de la musique qui m'inspirait. Elle était tantôt forte et rythmée, tantôt lente et apaisante. Parfois, je m'arrêtais au beau milieu d'une page lorsque j'étais en panne d'inspiration ou frustrée et je m'adonnais à quelque chose de complètement différent, comme lire un chapitre d'un de mes romans préférés ou chanter à tue-tête. Puis, je retournais à mon livre. Que pouvez-vous faire pour rendre plus agréable le cheminement menant à l'accroissement de votre énergie?

Enfin, assurez-vous de vous récompenser à mesure que vous progressez et que vous éliminez ce qui vous vide de votre énergie. Le fait de savoir que vous irez dîner plus tard avec un ami ou voir un bon film ou que vous savourerez un moment de détente à lire votre livre favori peut constituer une grande motivation.

La procrastination – un bienfait caché?

Pour terminer, je mentionnerai que la procrastination sert parfois de messager au subconscient, qui nous révèle ainsi certaines choses ou nous transmet de l'information. Si vous n'arrivez tout simplement pas à accomplir l'une des tâches de votre liste, vous pourriez vous rendre compte, comme ma cliente Leah, qu'il y a une bonne raison.

Leah vivait au milieu d'innombrables piles de documents éparpillées à la grandeur de son appartement. Au cours des trois années précédentes, elle avait essayé à plusieurs reprises de faire le ménage dans ces documents, mais quelque chose semblait l'empêcher de s'en séparer. Leah se reprochait constamment d'être incapable de mener cette tâche à bien. En suivant mon intuition, j'ai alors opté pour une approche non conventionnelle. J'ai demandé à Leah de trouver un soir où elle pourrait être seule et disposer de beaucoup de temps sans être interrompue. Je lui ai ensuite demandé d'allumer des bougies et de les placer entre les piles, sur le sol, puis de s'asseoir par terre parmi elles et de demander quelle sagesse ou information elles avaient à lui transmettre. Après s'être demandée pendant un moment si je n'avais pas perdu la raison, Leah a tout de même décidé de tenter le coup. Et il s'est produit une chose surprenante.

Alors qu'elle parcourait des yeux les piles de documents dans la lumière tremblotante des bougies, Leah s'est sentie envahie par une profonde tristesse. Elle a soudain compris pourquoi elle était incapable de s'en débarrasser. En effet, éparpillées çà et là dans les piles de documents se trouvaient des notes pour un livre qu'elle avait toujours voulu écrire. En prenant conscience de ce rêve non réalisé, Leah s'est mise à pleurer sans pouvoir s'arrêter. Elle savait dorénavant pourquoi elle ne pouvait se séparer de ses piles – elles étaient en quelque sorte un cadeau qui gardait son rêve d'écrire vivant. Ce soir-là, Leah a ouvert son agenda et a réservé chaque soir du temps pour écrire. Grâce à son engagement de faire honneur à sa créativité, les piles se sont ensuite mises à disparaître tout naturellement.

Y a-t-il quelque chose que vous hésitez à régler ? Lorsque vous pensez aux tâches que vous semblez incapable de mener à bien, posez-vous les questions suivantes :

Est-ce que je sabote ma réussite dans un domaine ou un autre de ma vie en ne menant pas à bien certaines tâches ?
Quel est le message lié à cette résistance ?
En quoi le fait de ne pas réaliser cette tâche m'aide-t-il ?
Comment pourrais-je faire honneur à cette résistance ?

Découvrez le cadeau qui se cache derrière ces choses que vous semblez incapable de mener à bien.

———————

Relisez votre liste de choses que vous remettez à plus tard ainsi que votre liste « Qu'est-ce qui vous épuise ? ». Imaginez une vie où toutes ces choses seraient réglées pour de bon. De quelle quantité d'énergie supplémentaire disposeriez-vous pour vous consacrer à vos priorités ? Et si vous pouviez atteindre vos objectifs en éliminant toutes les choses qui vous vident de votre énergie ? Cela vous semble étrange ? Essayez. Je suis convaincue que, comme nombre de mes clients, vous découvrirez qu'en faisant de la place, vous *attirerez* ce que vous désirez le plus dans la vie.

Nous nous pencherons ensuite sur ce qui nous prend le plus d'énergie : les problèmes d'argent.

RAPPELS

Lorsque vous éliminez ce qui vous vide de votre énergie, vous faites de la place pour les choses vraiment importantes.

- L'énergie est *la* recette du succès. C'est vous qui décidez à quoi et à qui elle sera consacrée. Choisissez sagement !
- Dressez votre liste des dix choses que vous remettez constamment à plus tard et mettez-vous au travail !
- Cessez de gérer le chaos. Éliminez-le ! Agissez ! Engagez quelqu'un ! Débarrassez-vous des choses inutiles !

RESSOURCES

ORGANISATEURS PROFESSIONNELS

National Association of Professional Organizers
http://www.napo.net
(512) 206-0151

> Pour trouver un organisateur professionnel près de chez vous, communiquez avec la National Association of Professional Organizers, un réseau national de professionnels œuvrant dans tous les domaines de l'organisation. Ils offrent un service d'aiguillage par courriel.

MATÉRIEL ET FOURNITURES DE BUREAU

Office Depot
(800) 685-8800

Office Max
http://www.officemax.com
(800) 788-8080

Staples
http://www.staples.com
(800) 333-3330

SOUTIEN ADMINISTRATIF ET AIDE PROFESSIONNELLE

International Association of Administrative Professionals
http://www.psi.org
(816) 891-6600

ASSISTANTS VIRTUELS

Assist U
http://www.assistu.com
(410) 666-5900

> Ce groupe offre une formation pour assistants virtuels et un service d'aiguillage pour assistants virtuels qualifiés.

AUTRES

Zero Junk Mail

http://www.zerojunkmail.com

(888) 970-JUNK (5865)

Zero Junk Mail est le plus important service dont les activités consistent à bloquer le flot ininterrompu d'appels de maisons de sondages et de publicité importune par la poste ou courrier électronique qui envahit nos vies.

How to Have Big Money Garage sales and Yard Sales

http://win-edge.com/GarageSales.shtml

(800) 841-4248

Vous pouvez commander à partir de ce site un guide comprenant des conseils qui garantissent de tripler les recettes de votre vente bric-à-brac.

Pour savoir où ont lieu les ventes bric-à-brac dans votre quartier et pour y annoncer la vôtre gratuitement :

http://garagesale.nearu.com

Pour obtenir de l'information sur une liste nationale de marchés aux puces, communiquez avec :

Flea Market Guide of U.S. Flea Markets

http://www.bargain-mall.com/fleas.htm

Armée du salut

http://www.salvationarmy.org

(800) 95-Truck

Goodwill

http://www.goodwill.org

(301) 530-6500

Pour placer une annonce gratuitement pour ces choses dont les familles moyennes doivent se débarrasser, communiquez avec :

Classifieds 2000

http://www.classifieds2000.com

LIVRES

Simple Abundance: A Daybook of Comfort and Joy

par Sarah Ban Breathnach (New York, Warner Books, 1995)

Un guide quotidien pratique et inspirant qui offre une méditation ou un exercice pour chaque jour de l'année afin d'aider les
femmes à faire le ménage dans leur vie et à se clarifier l'esprit.

Anatomie de l'esprit

par Caroline Myss (Québec, Ariane Éditions, 1998)

Une ressource extraordinaire proposant un point de vue différent sur
la façon dont nous utilisons notre énergie vitale et une intéressante
présentation du domaine en émergence de la médecine énergétique.

The Simple Living Guide

par Janet Luhrs (New York, Broadway Books, 1997)

Une excellente ressource permettant de créer une vie plus simple
et plus satisfaisante.

SERVICES À DOMICILE

www.peapod.com

Un service d'épicerie en ligne qui assure la livraison à domicile.

Merry Maids

1 800 WESERVE

Un service de nettoyage présent partout au pays. Téléphonez pour
obtenir les tarifs en vigueur dans votre région.

Diet Pik-Up

888 344-DIET

Ce service trouvera un distributeur dans votre région qui vous
livrera à domicile une réserve d'une semaine de mets sains.

4

Investissez

dans votre

santé financière

Pouvez-vous vous permettre de vivre la vie que vous voulez vraiment? Je ne veux pas dire avoir les moyens de vous acheter une belle voiture ou une grande maison ou encore de vous offrir des vacances extravagantes. Je parle d'avoir la liberté de prendre les décisions qui vous procureront la qualité de vie à laquelle vous aspirez. Même si la plupart d'entre nous savons que l'argent ne fait pas le bonheur, le manque d'argent peut néanmoins entraîner beaucoup de souffrance. Si vous n'avez pas de réserves financières, vous ne pouvez être pleinement aux commandes de votre vie. En effet, comment pouvez-vous alors quitter un emploi qui vous rend fou et qui affecte votre santé ou vous absenter pendant quelque temps afin de prendre soin d'un être cher? Quand ferez-vous ce voyage que vous planifiez depuis dix ans ou lancerez-vous cette entreprise dont vous avez toujours rêvé? Il est impossible de «suivre sa voie» lorsqu'on doit payer une lourde hypothèque ou qu'on est criblé de dettes.

L'absence de réserves financières constitue le plus gros obstacle qui empêche mes clients de vivre la vie qu'ils désirent par-dessus tout. Comme nous l'avons déjà vu au chapitre 1, l'argent n'est qu'une pièce du casse-tête qu'est votre vie. Toutefois, plus vous avez de problèmes d'argent, plus cette pièce exigera d'énergie de votre part, et plus il vous sera difficile d'obtenir la vie que vous voulez. Prendre le plus grand soin de soi-même nécessite de prendre soin de sa santé financière. Si vous vous débattez pour joindre les deux bouts, avez de la difficulté à épargner ou croulez sous les dettes, il est temps de réagir.

L'ignorance est loin d'être un avantage lorsqu'il s'agit d'argent. Et ne vous laissez pas leurrer par des bêtises comme « je suis une personne trop créative pour pouvoir comprendre ces choses » ou « c'est mon mari – ou ma femme – qui s'occupe de ces choses-là » ou encore « je n'en ai pas suffisamment pour que ça vaille la peine de s'y attarder », ou, à l'autre bout du spectre, « mon courtier-gestionnaire financier-banquier sait tout ce qu'il y a à savoir là-dessus ». C'est de votre argent qu'il s'agit, donc de votre vie.

Dans le présent chapitre, nous examinerons votre état de santé financière, ingrédient important d'une vie de qualité. J'indiquerai quels sont les obstacles les plus courants, et j'examinerai la raison, fondamentale mais souvent ignorée, pour laquelle l'abondance est pour bien des gens une illusion. Je vous expliquerai comment rétablir votre santé financière et vous fournirai le soutien pour y arriver. Une fois que vous saurez quoi faire et que vous passerez à l'action, vous vous réapproprierez le pouvoir de vivre votre vie selon *vos* propres termes !

Des centaines de livres ont été écrits sur l'argent – on trouve de tout, de « Comment investir de façon judicieuse » à « L'abondance en trente jours ». Très peu de ces ouvrages, cependant, combinent les méthodes de base de gestion financière avec les changements d'ordre plus émotionnel, voire même spirituel, qui sont nécessaires pour établir un rapport sain et fructueux avec l'argent. Ces actions essentielles, une fois prises, vous aideront à faire confiance en votre capacité de gérer davantage d'argent, élément clé de l'abondance.

Commençons par faire le bilan de votre santé financière. En prenant connaissance de la liste ci-après, cochez les phrases qui s'appliquent à vous et remarquez comment vous vous sentez. En cas de doute, consultez votre sagesse intérieure pour connaître la vérité.

Bilan de santé financière _____ (Inscrivez la date d'aujourd'hui)

__ Je fais chaque mois la balance de mon relevé bancaire.

__ Je paie toujours mes factures à temps.

__ Je vis sans endettement ou j'ai recours à un plan financier pour rembourser mes dettes.

__ Je contribue régulièrement à un régime d'épargne.

__ Je ne rêve pas de gagner à la loterie et ne dépends pas de celle-ci ni d'autres jeux de hasard pour assurer mon avenir financier.

__ Je sais où va mon argent et je connais le montant de mes dépenses personnelles et professionnelles.

__ J'ai un régime de planification financière à long terme qui m'aide à réaliser mes objectifs présents et futurs.

__ Je vis bien et selon mes moyens.

__ Je jouis d'une bonne sécurité financière. Je ne me fais pas de tracas à propos de l'argent.

__ J'ai toujours suffisamment d'argent liquide sur moi.

__ Lorsque je me sens solide financièrement, je partage mes richesses.

__ Je règle en entier le solde de ma carte de crédit chaque mois.

__ Je paie mes impôts à temps.

__ J'ai un excellent planificateur financier ou comptable qui m'aide à atteindre mes objectifs financiers.

__ J'ai un système de comptabilité qui me permet d'accéder n'importe quand aux renseignements financiers me concernant.

Quel est votre résultat? Si cette liste vous semble difficile ou vous déprime, ne vous en faites pas. Quatre-vingts pour cent des gens qui font ce test pour la première fois obtiennent de trois à six points sur les quinze possibles. La première étape consiste à prendre conscience des pièces manquantes de votre casse-tête financier. Une fois que vous avez compris comment améliorer votre santé financière, vous pouvez faire une démarche simple, premier pas de votre remise en forme financière. C'est l'inaction qui vous garde à la merci des forces extérieures.

La plupart d'entre nous n'avons jamais reçu de formation de base dans l'art de gérer notre argent. Il semble que nous passions directement d'une enfance indépendante et insouciante aux lourdes responsabilités fiscales de l'âge adulte. Comme nous manquons d'assurance relativement aux questions financières, nous demandons rarement de l'aide avant d'être aux prises avec des dettes, d'approcher l'âge mûr sans avoir pu épargner suffisamment ou d'être incapables de boucler notre budget mensuel. Nous gérons souvent notre argent de la même façon que nos parents, lesquels, fort probablement, n'avaient pas non plus reçu de formation.

Ce manque de compétences, de discipline et de connaissances élémentaires en matière de gestion financière peut vous causer des problèmes à plusieurs égards. Mentionnons premièrement les problèmes liés aux dettes et aux emprunts, que j'appelle les questions pratiques. Puis viennent non loin derrière les problèmes d'ordre émotionnel – le profond sentiment d'anxiété causé par l'usage que vous faites de votre argent et le désespoir découlant de votre incapacité à améliorer votre situation financière. Vous finissez alors par vous sentir frustré, irresponsable et peu fier de vous-même, ce qui vous empêche d'augmenter votre avoir.

Après avoir travaillé pendant quinze ans avec des milliers de personnes sur des problèmes financiers, je suis convaincue que le secret pour créer l'abondance que vous désirez est très simple : lorsque vous prenez l'entière responsabilité de votre santé financière, l'argent cesse d'être une source de frustration et se met à affluer tout naturellement.

Si vous êtes une personne qui ne fait jamais la balance de ses comptes, qui paie ses factures en retard ou qui remet toujours à plus tard sa déclaration d'impôt, comment pourrez-vous croire en votre capacité de gérer plus d'argent ? Chaque fois que vous omettez de gérer vos finances de façon responsable, vous envoyez un message direct à votre sagesse intérieure, selon lequel vous n'êtes pas une personne capable d'avoir plus d'argent entre les mains. Étant donné que votre sagesse intérieure est la partie de vous-même qui a toujours à cœur votre meilleur intérêt, c'est comme si vous vous empêchiez d'avoir plus d'argent jusqu'à ce que vous vous prouviez à vous-même que vous en êtes capable.

Pour jouir de plus d'abondance dans votre vie, vous devez investir dans votre santé financière. En modifiant votre attitude et en acquérant des compétences d'« adulte » en matière d'argent, vous ouvrirez la porte à l'abondance qui vous revient de droit. J'ai eu l'occasion d'observer à maintes et maintes reprises mes clients voir affluer plus d'argent dans leur vie après s'être mis à faire la balance de leurs comptes et à rembourser leurs dettes ou après avoir demandé une augmentation bien méritée. L'histoire de ma cliente Mary illustrera mon point plus avant.

Mary, vendeuse de talent dans une agence commerciale, souhaitait gagner plus d'argent. Elle adorait son travail et faisait tout ce qu'il fallait pour profiter au maximum du programme incitatif de son entreprise, mais depuis un an, ses primes mensuelles plafonnaient à 500 $. Elle avait lu plusieurs livres sur les diverses méthodes permettant de gagner plus d'argent et consacrait beaucoup d'efforts à « penser abondance », mais elle était insatisfaite des résultats : rien n'avait changé. Après avoir dépensé tant de temps et d'énergie, Mary était sur le point d'abandonner.

En prenant le pouls des finances de Mary, j'ai constaté que le solde de sa carte de crédit avait grimpé, au cours des trois années précédentes, à plus de 7 000 $ dollars. Le solde de son compte d'épargne, qui s'élevait à de 2 000 $, fluctuait selon ses dépenses, chutant souvent sous la barre des 500 $. De plus, elle payait souvent ses factures en retard, et devait par conséquent s'acquitter des intérêts et des frais de retard. Lorsque j'ai demandé à Mary à combien s'élevaient ses dépenses mensuelles, elle n'en savait rien. Il n'y a rien d'inhabituel – la plupart des gens ne savent pas exactement combien il leur en coûte pour vivre chaque mois ni où va leur argent.

L'examen de la situation financière de Mary révélait d'importants indices sur les raisons pour lesquelles elle était incapable d'augmenter son revenu de plus de 500 $ par mois. En agissant de façon aussi nonchalante, Mary disait à sa sagesse intérieure qu'elle n'était pas prête à avoir plus d'argent. Je lui ai alors expliqué qu'elle saboterait son avenir financier si elle ne prenait pas dès maintenant des mesures responsables. Lorsqu'elle a compris qu'elle s'empêchait ainsi d'empocher un revenu additionnel, son anxiété a diminué et elle s'est sentie pleinement en mesure de changer la situation.

Le chemin menant à la liberté financière peut être long et ardu. L'engagement à agir de façon responsable sur le plan financier constitue la clé qui ouvre les écluses et libère un torrent d'argent. Mary a donc accepté de vérifier la véracité de ma théorie en dressant une liste de ses revenus et de ses dépenses afin de déterminer où allait son argent chaque mois. Lorsqu'elle a eu une idée claire de sa situation financière, elle a accepté de payer ses factures à temps.

Puis, nous avons établi un plan de paiement du solde de sa carte de crédit. La première mesure qu'elle a prise, la plus difficile, a mis à l'épreuve son engagement à devenir une personne digne de confiance en matière d'argent. Je lui ai demandé d'annuler ses cartes de crédit ou de cesser de les utiliser jusqu'à ce que sa situation se soit rétablie et qu'elle soit capable d'en faire usage de façon responsable. Mary a donc décidé de les confier pendant six mois à un membre de sa famille en qui elle avait confiance.

Au cours de l'année suivante, Mary a suivi étape par étape un plan visant à rétablir sa santé financière. Ses primes sont alors passées de 500 $ à 1 500 $ par mois. Comme par magie, de nouveaux clients se présentaient à elle et ses ventes augmentaient. Mais Mary en connaissait la raison. L'augmentation de son revenu résultait directement de l'investissement qu'elle avait fait dans sa santé financière.

Elle (et sa sagesse intérieure) savait dorénavant qu'elle pouvait gérer plus d'argent.

Pour rétablir votre santé financière, il faut d'abord que vous changiez d'attitude, c'est-à-dire que vous passiez de «gérer mon argent exige trop de travail et cause trop de stress» à «je suis prêt à faire tout ce qui est nécessaire pour rétablir ma santé financière». Ce changement d'attitude est un préalable à l'action. Lorsque vous prenez les mesures nécessaires pour reprendre votre situation en main, vous en arrivez à vous sentir fier de vous-même, ingrédient clé pour générer de l'abondance. En effet, lorsque vous avez confiance en votre façon de gérer votre argent, vous en attirez tout naturellement davantage.

Quelle est votre attitude en ce qui a trait à la gestion financière? Évitez-vous d'y penser, en espérant que votre argent se gérera lui-même? Ou êtes-vous obsédé par chaque cent, dans une vaine tentative de maîtriser vos inquiétudes et votre anxiété? Lorsque je demande à mes clients et aux participants à mes ateliers ce qu'ils pensent de l'argent, j'ai droit aux réponses suivantes :

Je ne m'en fais pas avec l'argent. J'en ai toujours suffisamment pour vivre.

Je ne suis tout simplement pas intéressé à apprendre comment bien gérer mon argent.

Un jour, je saurai où va mon argent.

La façon dont je gère mon argent se reflète sur mon degré de réussite personnelle.

Personne n'est jamais à l'abri des dettes. L'endettement constitue un mode de vie.

La vie coûte trop cher de nos jours. Je n'arriverai jamais à tirer mon épingle du jeu.

L'argent est un outil que j'utilise sagement afin d'arriver à faire ce que je veux dans la vie.

Je suis trop jeune pour m'inquiéter à propos de mon avenir financier.

Pour avoir «vraiment» de l'argent, il faut naître dans une famille riche.

Ces attitudes révèlent les rapports entretenus avec l'argent. Si votre attitude est constructive et proactive, vous gérez probablement votre argent adéquatement et jouissez des avantages que constituent le sentiment de sécurité et le pouvoir de faire les choix de vie qui vous conviennent. Si, par contre, vous avez une attitude négative et nonchalante, vous êtes probablement souvent à court d'argent et avez le sentiment d'être la victime de forces extérieures.

Le déni et l'évitement

La plupart des gens évitent de regarder les questions d'argent en face jusqu'à ce qu'un problème survienne. Ils négligent de vérifier leur compte chèques jusqu'à ce qu'ils reçoivent par la poste un avis les informant qu'ils ont un découvert. Ou ils continuent à dépenser et remettent l'épargne au lendemain jusqu'à ce qu'ils atteignent l'âge mûr et qu'ils prennent conscience des conséquences de leur comportement. Je sais qu'il semble plus facile d'ignorer ou de nier la petite voix persistante qui vous rappelle de vous doter d'un système de comptabilité ou de commencer à rembourser vos dettes, mais le déni et l'inaction finiront toujours par vous rattraper. En ignorant le problème, vous élevez votre seuil de tolérance à la douleur et votre capacité d'en supporter davantage. Une dette croissante, un dossier de solvabilité qui laisse à désirer ou une expérience comme celle qu'a vécue mon client Brian font partie des conséquences qui surviennent lorsqu'on néglige sa santé financière.

Pendant les vacances, Brian attendait patiemment dans une file à l'entrée d'un magasin d'articles de sport, afin d'acheter un cadeau de Noël pour son frère. Au moment de payer, Brian a sorti sa carte de crédit et l'a tendue au caissier. Après plusieurs tentatives pour faire approuver l'opération et un appel interminable à la banque émettrice, le caissier a annoncé à Brian qu'il avait dépassé sa limite de crédit et que la vente était refusée.

Brian avait fait parvenir chaque mois le paiement minimum exigé, mais avait ignoré le solde, qui entre-temps n'avait cessé de croître. Au moment où son crédit a été refusé, Brian avait accumulé un solde de plus de 5 000 $ et avait dépassé sa limite. Même s'il savait qu'il s'approchait de celle-ci, il continuait à se servir de sa carte. Mais la honte qu'il avait éprouvée lors de l'épisode du magasin de sport l'a forcé à cesser de nier l'évidence et à regarder la situation en face. Brian était pris dans un tourbillon sans fin de dépenses. Plus il dépensait, pire il se sentait et plus il niait la réalité. C'est l'une des raisons pour lesquelles nous évitons de passer à l'action. Parmi les autres raisons figurent les suivantes :

JE NE SAIS PAS QUOI FAIRE NI COMMENT LE FAIRE. Le fait d'ignorer comment faire la balance de ses comptes, installer un système de comptabilité ou investir son argent sagement constitue un autre obstacle qui vous empêche de passer à l'action ou d'améliorer votre santé financière. Sans les connaissances appropriées, il est facile de laisser les choses aller à vau-l'eau. Mais si vous vous procurez l'information et l'aide dont vous avez besoin pour gérer votre argent, vous récolterez d'importants dividendes. Demander de l'aide est la clé d'une bonne gestion financière. Lorsque Susan a appris qu'une amie avait obtenu un rendement de plus de 25 % d'un fonds de placement qu'elle s'était procuré plus tôt cette année-là, elle a décidé d'agir. Elle a trouvé un planificateur financier compétent, pris rendez-vous avec lui, et transféré l'argent qu'elle avait en banque dans un instrument de placement plus lucratif dont le rendement était beaucoup plus élevé. Susan a alors compris que c'était son manque de connaissances qui lui faisait perdre de l'argent.

JE N'AI JAMAIS PU GÉRER MON ARGENT CORRECTEMENT. Même si vous désirez améliorer votre façon de gérer votre argent, vos antécédents en la matière pourraient vous empêcher de passer à l'action maintenant. La honte, la crainte ou la culpabilité découlant de comportements passés (paiements en retard entraînant des mesures de recouvrement ou manquement à des engagements relatifs au remboursement d'un prêt) peuvent avoir un effet paralysant même si ces comportements sont pour vous de l'histoire ancienne. À mesure que vous remplacerez vos vieilles habitudes financières par de nouvelles, vous commencerez à avoir davantage confiance en vous-même et en votre capacité de prendre bien soin de votre santé financière.

Joanne, une de mes clientes, était propriétaire d'une entreprise connaissant une forte période de croissance. Aux prises avec des problèmes d'encaisse, elle avait besoin d'une ligne de crédit pour gérer la croissance de son entreprise. Mais Joanne ne pouvait se résoudre à faire cette demande à la banque. Elle était paralysée par la crainte que son rapport de solvabilité empêche sa demande d'être approuvée. Six années auparavant, elle avait fait de mauvais choix financiers qui l'avaient obligée à passer en charges certaines dettes. Remplie de regrets, Joanne avait payé le prix de cette erreur en voyant terni son dossier de solvabilité.

Or, la honte que cet épisode avait fait naître en elle affectait toujours son comportement. Elle était incapable de faire une demande de prêt parce qu'elle se voyait toujours comme cette personne « mauvaise et irresponsable » et qu'elle croyait que les autres la voyaient également ainsi. Elle omettait de reconnaître qu'elle avait considérablement changé depuis cette époque et qu'elle était devenue un bien meilleur risque de crédit.

Joanne et moi avons alors effectué étape par étape la demande de ligne de crédit, en corrigeant toutes les erreurs et en expliquant les problèmes de crédit qu'elle avait connus par le passé. Sa demande a été approuvée, et cette victoire a été pour elle l'occasion d'améliorer l'image qu'elle avait d'elle-même relativement à l'argent. En passant à l'action pour remédier à la situation en dépit de ses craintes, elle a réussi à modifier immédiatement son attitude et dit adieu à ses antécédents financiers.

UN JOUR JE DÉCROCHERAI LE GROS LOT. Pour ceux et celles d'entre vous qui achetez des billets de loterie, commandez des cassettes expliquant « comment devenir riche rapidement » offertes lors de publireportages diffusés tard le soir, ou passez beaucoup de temps à réfléchir à la façon de gagner des concours, j'ai de mauvaises nouvelles pour vous : vous vivez dans l'avenir et vous empêchez d'acquérir ici et maintenant une réelle maîtrise de vos finances.

Il est facile de se laisser séduire par des éventualités. Nombre de mes clients ont dépensé de l'argent sur des «affaires en or» pour ensuite voir l'affaire tomber à l'eau et se trouver aux prises avec des dettes. Souvenez-vous, tout repose sur votre degré de responsabilité et les messages que vous envoyez à votre sagesse intérieure concernant votre capacité de gérer de l'argent.

Courir sans cesse après les meilleures occasions d'affaires, comme le faisait mon client Simon, ne fait que renforcer le déni et coûte toujours cher, en temps et en argent. Que ce soit au sein des nombreuses entreprises de marketing à paliers multiples dont il faisait partie ou lorsqu'il s'activait auprès d'un «gros» client potentiel, Simon vivait constamment dans l'avenir, planifiant et dépensant pour la vie qu'il aurait une fois riche. Il accumulait dette sur dette et ignorait les avis de recouvrement, convaincu d'être en mesure de tout rembourser sous peu. Mais l'avenir de Simon a fini par le rattraper. À court de temps et d'argent, il a dû déclarer faillite.

Ne vous laissez pas séduire! Un solide plan financier est la seule garantie pour un solide avenir financier.

Si vous êtes las de vous en faire pour des questions d'argent et en avez assez de vous sentir pris au piège et incapable de faire les choix qui vous conviennent, et que vous vous sentez prêt à vivre votre vie en toute liberté selon vos propres termes, prenez connaissance de l'Ordonnance pour une santé financière, que vous trouverez ci-après, et mettez-vous au travail! L'action fait naître une magie qui attire l'argent. Envoyez un message explicite à votre sagesse intérieure, selon lequel vous êtes prêt à faire le travail intérieur et extérieur nécessaire pour devenir une personne capable de gérer l'abondance. À mesure que vous mettrez ces étapes à exécution, vous serez récompensé de plusieurs façons. Votre anxiété diminuera (presque immédiatement), vous attirerez davantage d'argent (parfois par des voies inattendues), et, surtout, vous commencerez à vous sentir fier de vous-même. Ne fermez pas ce livre, et cessez d'éviter de passer à l'action. Commencez dès maintenant !

RÉTABLISSEZ VOTRE SANTÉ FINANCIÈRE

Il existe deux façons de rétablir votre santé financière. Premièrement, en effectuant le travail intérieur consistant à changer votre façon de penser en ce qui a trait à l'argent, puis en vous attaquant au travail extérieur consistant à apprendre concrètement à gérer votre argent. Lorsque vous accomplirez le travail intérieur de changement de croyances, assurez-vous de faire en même temps les démarches pratiques d'amélioration de vos finances. Chacun de ces deux volets exige de votre part certaines actions, lesquelles donneront lieu à une plus grande abondance.

Choisissez les actions qui correspondent le mieux à vos besoins présents. Si vous n'avez aucune idée des raisons pour lesquelles il ne vous reste jamais suffisamment d'argent à la fin du mois, reportez-vous à la section « Sachez où va votre argent » et mettez-vous au travail. Si vos comptes sont équilibrés et que vos factures sont réglées, mais que vous êtes incapable de faire des économies sur une base régulière, allez à la section « Commencez à épargner » ou « Soyez à l'aise avec plus ». Quel que soit votre point de départ, passez à l'action sans tarder !

Ordonnance pour une santé financière

Le travail intérieur – changez votre façon de penser à propos de l'argent

> *Changez vos croyances.*
> *Adoptez une attitude empreinte de gratitude.*
> *Partagez votre richesse.*
> *Soyez à l'aise avec plus.*
> *Respectez-vous vous-même.*

Le travail extérieur – faites l'acquisition de compétences en gestion financière

> Demandez de l'aide.
> Faites la balance de vos comptes.
> Sachez où va votre argent.
> Réduisez vos dépenses.
> Réglez vos factures à temps.
> Éliminez vos dettes.
> Rehaussez votre cote de crédit.
> Commencez à épargner.
> Mettez en place un système de comptabilité.
> Instituez un programme de dépenses personnel.
> Investissez dans votre avenir, investissez dans vous-même.

LE TRAVAIL INTÉRIEUR – CHANGEZ VOTRE FAÇON DE PENSER EN CE QUI A TRAIT À L'ARGENT

Passez à l'action! Changez vos croyances

Les pensées et les croyances que vous entretenez en matière d'argent jouent un rôle central dans votre santé financière. Si vous vous demandez constamment comment vous arriverez à payez vos factures ou à rembourser vos dettes, ces pensées contribueront à la pauvreté de votre santé financière. Les pensées ont un pouvoir, et les mauvaises pensées entraînent de mauvais résultats.

Il ne s'agit pas de «tourner vos pensées vers l'abondance» et de laisser les problèmes se régler d'eux-mêmes – vous n'en régleriez ainsi que la moitié. Lorsque vous avez la certitude que votre situation financière ne pourra jamais s'améliorer, la façon la plus rapide de contrer cette croyance est de passer à l'action. Choisissez une étape de la section «Travail extérieur» qui correspond à vos besoins, et mettez-la en pratique! Vous pourrez ainsi transformer immédiatement une croyance négative, comme «ma situation financière ne s'améliorera jamais », en une croyance plus constructive, telle que « les choses vont de mieux en mieux ».

Portez attention à votre façon de penser en ce qui a trait à l'argent, et remarquez les croyances qui se dissimulent derrière ces pensées. Parfois, nous arrivons face à face avec nos croyances inconscientes quand nous nous y attendons le moins. Kate, une de mes clientes, m'a raconté avoir un jour pris conscience d'une croyance singulière qu'elle entretenait à propos de l'argent. En attendant à une intersection, elle a remarqué dans la voie d'à côté une femme dans une Jaguar. En la regardant, sa première pensée a été : « Mon Dieu, son mari doit avoir réussi en affaires. » Stimulée par nos discussions sur la façon dont nos pensées peuvent révéler nos croyances profondes, Kate s'est rendu compte qu'elle croyait les femmes incapables de devenir riches par elles-mêmes. Elle s'est sentie à la fois surprise et embarrassée par cette découverte. Si elle attribuait ce type de richesse aux hommes seulement, comment pouvait-elle s'attendre à y avoir accès elle-même ?

Quelles sont vos pensées et vos croyances à propos de l'argent ? Croyez-vous encore que l'argent ne vient pas sans travail acharné ou qu'il n'est pas très spirituel d'aspirer à en avoir beaucoup ? Pour découvrir vos croyances cachées et explorer plus avant vos façons de penser et de voir en ce qui a trait à l'argent, complétez chacune des phrases suivantes :

L'argent est

Mon compte en banque est

Les gens qui ont plus d'argent que moi sont

Jamais l'argent ne

L'argent a toujours

Pour ce qui est des dettes, je crois que

_____

Lorsque je fais face à des problèmes d'argent, je crois

_____

En matière de gestion financière, je suis

_____

Pour gagner plus l'argent, je dois

_____

Si je gagne trop d'argent, alors

_____

Je ne peux gagner beaucoup d'argent parce que

_____

Je mérite

_____

Qu'avez-vous appris sur vous-même? Les pensées que vous entretenez à propos de l'argent ont un énorme pouvoir, et plus ces pensées seront responsables et tournées vers l'abondance, mieux cela vaudra. Remplacez vos vieilles croyances en utilisant les exemples ci-après afin de les transformer en pensées plus constructives et productrices de richesse :

De : *Je dois travailler dur pour gagner beaucoup d'argent.*
À : *Je gagne de l'argent en travaillant intelligemment.*
De : *Je dispose toujours de juste assez d'argent pour vivre.*
À : *Je dispose toujours de plus que ce dont j'ai besoin.*
De : *Je n'arrive jamais à me débarrasser de toutes mes dettes.*
À : *J'apprécie la liberté que me procure le fait d'être exempt de toute dette.*
De : *Si je gagne trop d'argent, les gens vont vouloir que je leur en donne.*
À : *L'abondance est mon droit, et je décide de qui pourra en profiter.*
De : *Je ne peux avoir à la fois une vie spirituelle et beaucoup d'argent.*
À : *Dieu veut que je sois riche.*

Inscrivez vos nouvelles croyances sur des fiches de format 8 cm sur 13 cm, que vous placerez sur le miroir de votre salle de bain, près de votre lit ou sur le tableau de bord de votre voiture. Cela aidera à faire entrer vos nouvelles croyances dans votre subconscient. Souvenez-vous, toutefois, que les affirmations ne remplacent pas l'action concrète. Ce sont à la fois les affirmations *et* l'action qui mènent à la réussite financière !

Passez à l'action ! Adoptez une attitude empreinte de gratitude

Un état d'esprit empreint de gratitude a l'effet d'un aimant. Il rayonne vers l'extérieur et envoie une puissante force dans l'Univers, qui attire vers vous abondance et joie. Chaque jour, on peut constater que le monde est rempli de choses dont on peut être reconnaissant. Une journée ensoleillée, un spectaculaire coucher de soleil, une voiture qui s'arrête pour vous céder le passage ou des conseils parfaitement appropriés prodigués par une personne rencontrée à l'improviste, voilà autant d'exemples subtils de la quantité infinie d'abondance qui s'offre à nous.

Il existe une façon d'élever vos pensées et vos croyances à un niveau supérieur et plus propice à la richesse, qui consiste à remarquer les domaines où l'abondance est déjà présente dans votre vie, et en être reconnaissant. Par exemple, vous est-il déjà arrivé que quelque chose que vous vouliez ou dont vous aviez besoin se présente tout naturellement à vous ? De trouver dans votre boîte aux lettres un renseignement auquel vous pensiez ce jour-là ? Ou de recevoir en cadeau un article sur lequel vous aviez l'œil depuis quelque temps ? Ces événements viennent subtilement nous rappeler que la richesse et l'abondance sont l'état naturel de l'Univers.

Je me souviens d'un après-midi au début du printemps où le lilas, l'une de mes fleurs favorites, était en pleine floraison. J'avais voulu en cueillir cette journée-là, sans en avoir l'occasion. Plus tard dans la soirée, mes beaux-parents m'ont rendu visite. Imaginez ma surprise lorsque j'ai ouvert la porte pour apercevoir ma belle-mère tenant un vase rempli de lilas. J'ai instantanément ressenti toute l'abondance de l'Univers qui habitait ma vie. Pour créer un état d'esprit davantage empreint de gratitude, essayez les exercices suivants :

1. Accrochez une grande feuille de papier à un mur de votre maison et gardez un ensemble de feutres de couleur à proximité. Chaque fois que vous passez par là, inscrivez une chose pour laquelle vous éprouvez de la reconnaissance. Si vous vivez avec d'autres personnes, encouragez-les à faire de même. Instituez une liste familiale. La feuille ne tardera pas à se remplir de toutes sortes de raisons d'être reconnaissant, et vous entraînerez votre esprit à remarquer l'abondance qui vous entoure.

2. Créez un rituel de gratitude. Transformez une activité régulière en une occasion de remarquer les choses dont vous êtes reconnaissant. Par exemple, l'un de mes clients garde une liste de gratitude dans son carnet de chèques. Chaque mois, lorsqu'il équilibre ses comptes, il ajoute cinq choses à sa liste. Non seulement ce rituel l'aide-t-il à s'arrêter et à remarquer les choses pour lesquelles il éprouve de la gratitude, mais il lui donne l'occasion de relire la liste chaque mois et de constater l'incroyable abondance qui a habité son passé.

3. Organisez une célébration de la gratitude. Invitez des amis à un repas-partage en leur demandant d'emporter une liste de dix choses pour lesquelles ils éprouvent de la reconnaissance. Au cours de la soirée, demandez à chaque convive de faire part aux autres de sa liste. Vous pourrez alors avoir plus d'exemples de raisons d'être reconnaissant!

Passez à l'action! Partagez votre richesse

Donner aux autres est une façon sûre d'intensifier le flot d'abondance dans votre vie. Il y a plusieurs années, je me suis entraînée à cesser de me faire du souci à propos de mes finances en faisant don d'un certain montant dès que je commençais à m'inquiéter de la quantité d'argent dont je disposais. Je faisais tout simplement un chèque à mon organisme de bienfaisance préféré dès la moindre inquiétude. Il s'agissait parfois d'un montant aussi minime que 5 $, mais ce geste me rappelait l'importance de faire confiance au processus divin et à la nature cyclique du don et de l'acceptation. En voyant l'argent affluer dans ma vie, je me suis mise à croire encore plus que le monde était un lieu d'abondance.

Assurez-vous toutefois d'être solidement engagé sur le chemin de la santé financière avant de donner trop d'argent. Commencez avec des montants modestes, et à mesure que votre compte en banque se remplira, vous éprouverez naturellement l'envie de partager davantage. Si vous n'êtes pas capable de donner de l'argent, vous pouvez partager votre richesse de bien d'autres façons. Prenez l'habitude de poser l'un des gestes suivants chaque mois :

- Apporter de la nourriture à une soupe populaire de votre quartier.
- Cueillir des fleurs sauvages et les porter à un foyer de votre quartier.
- Être à l'écoute d'un ami dans le besoin.
- Offrir votre expertise (informatique, organisation, etc.).
- Faire le ménage de vos placards et faire don des vêtements dont vous n'avez plus besoin.
- Tenir la main d'un ami qui doit se rendre à l'hôpital.

Passez à l'action ! Soyez à l'aise avec plus

Comment vous sentez-vous à l'idée d'avoir plus d'argent ? La perspective d'avoir plus de responsabilités vous rend-elle inconfortable, enthousiaste ou nerveux ? Lorsque vous vous arrêtez et portez attention à vos réactions internes à l'idée d'avoir plus d'argent, vous découvrirez peut-être des blocages qui pourraient vous empêcher de jouir de cette abondance. Pour mieux déterminer quels sont ces blocages, ouvrez votre journal et faites deux colonnes. Titrez la première «Les avantages d'avoir plus d'argent» et la deuxième «Les inconvénients d'avoir plus d'argent». Prenez ensuite le temps de réfléchir à ces deux catégories, puis écrivez tout ce qui vous vient à l'esprit. Qu'est-ce qui vous effraie ou vous préoccupe?

Il existe une façon de mettre au jour les croyances inconscientes que vous pourriez avoir sur le fait de posséder plus : observez comment vous vous sentez face à d'autres personnes qui ont plus d'argent que vous. Avez-vous certaines opinions négatives sur les personnes plus fortunées? Quelle était l'attitude de votre famille face aux personnes riches lorsque vous étiez enfant? Les membres de votre famille critiquaient-ils ces personnes? Si c'est le cas, peut-être craignez-vous de faire l'objet de jugements ou de critiques semblables. Pour être à l'aise avec une éventuelle augmentation de votre avoir, vous devez transformer les inconvénients en avantages. Par exemple, commencez à vous réjouir de la chance des autres. En cessant de juger autrui, vous cesserez de vous juger vous-même et serez prêt à posséder plus.

Passez à l'action! Respectez-vous vous-même

Si vous ne demandez jamais rien, vous n'obtiendrez jamais rien. Lorsque vous vous engagerez à rétablir votre santé financière et prendrez les mesures qui le démontrent, vous vous sentirez davantage en droit de demander l'abondance qui vous revient. Prendre le plus grand soin de soi-même signifie demander une augmentation bien méritée, récupérer les montants qu'on vous doit ou augmenter vos tarifs pour les services que vous offrez. Pour la plupart des gens, demander de l'argent est une tâche ardue. Mais avec de l'aide et de la préparation, vous pouvez augmenter votre amour-propre et avoir plus de facilité à demander ce qui vous revient de droit.

Ma cliente Dianna était une avocate qui possédait son propre cabinet dans une petite ville du Midwest. Plusieurs de ses clients lui devaient de l'argent, et même s'ils ignoraient ses factures, elle n'osait pas leur téléphoner pour réclamer paiement. Pour pouvoir réclamer l'argent qui lui revenait de bon droit, il lui fallait se respecter davantage.

Pour commencer, Dianna a institué une politique selon laquelle elle exigeait, pour tous ses nouveaux contrats, que le client lui verse à l'avance 50 % de ses honoraires. Puis, elle s'est assurée d'envoyer ses factures à temps pour signifier à ses clients qu'elle prenait son travail au sérieux. Dianna a également engagé un comptable pour remettre à jour son système financier et produire chaque mois des rapports indiquant l'état des finances de l'entreprise. Grâce à ces mesures, elle s'est sentie plus professionnelle et plus solidement aux commandes de son entreprise.

En élevant ses normes et en mettant de l'ordre dans ses finances, Dianna a augmenté son degré de confiance en elle-même et d'amour-propre. Dorénavant beaucoup mieux dans sa peau, elle a eu plus de facilité de téléphoner à chaque client dans le but d'établir un pro-gramme de paiement. En utilisant les mots appropriés et une approche directe, Dianna a pu recouvrer 75 % de ses créances en soixante jours. Aussitôt qu'elle a commencé à demander ce qui lui revenait, elle s'est attiré le respect qu'elle méritait !

Afin de vous aider à réclamer l'argent que vous méritez, utilisez une variation des phrases suivantes :

Lorsqu'on vous doit de l'argent :

« John, je te téléphone au sujet de cette somme de 1 000 $ que tu dois à mon entreprise. J'aimerais que l'on trouve ensem-ble un mode de paiement qui te conviendrait. Commençons par tes suggestions. De quelle façon préférerais-tu procéder ? »

Ou

« Mary, je te téléphone au sujet de ton compte en souffrance. Le dernier chèque remonte à quatre mois, et j'aimerais régler cette question le plus tôt possible. Éprouves-tu des problèmes dont tu aimerais me faire part ? Explique-moi ta situation actuelle, et à partir de là, nous verrons ensemble ce que nous pouvons faire. »

Lorsque vous demandez une augmentation :

« Karen, j'aimerais m'entretenir avec toi de la possibilité d'augmenter mon salaire. Ma dernière évaluation remonte à dix-huit mois, et beaucoup de choses ont changé depuis. J'aimerais qu'on s'assoie ensemble, que tu me dises ce que tu en penses, que l'on examine mes réalisations et que l'on discute de la rémunération appropriée. Quel moment te conviendrait le mieux pour cette rencontre ? »

Lorsque vous voulez augmenter vos honoraires :

« Joseph, j'aimerais t'informer qu'à compter du 1er janvier, mes tarifs vont augmenter. Au lieu de ___ $ l'heure, je demanderai ___ $. Je voulais t'avertir suffisamment d'avance pour que tu puisses te préparer. As-tu des questions à ce sujet ? »

Vous remarquerez que le ton de ces exemples est constructif et direct. Lorsque vous vous respectez-vous même et croyez en votre valeur, vous pouvez demander ce qui vous revient sur un ton courtois. Toute conversation portant sur l'argent doit être entreprise avec l'intention de faire alliance avec l'interlocuteur. Si vous avez affaire à une personne qui vous doit de l'argent et n'a aucune intention d'honorer sa dette, évitez de mettre vos émotions sens dessus dessous et confiez le dossier à un avocat ou à une agence de recouvrement. Pensez avant tout à prendre soin de vous-même – ne vous laissez pas entraîner dans des joutes émotionnelles déguisées en discussions financières. À la fin du présent chapitre, j'ai indiqué quelques ressources pour les situations qui exigent une intervention professionnelle.

———

Passons maintenant au travail extérieur – les compétences pratiques en gestion financière dont vous aurez besoin jour après jour pour prendre bien soin de votre santé financière.

LE TRAVAIL EXTÉRIEUR – FAITES L'ACQUISITION DE COMPÉTENCES EN GESTION FINANCIÈRE

Passez à l'action! Demandez de l'aide

Dans notre culture, parler d'argent demeure un tabou social. Les problèmes financiers sont gardés secrets, même entre les membres d'une même famille. Cependant, le fait de partager nos préoccupations et nos questions en matière de finances avec des personnes en qui nous avons confiance peut nous procurer un grand sentiment de soulagement et de liberté. Que ce soit de la part d'amis, de membres de notre famille ou encore d'un comptable, d'un commis comptable ou d'un planificateur financier, nous avons tous besoin d'aide pour acquérir de nouvelles compétences dans le domaine financier.

Même si j'ai exercé pendant des années le métier de conseillère en fiscalité, je ne fais plus moi-même ma déclaration d'impôts. En aucun cas. Nos lois fiscales sont complexes et changent constamment, et je n'ai pas le temps de me tenir au courant. Je demande donc de l'aide. Je fais appel aux services d'un professionnel objectif et possédant une formation adéquate à qui je peux soumettre mes idées et qui peut me garantir la planification et la préparation qui me sont nécessaires sur le plan fiscal pour assurer le succès de mon avenir financier.

Demander de l'aide est la solution numéro un pour surmonter l'obstacle que constituent le déni et l'évitement. En faisant appel à l'aide dont vous avez besoin, vous aurez plus de facilité à passer à l'action. Il importe que les personnes avec qui vous choisissez de travailler soient compatibles avec votre personnalité. J'ai trop souvent vu des clients confier leurs affaires à des gens avec qui ils n'étaient pas à l'aise pour la seule raison que ces gens s'y connaissaient mieux qu'eux en matière d'argent. Vous devez plutôt établir une association, une relation de travail saine avec quelqu'un qui vous respecte et qui prend au sérieux vos préoccupations financières. Plus grandes sont vos craintes, plus vous aurez besoin d'un soutien attentif. De cette façon, chaque fois que vous serez dans une situation où vous ne savez pas quoi faire ou que vous avez de la difficulté à progresser, vous pourrez demander de l'aide.

Entreprenez un dialogue sur les questions financières avec votre partenaire ou votre groupe de motivation. Il est toujours réconfortant de savoir que les autres partagent des peurs et des préoccupations semblables aux nôtres. C'est là un domaine où le soutien des autres peut faire la différence entre la réussite et l'échec. Commencez votre dialogue en répondant aux questions ci-dessous. Si vous n'avez ni partenaire, ni groupe, prenez note de vos expériences dans votre journal.

> *Qu'est-ce que votre famille vous a appris à propos de l'argent? En quoi a-t-elle influencé vos croyances?*
> *Quelle a été votre blessure la plus profonde en ce qui a trait à l'argent?*
> *Quelle est la réussite financière dont vous êtes le plus fier?*
> *Quel est votre plus gros secret en matière d'argent?*
> *Quels sont vos rêves dans le domaine financier?*

Terminez le dialogue en demandant à chaque personne de compléter la phrase suivante :

> *En matière d'argent, j'ai besoin d'aide pour*

_____

Puis, faites les démarches pour obtenir cette aide. Procurez-vous mutuellement le soutien dont vous avez besoin pour ce faire, ou consultez un professionnel. Lorsque vous passez des professionnels en entrevue, assurez-vous de vous poser les questions suivantes :

Cette personne a-t-elle de l'expérience avec des situations comme la mienne?

Cette personne semble-t-elle aimer ce qu'elle fait?

Est-il facile de lui parler?

Me traite-t-elle avec respect?

À quel point est-elle disposée à répondre à mes questions?

Ses tarifs sont-ils abordables?

Est-ce que je me sens en sécurité et détendue avec cette personne?

Ai-je demandé au moins trois références?

Passez à l'action! Faites la balance de vos comptes

L'équilibre de vos comptes est une étape importante afin de reprendre la maîtrise de vos finances. Lorsque vous négligez de faire vos comptes et que vous n'avez qu'une «bonne idée» de l'état de vos finances, vous ouvrez la porte à un comportement encore plus négligent dans l'avenir. Si vous ne pouvez faire la balance de vos comptes vous-même, engagez quelqu'un ou cessez d'utiliser votre compte jusqu'à ce que tous vos chèques soient passés. Puis, demandez à la banque de vous faire part de votre solde réel. Si vous ne savez pas exactement comment équilibrer votre propre carnet de chèques, vous pouvez procéder comme suit :

1. Suivez la procédure étape par étape indiquant comment faire la balance de vos comptes, qui se trouve au verso de votre relevé bancaire.

2. Visitez la succursale locale de votre institution financière et demandez à l'un des préposés de vous expliquer comment faire.

3. Utilisez un logiciel informatique (comme Quicken) pour équilibrer vos comptes.

Vu l'utilisation de plus en plus généralisée des guichets automatiques, il est plus difficile d'équilibrer les relevés bancaires à la main.

Mais l'équilibre de vos comptes est une étape importante du processus. Plus vous en saurez sur votre situation financière, plus vous vous sentirez en sécurité et à l'aise sur le plan financier et motivé à continuer d'améliorer votre santé financière.

Samuel, un de mes clients, ne s'était jamais considéré comme une personne « à l'aise avec les chiffres ». Il ne prenait jamais la peine de lire son relevé de compte mensuel. Lorsqu'il voulait savoir quel était son solde, il se contentait de téléphoner à la banque afin d'obtenir une idée « approximative » du montant de son avoir financier. Samuel affirmait ne pas avoir « la patience de déchiffrer (son) relevé bancaire » et trouvait qu'il était plus simple de procéder par appels téléphoniques périodiques comme il le faisait. Mais il vivait dans un état d'anxiété constant face à sa situation financière. Il ne se sentait jamais en sécurité sur ce plan, et à l'âge de quarante-trois ans, il n'avait que très peu d'économies. Lorsque je lui ai dit que cette simple action pouvait avoir un impact énorme sur son bien-être mental, de même que sur son bien-être financier, il a accepté avec hésitation d'essayer d'équilibrer ses comptes.

Samuel a téléphoné à un ami (qui était employé d'une banque des environs) pour lui demander de l'aide. Son ami l'a ensuite guidé en procédant étape par étape, et Samuel a constaté avec surprise à quel point cette procédure était facile. Une fois son compte à jour, il a éprouvé un profond sentiment d'accomplissement et d'orgueil. C'était le début, pour Samuel, d'un tout nouveau rapport avec l'argent.

Souvenez-vous, il ne faut qu'une simple action pour vous remettre sur la bonne voie financièrement.

Passez à l'action! Sachez où va votre argent

L'ignorance n'a rien de bon quand il s'agit de l'argent. Établissez sans plus tarder et avec précision où va votre argent. Au lieu de compter chaque cent (une tâche absurde et irréaliste pour la plupart des gens), commencez par tracer un plan simple de votre situation financière.

Faites la liste de vos revenus et de vos dépenses mensuelles en indiquant les renseignements appropriés ci-dessous :

Revenu mensuel total : _____
Dépenses mensuelles :
  Loyer/hypothèque
  Téléphone, électricité
  Assurance
  Nourriture
  Vêtements
  Divertissement
  Remboursement de prêt
  Dépenses en argent comptant
  Autres
Montant restant :
Montant consacré à l'épargne :

Gagnez-vous suffisamment d'argent pour couvrir vos dépenses et épargner sur une base régulière ? Vous reste-t-il de l'argent après vos dépenses ? Savez-vous où va votre argent ? Si votre réponse est « je ne suis pas certain », faites-vous une faveur et dressez un compte rendu plus détaillé de vos dépenses mensuelles. Établissez un système selon lequel vous notez le montant dépensé chaque jour avant d'aller au lit. Votre journal est l'endroit parfait où inscrire ces renseignements.

À la fin du mois, faites le total de vos dépenses et soustrayez ce montant de votre revenu afin de connaître vos profits réels (revenu – dépenses = profit). Quand il s'agit d'argent, les chiffres ne mentant pas. Savoir où va votre argent est une étape importante dans le changement de vos habitudes en matière de dépenses et d'épargne. Les chiffres révèlent toujours la vérité sur votre état de santé financière, alors préparez-vous !

Lorsque ma cliente Madeline a examiné en détail l'état de ses finances, elle a compris pourquoi il ne lui restait jamais assez d'argent à la fin du mois. Comme elle utilisait sa carte de crédit pour la plupart de ses achats, elle dépensait constamment plus que ce qu'elle gagnait. En voyant ainsi noir sur blanc l'état de ses finances, elle a clairement compris pourquoi les questions d'argent lui causaient un stress constant. Le temps était venu pour elle de réduire ses dépenses et d'établir un plan financier judicieux.

Passez à l'action! Réduisez vos dépenses

Lorsque vous examinerez en quoi consistent vos dépenses mensuelles, déterminez quelles sont celles qui sont inutiles, puis éliminez-les. Demandez-vous quelles sont celles qui ajoutent vraiment à votre qualité de vie. À part l'essentiel comme la nourriture, le loyer, les vêtements et le chauffage, les autres dépenses ont-elles une raison d'être? Appréciez-vous vraiment toutes les fois que vous prenez un repas au restaurant? Achetez-vous des vêtements qui ne sortent jamais de votre placard? Pour améliorer votre santé financière, vous devrez probablement changer votre mode de vie.

Lorsque Thomas Stanley et William Danko ont interviewé des millionnaires pour leur best-seller intitulé *The Millionaire Next Door*, ils ont découvert chez eux une même stratégie, qui avait contribué à leur richesse : la plupart vivaient en deçà de leurs moyens. Si vous avez de la difficulté à décider quelles dépenses éliminer, vous pouvez demander à une personne en qui vous avez confiance de surveiller vos dépenses et de vous suggérer des moyens créatifs de les réduire. Vous pouvez aussi imaginer que la moitié de votre revenu a soudain disparu, puis décider de la façon dont vous allez réduire vos dépenses.

Pendant un certain temps, vous pourriez devoir éliminer des activités que vous aimez vraiment, comme les repas au restaurant ou l'achat de vêtements ou de cadeaux. Mais de cette façon, vous apprendrez à attendre avant d'obtenir quelque chose que vous convoitez – une capacité qu'il importe d'acquérir pour atteindre la liberté financière. La capacité de retarder la satisfaction de ses besoins est un important muscle à développer. Renoncer à quelque chose que vous voulez vraiment dans le but d'améliorer votre santé financière envoie un message sans équivoque à votre sagesse intérieure, lui signifiant que vous être digne de confiance et capable d'avoir plus d'argent entre les mains.

Fred, un psychothérapeute qui éprouvait des difficultés financières dans le cadre de sa pratique, a décidé de réduire ses dépenses et a par le fait cessé d'assister à des parties de base-ball pendant tout le reste de la saison. Même s'il adorait passer du temps avec ses amis, il dépensait pour ces sorties de l'argent qu'il n'avait pas vraiment. Pas étonnant qu'au cours des six mois suivants, Fred ait acquis sept nouveaux clients, réduit sa dette de 15 % et ajouté 350 $ à son compte d'épargne.

Bien vivre n'exige pas beaucoup de dépenses. Et pour vivre selon vos moyens, il n'est pas nécessaire de laisser tomber ces choses qui vous rendent heureux. C'est une question de goûts personnels. Vous pourriez décider de ralentir le rythme, de travailler et de gagner moins d'argent, mais de vous offrir une séance hebdomadaire de massage. Ou vous pourriez décider de ne plus aller au restaurant tous les jours de la semaine pour le lunch afin de pouvoir vous payer un dîner dans un grand restaurant un soir par semaine. Ce qui importe avant tout, c'est de vous arrêter et de vous demander quelles sont les dépenses qui vous rendent vraiment heureux. Privilégiez la qualité de l'expérience au détriment de la quantité ou de la satisfaction à court terme. Prendre le thé l'après-midi dans un endroit chic peut être la façon par excellence de célébrer une occasion spéciale, au lieu d'organiser une soirée élaborée ou un repas coûteux.

Souvent, les expériences les plus agréables sont celles qui coûtent peu ou pas du tout d'argent. Partager un repas préparé à la maison avec de bons amis qui nous font rire, passer du temps avec nos enfants ou nos parents ou faire une longue promenade sur la plage sont autant d'expériences qui enrichissent notre existence et laissent de merveilleux souvenirs. En incorporant davantage de ces expériences dans votre vie quotidienne, vous aurez beaucoup plus de facilité à renoncer à des dépenses qui ne vous procurent qu'une satisfaction éphémère. Prenez le temps de réfléchir aux expériences qui vous ont coûté peu ou pas d'argent et qui vous ont néanmoins apporté de la joie. Indiquez cinq exemples ci-dessous :

1. _____

2. _____

3. _____

4. _____

5. _____

Voici certains exemples cités par mes clients :

Pique-niquer sur la plage	*Prendre un long bain chaud*
Passer du temps avec des amis	*Faire une promenade vespérale*
Lire un bon livre	*avec l'être cher*
Regarder de vieux films	*Faire voler un cerf-volant avec*
Faire l'amour	*un enfant*

Relisez maintenant vos dépenses et remplacez celles qui sont «vides» par des exemples provenant de votre liste.

Passez à l'action ! Réglez vos factures à temps

Lorsqu'on vous fait crédit ou qu'on vous offre certains services avant paiement, cela signifie qu'on vous fait confiance et qu'on s'attend à ce que vous honoriez votre dette. L'opinion que vous avez de vous-même fait toute la différence. Le fait de régler systématiquement vos factures en retard affecte votre estime de vous-même, que vous vous en rendiez compte ou non. D'une certaine façon, le fait de vous savoir «en panne d'intégrité» bloque le flot d'abondance. Je n'ai jamais rencontré qui que ce soit qui se sente fier de ne pas tenir ses promesses.

Au cours d'une séance avec ma cliente Pat, alors que nous étions à examiner ensemble sa semaine, elle m'a raconté une histoire qui illustre bien mon propos. Pat se promenait dans le centre commercial de son quartier lorsqu'elle a aperçu le propriétaire d'une boutique de fleuriste à qui elle devait de l'argent. Se rappelant qu'elle avait encore une fois omis de régler la facture en souffrance, elle a rapidement fait demi-tour et s'est dirigée dans la direction opposée. Plus tard cette même journée, Pat était de très mauvaise humeur. Ce n'est qu'en se mettant au lit ce soir-là qu'elle a fait le lien entre son humeur et son expérience au centre commercial.

Payer vos factures en retard vous coûte cher, et je ne parle pas seulement des frais de retard et des intérêts. Cela peut vous coûter votre réputation et, surtout, ternir l'estime que vous avez de vous-même. Pour avoir plus de facilité à payer vos factures, vous pouvez procéder comme suit :

1. Coordonnez les dates d'échéance de vos factures. La plupart des entreprises accepteront avec plaisir de vous rendre ce service, et il vous sera plus facile de payer toutes vos factures à la même date chaque mois.

2. Utilisez les systèmes de banque à domicile par Internet. Un nombre croissant d'institutions financières offrent maintenant ce type de services. La technologie est très conviviale, et vous permet de payer automatiquement vos factures chaque mois simplement en cliquant un bouton.

3. Engagez un comptable qui se chargera de payer vos factures. Si vous êtes trop occupé pour régler vos factures à temps, il vaut la peine de payer les 25 à 30 dollars par mois nécessaires pour bénéficier de ce service. Laissez quelqu'un d'autre veiller au respect des échéances.

Passez à l'action ! Éliminez vos dettes

Prenez l'engagement de payer vos dettes. Si vos factures sont en retard, communiquez avec tous vos créanciers pour leur expliquer votre situation. Le fait de dire la vérité en ce qui a trait à vos difficultés financières est une preuve d'intégrité et montre à vos créanciers que vous prenez vos responsabilités au sérieux.

Élaborez un plan de remboursement de vos dettes à partir des directives suivantes :

1. Dressez une liste de toutes vos dettes non acquittées.
2. Placez en tête de liste le montant dont le taux d'intérêt est le plus élevé.
3. Concentrez-vous d'abord sur le remboursement des prêts à haut taux d'intérêt et du solde de votre carte de crédit.
4. Assurez les paiements minimaux pour les autres dettes.
5. Lorsque vous avez acquitté une dette en entier, rayez-la de votre liste.
6. Récompensez-vous avec une célébration *peu coûteuse*.

Si vous croulez sous les dettes, demandez de l'aide. Vous pouvez faire appel à des services-conseils en matière de crédit qui pourront vous aider à faire réduire et même à éliminer les taux d'intérêt. Pour obtenir de l'aide pour des problèmes liés au crédit, vous pouvez consulter les groupes suivants :

Consumer Credit Counseling Services : 800 873-2227
www.powersource.com/cccs

Money Management by Mail : 800 762-2271
www.moneymanagementbymail.com

Ces deux organismes offrent gratuitement des services utiles aux personnes qui ont de la difficulté à rembourser leurs dettes.

L'élimination de dettes qui traînent est davantage qu'une simple affaire de montants d'argent. En effet, les dettes du passé sont empreintes de l'énergie du passé. Le coût d'un dîner avec une ancienne petite amie ou les frais médicaux liés à une maladie sont compris dans le solde de votre carte de crédit. Ces dettes traînent avec elles l'énergie associée à ces expériences passées, et il est essentiel de les acquitter pour pouvoir tourner la page et aller de l'avant.

J'ai souvent vu la présence divine aider mes clients de façon inattendue lorsqu'ils s'engagent à rembourser leurs dettes. Carl avait une vieille dette de 15 000 $ qui le déprimait. Fatigué de porter ce fardeau sur ses épaules, il s'était engagé à consacrer l'année suivante à faire tout ce qu'il pouvait pour la rembourser. Il a déménagé dans un plus petit appartement, réduit ses dépenses de 50 % et s'est trouvé un deuxième emploi à temps partiel. Il a décidé d'affecter le revenu supplémentaire ainsi gagné au règlement de sa dette. Au bout de huit mois, Carl avait réduit celle-ci à 8 500 $.

Un mois plus tard, un vieil ami de la famille que Carl avait aidé au fil des ans est décédé, lui laissant un montant de 8 500 $ en héritage. Carl a pu ainsi acquitter le solde de sa dette. D'où lui est venue cette chance ? Je crois que c'était grâce à son engagement à faire tout ce qui était nécessaire pour éliminer sa dette et à prendre de façon soutenue des décisions parfois difficiles afin d'atteindre son objectif de santé financière.

Un dernier mot à propos des dettes. Ne vous laissez pas tenter par les offres de crédit qui vous parviennent par le courrier ou par téléphone. Les sociétés de crédit envoient 2,4 millions d'offres pour de nouvelles cartes de crédit chaque année (selon le magazine *Money*, juin 1997). De plus, les banques ne cessent de faire la promotion de leurs prêts participatifs, dont les taux sont moins élevés. Il y aura toujours une société de télémarketing prêt à vous offrir une carte de crédit au taux le plus avantageux, surtout à mesure que votre cote de crédit s'améliore. Pour eux, il s'agit d'un moyen facile de faire de l'argent, et ils ne cesseront jamais de vouloir vous vendre leur produit. Mais tout ce que vous en tirerez, c'est une montagne de dettes. Non merci !

Passez à l'action ! Rehaussez votre cote de crédit

J'ai déjà parlé de Joanne, une cliente qui avait de la difficulté à faire une demande de crédit en raison de l'état de son rapport de solvabilité. Ces rapports peuvent susciter beaucoup de honte chez les clients dont les antécédents financiers laissent à désirer. Hésitez-vous à faire une demande de prêt de peur que vos antécédents empêchent cette demande d'être approuvée ? La plupart des gens ne connaissent pas la teneur de leur rapport de solvabilité. N'attendez pas d'avoir besoin d'un prêt pour vous enquérir du contenu de votre rapport de solvabilité en ce qui a trait à vos antécédents financiers.

Un rapport de solvabilité contient les renseignements suivants :

> *Identité – nom, date de naissance, numéro d'assurance sociale*
> *Adresse – adresses courante et antérieures*
> *Emploi – employeurs actuels et antérieurs*
> *Finances – créanciers, fréquence des paiements, soldes, etc.*
> *Renseignements contenus dans les archives publiques – privilèges sur*
>   *biens imposés, faillites, recouvrement, etc.*

Ces renseignements peuvent être obtenus aux États-Unis auprès de trois principales agences d'évaluation du crédit par toute personne qui songe à vous faire crédit. Ce n'est pas l'agence qui décide si vous êtes un bon ou un mauvais risque, mais le prêteur, à partir de l'information qu'il reçoit.

Demandez dès maintenant votre rapport de solvabilité. Comme il n'est pas rare que ces rapports comportent des erreurs, assurez-vous que le vôtre donne une description exacte de vos antécédents financiers. Dans la section ressources à la fin du présent chapitre, j'ai indiqué comment obtenir facilement votre rapport de solvabilité auprès des trois principales agences, ainsi que la meilleure façon de procéder pour y apporter des corrections.

Ne perdez pas de vue le travail intérieur que vous devez effectuer pour rehausser votre cote de solvabilité. Le rapport n'est pas un reflet de la totalité de votre être, mais seulement de vos antécédents financiers. Peut-être vous faudra-t-il vous pardonner pour vos comportements passés. Il vous arrivera aussi parfois de devoir payer une vieille dette qui avait été passée en charges ou incluse dans une faillite afin de vous sentir en paix avec vous-même. Faites tout ce qui est nécessaire pour en finir avec le passé et avoir la certitude que vous êtes redevenu un bon risque de crédit.

Passez à l'action ! Commencez à épargner

Nous avons tous entendu parler de la règle selon laquelle il faut « se payer soi-même en premier ». Mais cela est difficile à faire avec un revenu inférieur aux dépenses. Le profit est votre première priorité. Lorsque vous avez réduit vos dépenses et qu'il vous reste de l'argent, mettez-vous immédiatement à épargner. Économisez le plus possible, en commençant le plus jeune possible, et investissez votre argent sagement. Lorsque vous combinez les avantages des intérêts composés (calculés sur l'investissement et initial et sur les intérêts accumulés) et ceux liés au fait de commencer à épargner jeune, les résultats sont impressionnants. Par exemple, imaginons que vous vous fixez comme objectif d'avoir 1 000 000 $ en banque à l'âge de soixante-cinq ans. Voyons combien vous devrez épargner chaque année, avec un taux d'intérêt de 10 %, selon l'âge auquel vous commencez.

Si vous décidez de commencer à épargner à l'âge de vingt ans, vous devrez mettre de côté 1 391 $ par année pour atteindre votre objectif. Si, toutefois, vous décidez de vous y mettre seulement à trente ans, vous devrez épargner 3 690 $ par année. À partir de quarante ans, vos économies devront s'élever à 10 168 $ par année. Enfin, si vous commencez à cinquante ans, vous aurez à mettre de côté l'impressionnante somme de 31 474 $ par année afin d'atteindre le million en temps voulu. Comme vous pouvez le constater, le temps est l'un de vos meilleurs atouts quand il s'agit d'épargne !

Examinons maintenant les avantages des intérêts composés selon une autre perspective. Imaginons que vous épargnez 1 000 $ par année entre vingt et trente ans (pour un capital total de 10 000 $). Si le taux d'intérêt applicable à votre placement est de 10 %, votre avoir total serait de 15 937 $ (grâce aux 5 937 $ d'intérêt). Si vous laissez ce montant dans votre compte d'épargne, tout en laissant courir les intérêts de 10 %, sans ajouter d'autres sommes, vous obtiendriez 447 869 $ à l'âge de soixante-cinq ans. De ce montant, 437 869 $ sont des intérêts! L'important est de commencer à épargner dès maintenant! Commencez par vous fixer l'objectif d'économiser au moins 10 % de votre revenu avant impôt. En d'autres termes, si votre revenu annuel est de 40 000 $, mettez de côté 4 000 $ dans un instrument de placement de votre choix. Répartissez cette somme en paiements mensuels (p. ex. 334 $), que vous inclurez dans vos dépenses. Plus vous êtes âgé, plus ce pourcentage devra être élevé pour vous permettre d'atteindre un montant de réserves adéquat pour votre retraite. Assurez-vous de demander l'aide d'un professionnel pour déterminer le montant qui vous convient.

Si vous n'avez pas beaucoup d'argent, commencez tout simplement par mettre votre monnaie dans un bocal placé sur votre bureau. Grâce à cette habitude, vous aurez plus de facilité à épargner lorsque votre profit augmentera. Instituez une discipline en matière d'épargne. Considérez-la comme une discipline spirituelle, un investissement en vous-même et en votre sagesse intérieure. Après tout, mettre de l'argent de côté sur une base régulière est une façon de prendre le plus grand soin de soi-même, ce qui est essentiel pour générer plus de richesse.

Passez à l'action! Mettez en place un système de comptabilité

Il existe de nombreux systèmes de comptabilité manuels et informatisés qui peuvent vous permettre de demeurer au fait de votre situation financière. En utilisant un bon système, vous pourrez tenir à jour vos finances et savoir en tout temps où va votre argent et où vous en êtes. Si vous ne savez pas exactement comment le mettre en place, engagez quelqu'un pour vous aider à le faire. Ne remettez pas cette démarche au lendemain sous prétexte que vous ne savez pas comment procéder – laissez quelqu'un d'autre s'en charger. Le temps et l'argent que vous y consacrerez en vaudront la peine.

Tout comme le cordonnier qui ne confectionne jamais de chaussures pour lui-même, j'ai remis pendant longtemps à plus tard l'amélioration de mon système comptable, parce que je me sentais dépassée par l'ampleur de la tâche. Pendant les deux ans qui ont précédé, je savais que j'aurais avantage à organiser l'information personnelle et financière me concernant au moyen de Quicken (mon logiciel financier favori). Lors d'une séance avec ma conseillère, celle-ci m'a mise au défi de me doter de ce système avant la semaine suivante. Elle m'avait entendue me plaindre depuis assez longtemps, et m'a encouragée à mettre mes propres croyances à l'épreuve. J'ai donc décidé de voir de quelle façon cette tâche non accomplie affectait mon revenu.

Trois jours plus tard, j'ai passé douze heures de suite à entrer toutes mes données financières sur Quicken. Une fois cette étape accomplie, je me suis sentie délestée d'un poids énorme. Au moment de faire ma déclaration d'impôt, j'ai constaté non seulement que mon temps de préparation a été de deux heures au lieu de deux jours, mais que mon revenu annuel avait augmenté de 35 %. D'une certaine façon, je suis convaincue que je contribuais au plafonnement de mon revenu en ne mettant pas ce projet à exécution.

Ne laissez subsister aucun obstacle à l'augmentation de votre revenu. Utilisez les ressources indiquées à la fin du présent chapitre pour mettre en place dès maintenant votre système comptable.

Passez à l'action! Instituez un programme de dépenses personnel

Adoptez une formule qui vous permet de vous sentir à l'aise avec la façon dont vous dépensez votre argent, grâce à un programme de dépenses personnel. Je ne demande plus à mes clients d'établir un budget. En fait, j'essaie de ne jamais utiliser le mot «budget». En effet, les sentiments négatifs comme la culpabilité, la privation et la restriction qui sont associés à ce mot rendent les clients peu susceptibles de prendre l'habitude de faire leur budget. J'opte plutôt pour une approche plus simple.

Une fois que vous vous êtes engagé à épargner un montant donné chaque mois et que vous avez remboursé toutes vos dettes (à l'exception peut-être d'un prêt automobile ou d'une hypothèque), considérez le montant qui vous reste comme vos frais de subsistance. En d'autres mots, lorsque vous avez atteint chaque mois votre objectif en matière d'épargne, vous pouvez dépenser ce qui vous reste. S'il ne vous reste rien, vous ne dépensez rien.

Passez à l'action! Investissez dans votre avenir, investissez en vous-même!

Suivez des cours, lisez des livres, engagez un conseiller – faites toutes les démarches qui vous permettront de maîtriser davantage les questions d'argent. Informez-vous. Tenez-vous au courant des plus récents logiciels, des exemptions fiscales et des instruments de placement, autant d'outils qui peuvent vous aider à maintenir votre santé financière. Si vous n'y arrivez pas, assurez-vous de bénéficier des services d'un comptable hautement qualifié qui vous tiendra au courant.

L'une des façons les plus faciles de s'informer à propos des stratégies de placement est d'écouter la radio. J'ai appris énormément de choses de deux planificateurs financiers de ma région qui animent une émission appelée *The Money Experts*. Ils sont drôles, sympathiques et très intelligents. Ils rendent l'apprentissage facile. Lorsque je suis dans ma voiture à l'heure où cette émission est diffusée, j'écoute les deux compères donner des conseils aux auditeurs sur tous les sujets, des fonds communs de placement au refinancement d'une hypothèque en passant par l'achat d'objets de collection. Vérifiez s'il existe une émission traitant de questions financières à la radio de votre région, et soyez à l'écoute!

Posez des questions à votre entourage sur les placements qui leur ont été profitables et demandez-leur comment procéder. Demandez aux membres de votre famille et à vos amis des suggestions de livres, de cours et de planificateurs financiers. Souvenez-vous, certaines personnes consacrent leur vie à l'étude des stratégies d'investissement.

Interviewez les candidats (consultez la section « Demandez de l'aide » dans les pages précédentes pour savoir quelles questions poser) et assurez-vous de vérifier les références. Le professionnel qui vous convient saura vous guider vers l'atteinte de vos objectifs financiers.

Investir dans votre avenir signifie également investir dans vous-même ! Tout en contribuant à votre régime d'épargne, n'oubliez pas de consacrer une partie de votre revenu à votre formation, au perfectionnement de vos compétences et à vos soins personnels, comme polir votre image ou renouveler votre garde-robe. Investir en *vous-même* est également le garant d'un meilleur avenir financier.

Tim était vraiment heureux d'avoir consacré 1 000 $ à un cours d'informatique l'année précédente. Alors que tous ses amis croyaient qu'il avait perdu la raison, Tim savait qu'Internet était un outil d'avenir dans le domaine des affaires et que les compétences informatiques allaient être de plus en plus en demande. Il savait que ce cours favoriserait l'avancement de sa carrière. Un an plus tard, pendant que ces mêmes amis se démenaient pour rattraper leur retard, Tim a obtenu un emploi très lucratif qui lui a permis d'épargner. Au bout du compte, l'investissement qu'il avait fait en lui-même lui avait rapporté d'importants dividendes.

Le processus consistant à rétablir votre santé financière et à acquérir de nouvelles compétences est un engagement à long terme. En effectuant à la fois le travail intérieur et le travail extérieur, vous avez érigé une solide fondation faite de nouvelles habitudes et croyances qui assureront votre avenir financier. Retournez au Bilan de santé financière, au début du présent chapitre, et remettez votre liste à jour.

La réelle tranquillité d'esprit exige bien plus qu'un compte en banque bien garni et une absence d'endettement. Elle nécessite également des réserves dans d'autres domaines – l'amour, la communauté, la spiritualité et les compétences en demande, pour ne nommer que ceux-là. Mais si l'argent se fait rare, tous ces domaines s'en trouvent affectés.

L'abondance vous revient de droit. Il n'est pas nécessaire d'avoir accompli toutes les étapes pour recueillir les fruits de vos efforts. Recherchez les signes indiquant que vous êtes sur la bonne voie – une rentrée financière inattendue, une augmentation de revenu ou une erreur dans votre carnet de chèques qui met plus d'argent dans vos poches. En tous cas, attendez-vous à ce qu'une puissance divine appuie vos efforts – lorsque vous vous respectez vous-même, elle est toujours là pour vous aider.

RAPPELS

L'abondance afflue lorsque vous vous faites suffisamment confiance pour la gérer adéquatement.

- L'action fait naître une magie qui génère plus d'argent.
- Rétablissez votre santé financière :
  Accomplissez le travail interne – changez votre façon de penser en ce qui a trait à l'argent.
  Accomplissez le travail externe – faites l'acquisition de nouvelles compétences financières.

RESSOURCES

LIVRES

The Nine Steps to Financial Freedom
par Suze Orman (New York, Crown Publications, 1997)
> Au-delà des questions de cuisine en matière de gestion financière, Suze Orman explore le pouvoir que l'argent exerce dans nos vies sur le plan psychologique et même spirituel.

Your Money or Your Life : Transforming Your Relationship with Money and Achieving Financial Independance
par Joe Dominguez et Vicki Robin (New York, Penguin USA, 1993)
> Joe Dominguez et Vicki Robin présentent un programme révolutionnaire et inspirant en neuf étapes qui vous permettra de reprendre possession de votre pouvoir ainsi que de transformer votre rapport à l'argent et d'atteindre l'autonomie financière.

Prospering Woman : A Complete Guide to Achieving the Full, Abundant Life
par Ruth Ross (San Rafael, Calif., Whatever Publishing, 1982)
> Dans le cadre de son travail de thérapeute, le Dr Ross a constaté que dans bien des cas, plus les femmes s'approchent de la réussite personnelle, plus elles sont mal à l'aise. Au moyen d'une écriture empreinte d'empathie et sur un ton d'encouragement, elle montre aux femmes comment surmonter cet obstacle vers la prospérité et comment transformer leur forces particulières en puissants outils.

Dynamic Laws of Prosperity
par Catherine Ponder (Marine del Rey, Calif., Devorss & Company, 1984)
> L'un des plus grands livres de tous les temps sur la manifestation. Gardez votre journal à proximité afin d'y noter les affirmations contenues dans ce livre.

The Seven Laws of Money
par Michael Phillips (Boston, Mass., Shambhala, 1997)
> Ces sept lois simples sont le secret d'une attitude saine et courageuse face à l'argent, et permettent à tous de puiser à même son potentiel créatif.

How to Get Out of Debt, Stay Out of Debt and Live Prosperously
par Jerrold Mundis (New York, Bantam, 1990)
> Une excellente ressource qui nous vient du fondateur de Endettés Anonymes. Ce livre constitue le premier guide essentiel, complet et efficace permettant de se débarrasser de ses dettes une fois pour toutes.

Spiritual Economics
par Eric Butterworth (Unity Village, Mo., Unity Books, 1993)
> Ce livre vous aidera à modifier votre attitude face à l'argent, la spiritualité et la prospérité personnelle.

Creating Money
par Sanaya Roman et Duane Packer (Tiburon, Calif., H.J. Kramer, Inc., 1998)
> Un guide spirituel en plusieurs étapes pour générer argent et prospérité.

Smart Questions to Ask Your Financial Advisers
par Lynn Brenner et Mark Matcho (New York, Bloomberg Press, 1997)
> Ce livre aborde sans ambages les facteurs de succès de la planification financière au moyen de questions intelligentes et pratiques que tous et toutes se doivent de poser afin d'obtenir le meilleur rendement financier possible.

The Millionnaire Next Door : The Surprising Secrets of America's Wealthy
par Thomas J. Stanley et William D. Danko (Marrena, Ga., Long Street Press, 1996)

Ce livre explique comment l'Américain moyen devient et demeure riche, sans pour autant avoir bénéficié d'un héritage, obtenu de diplômes d'études supérieures ou gagné le gros lot. Les lecteurs pourront y apprendre quelles sont les sept caractéristiques communes que l'on retrouve chez les gens qui ont bâti leur fortune personnelle à partir de rien.

4 Easy Steps to Successful Investing
par Jonathan D. Pond (New York, Avon, 1997)

Publié en même temps que le reportage de PBS sur le même sujet, ce livre informatif offre des stratégies d'investissement tant pour les néophytes que pour les vétérans.

10 Steps to Financial Success : A Beginner's Guide to Saving and Investing
par W. Patrick Naylor (New York, John Wiley & Sons, 1997)

Ce guide en dix étapes facile à utiliser explique aux investisseurs débutants certaines techniques solides de gestion financière et d'investissement. On y trouve des méthodes de planification financière s'adressant à tout le monde – même aux gens qui ne peuvent épargner que 25 $ par mois.

How to Retire Rich
par James O'Shaughnessy (New York, Broadway Books, 1998)

James O'Shaughnessy, expert en investissement, offre des conseils utiles sur tous les sujets, de l'épargne à l'investissement en passant par votre 401(k), pour vous permettre de vous doter du régime de retraite par capitalisation intégrale que vous méritez.

The Ultimate Credit Handbook
par Gerr Detweiler (New York, Plume, 1997)

Une excellente ressource pour améliorer votre cote de crédit et réduire vos dettes.

FAILLITE

The Bankruptcy and Financial Wellness Center

http://www.bk-info.com/mh2.htm

> Ce groupe fournit une mine de renseignements sur quand et pourquoi envisager déclarer faillite et quoi faire ensuite si vous croyez qu'il s'agit de la meilleure marche à suivre pour vous.

ABI World

http://www.abiworld.org/consumer/A.html

> Le American Bankruptcy Institute's Consumer Information Center vous donne des renseignements sur la faillite, sa terminologie et le processus de déclaration en plus de vous indiquer où vous pouvez trouver de l'aide dans votre région.

National Association of Consumer Bankruptcy Attorneys

http://nacba.com

(703) 803-7040

> La NACBA est une association regroupant plus de 900 avocats de tous les coins du pays qui représentent avant tout des débiteurs dans des cas de faillites de particuliers. Le site Web a été conçu à l'usage des membres de la NACBA ainsi que dans le but de fournir au grand public de l'information concernant les lois sur la faillite.

CONSOLIDATION DE DETTE

Debt Counselors of America

http://www.dca.org

800 680-3328

> Cet organisme à but non lucratif approuvé par l'IRS vient en aide aux familles et aux individus qui sont aux prises avec des problèmes et des difficultés en matière de dettes, de crédit, d'argent et de finances ou qui ont des questions sur ces sujets.

National Credit Counseling Services/Genus Credit Management
http://www.nccs.org
888 793-4368

> Un groupe communautaire à but non lucratif offrant aux consommateurs une vaste gamme de services-conseils financiers et de programmes éducatifs afin d'aider les familles et les personnes aux prises avec des difficultés financières à mieux gérer leurs finances et leur crédit personnels.

Credit Counseling Center of America
http://www.cccamerica.org
800 493-2222

> Un organisme à but non lucratif qui offre gratuitement des conseils aux personnes et aux familles qui ont de la difficulté à faire leurs paiements aux sociétés de crédit, aux banques et aux institutions financières.

SYSTÈMES COMPTABLES

Quicken
http://www.quicken.com

QuickBooks
http://www.intuit.com/quickbooks

Peachtree
http://www.peachtree.com

MYOB
http://www.mtob.com

One-Write Plus
800 649-1720 ou
(603) 880-5100 (manuel et électronique)

AUTRES

Payco American
Brookfield, WI
http://www.payco.com
800 826-4271

La Payco American Corporation (Payco) offre aux créditeurs une gamme complète de services de gestion de comptes clients. Payco sert sa clientèle grâce à un réseau de bureaux qui s'étend dans tout le pays, y compris à Porto Rico.

Credit Bureau Systems
http://www.creditbureau.com
800 688-0048

Offre un soutien en ce qui a trait au recouvrement, à la gestion des comptes clients, au dépistage, etc.

Check Free
http://www.checkfree.com/topics.html
(770) 441-3387

Fournit des renseignements sur les logiciels de paiement de factures.

CreditComm Services LLC
10400 Eaton Place
Suite 400
Fairfax, VA 22030
800 789-9952

Pour une somme d'environ 30 $, ce groupe vous fournira un rapport facile à comprendre sur vos antécédents en matière de crédit à partir des données disponibles aux trois principales agences des États-Unis. Il fournit également de l'aide pour corriger les renseignements erronés et, moyennant des frais additionnels, assurera une pendant toute l'année un contrôle de votre dossier de crédit dans les trois agences.

Assist U

http://www.assistu.com

(410) 666-5900

Assist U fournit des renseignements permettant de trouver un comptable virtuel.

Institute of Certified Financial Planners

http://www.icfp.org

(303) 759-4900

L'Institute of Certified Financial Planners (ICFP) est une association professionnelle d'envergure nationale regroupant plus de 12 000 CFP® (planificateurs financiers agréés), tant des membres agréés que des candidats à l'agrément.

American Accounting Association

http://www.rutgers.edu/Accounting/raw/aaa/aaa.htm

(941) 921-7747

American Institute of Certified Public Accountants

http://www.aicpa.org

5

Qu'est-ce

qui vous donne

de l'énergie ?

Dès sept heures, lorsque retentit la sonnerie du réveil, Meredith s'étire et entreprend son rituel matinal. Afin de prendre le temps de s'éveiller lentement et de commencer la journée du bon pied, elle s'installe sur son séant et relit son journal. Meredith commence souvent la journée en y écrivant spontanément quelques pages, après quoi elle fait une prière. Ensuite, elle prend une douche chaude, prépare son sac pour aller au gymnase et s'assoit pour savourer son petit déjeuner. Elle sourit en regardant par la fenêtre de la cuisine un groupe de petits oiseaux piailler autour de la mangeoire. Un autre beau jour ensoleillé se lève devant ses yeux. Elle a hâte de faire ses exercices, d'aller ensuite se détendre dans le sauna puis d'arriver fraîche et dispose au travail, prête à rencontrer son client favori à dix heures.

Meredith est cadre dans une agence de publicité. Ses amis et ses collègues s'émerveillent de sa capacité de prendre si bien soin d'elle-même tout en travaillant dans une industrie reconnue pour son atmosphère stressante et concurrentielle et ses échéances impossibles.

Mais Meredith est futée. En pratiquant le plus grand soin d'elle-même, elle a compris qu'elle pouvait accomplir plus en demeurant détendue et concentrée qu'en adoptant le rythme frénétique de la plupart de ses collègues, toujours à courir dans tous les sens. Au lieu d'accepter cette façon de travailler comme inévitable dans son domaine, elle a fait consciemment le choix d'utiliser un autre type d'énergie afin d'accomplir son travail : un supercarburant.

Si vous avez entrepris les changements expliqués dans les chapitres précédents du présent livre, cela signifie que vous avez maintenant une vie plus saine et que vous êtes prêt à examiner plus attentivement ce qui vous donne de l'énergie, c'est-à-dire les comportements et les habitudes qui vous alimentent. Comme vous l'avez appris au chapitre 3, nous avons tous et toutes besoin d'énergie pour vivre notre vie jour après jour. L'énergie nous permet de nous concentrer, de demeurer actifs de façon soutenue et de vivre pleinement notre vie. Mais d'où nous vient cette énergie ? Qu'est-ce qui alimente le corps, l'intellect et l'esprit ?

L'énergie dont nous avons besoin pour agir provient de différents types de carburant. Certains sont meilleurs que d'autres. Par exemple, l'énergie générée par l'exercice, les aliments nutritifs ainsi que l'amour et le soutien de personnes formidables vous alimente et favorise votre santé à long terme. Certaines autres sources comme l'adrénaline, la caféine, le sucre et l'anxiété génèrent en vous d'intenses montées d'énergie, mais non sans compromettre votre santé à long terme. Tout comme pour l'essence, vous pouvez choisir un carburant à combustion lente qui dure plus longtemps, ou un carburant pour bolides qui brûle rapidement, qui vous donne un élan puissant et immédiat mais qui s'épuise en peu de temps. Ces types d'énergie peuvent tous deux vous permettre d'accomplir des choses, mais une seule peut soutenir à long terme votre santé physique, émotionnelle et spirituelle. L'une est un supercarburant, l'autre un carburant de mauvaise qualité.

Meredith a consciemment pris la décision de passer de la seconde à la première. Vous le pouvez également. Malheureusement, la plupart d'entre nous utilisons le carburant le moins recommandable. Sam, qui a un conflit de personnalité avec son patron, carbure à la peur. Cette peur le rend extrêmement stressé et le pousse à travailler à des heures insensées dans le but d'éviter toute confrontation. Judy, qui a toujours besoin d'approbation, fait trop de bénévolat, ce qui l'oblige à travailler frénétiquement le soir et les week-ends pour réussir à accomplir toutes ses tâches. Et Pauline, qui consomme plus d'une cafetière par jour, utilise la caféine pour maintenir sa concentration et se garder éveillée. Ces sources d'énergie – la peur, l'anxiété et les stimulants externes comme la caféine et le sucre – sont des types de carburants qui compromettent notre santé à long terme. Elles sont à l'origine du carburant le plus largement utilisé en Amérique aujourd'hui : l'adrénaline.

CARBURER À L'ADRÉNALINE

L'adrénaline semble être la drogue de prédilection de nombre de mes nouveaux clients, et il est facile de comprendre pourquoi. Les agences de publicité consacrent des milliards de dollars à l'élévation de notre niveau d'adrénaline en nous enjoignant d'«acheter tout de suite avant qu'il ne soit trop tard!». La télévision et la radio nous bombardent d'émissions trépidantes et d'images frappantes (agréables et désagréables) qui augmentent notre degré d'anxiété. De plus, les ordinateurs, les centaines de chaînes accessibles par câble et Internet nous incitent à être à l'écoute des plus récentes nouvelles 24 heures sur 24. Toutes ces choses entraînent une stimulation excessive de nos glandes surrénales, et nous empêchent de ralentir et de nous détendre.

L'utilisation excessive de la fonction surrénalienne maintient notre corps «en alerte». Par conséquent, le système de combat ou de fuite demeure sur le qui-vive, ce qui peut entraîner un épuisement des glandes surrénales. Le Dr Glen Rothfeld, qui pratique la médecine holistique, a fréquemment pu constater les résultats de l'épuisement de ces glandes. Il affirme que «l'adrénaline a l'effet d'une drogue. Elle pousse notre corps à travailler plus vite et plus intensément au moyen des réserves d'énergie dont nous disposons. Cette situation peut entraîner une chute brutale du taux de sucre sanguin et d'énergie ainsi qu'un épuisement des réserves nutritives. » Il ajoute que « les accros à l'adrénaline recherchent l'effet intense que leur procure leur système de combat ou de fuite, mais tout comme pour les autres drogués, cet effet devient de moins en moins satisfaisant avec le temps, même s'ils ne peuvent plus s'en passer. Avec le temps, des taux élevés d'adrénaline peuvent favoriser l'apparition de troubles cardiaques, de diabète et de fatigue chronique. Ils peuvent également causer de l'insomnie chronique, un affaiblissement du système immunitaire, de l'anxiété et de la dépression. »

L'adrénaline est secrétée par les glandes surrénales, qui président à la réaction de combat ou de fuite qui se produit dans le corps à la suite de stimuli. Ces stimuli peuvent être tant positifs que négatifs. Lorsque vous êtes en retard à un rendez-vous et que vous êtes pris dans un embouteillage, la poussée d'anxiété que vous ressentez est attribuable à l'adrénaline. Lorsque le contrat que vous tentez de décrocher depuis quelque temps vous est accordé, l'exaltation que vous éprouvez vient elle aussi de l'adrénaline. Cette hormone n'est pas mauvaise en soi, mais certaines habitudes, comme être toujours en retard ou entreprendre un trop grand nombre de projets en même temps, peuvent avoir des effets néfastes.

Voici un exemple de ce type de réaction extrême causée par une stimulation excessive des glandes surrénales. Alex ne pouvait s'empêcher de vérifier constamment ses messages téléphoniques et électroniques. Même s'il n'en avait pas conscience, la raison pour laquelle cette envie était si irrépressible tenait au fait que son degré d'anxiété augmentait chaque fois qu'il procédait à cette vérification. Il disait qu'au cours de la journée, lorsque son énergie chutait, le fait de vérifier ses messages le « remontait un peu ». Il s'agissait d'une étrange habitude, car il répétait ce manège huit fois par jour, et même dix. Même en vacances, il lui fallait trouver un téléphone et faire les vérifications habituelles. Dans le but d'éliminer cette habitude, je lui ai suggéré de réduire le nombre de ses vérifications à deux par jour, à midi puis à quatre heures de l'après-midi. Au début, Alex a eu de la difficulté. Il avait besoin de cette distraction presque comme un toxicomane a besoin de sa drogue. Je lui ai alors expliqué que le fait de carburer à l'anxiété et à l'adrénaline peut créer une accoutumance. Je lui ai conseillé de boire de l'eau ou de faire une courte promenade chaque fois qu'il était tenté de céder à son besoin. Un mois plus tard, il avait mis fin à son habitude et ne se sentait plus obligé de vérifier constamment ses messages.

L'idée selon laquelle l'adrénaline constitue une source d'énergie est étrangère à la plupart de mes clients. Rarement ont-ils conscience d'utiliser leur système de combat ou de fuite comme carburant. Ils sont si habitués à vivre des vies occupées et à faire les choses à toute vitesse qu'ils ont acquis certaines habitudes et certains comportements ayant créé un cercle vicieux lié à l'excès d'adrénaline.

Pour vérifier si vous carburez à l'adrénaline, répondez aux questions suivantes :

Carburez-vous à l'adrénaline ?

__ Prenez-vous systématiquement trop d'engagements, tant dans votre vie personnelle que dans votre vie professionnelle ?

__ Vous arrive-t-il de prendre deux rendez-vous à la même heure ?

__ Arrivez-vous habituellement en retard à vos rendez-vous ?

__ Vérifiez-vous souvent vos messages téléphoniques ou électroniques pendant la journée ?

__ Votre emploi du temps est-il si rempli que vous n'avez plus de temps pour vous-même ?

__ Vous sentez-vous perdu sans votre téléavertisseur, votre cellulaire ou votre portable ?

__ Faites-vous les choses à la dernière minute ou avez-vous besoin de l'effet stimulant d'une échéance serrée pour accomplir votre travail ?

__ Êtes-vous fréquemment en conflit avec les autres ?

__ Faites-vous de la vitesse en voiture ?

___ L'indicateur de niveau de carburant de votre voiture indique-t-il toujours vide ou presque vide ?

___ Détestez-vous vous arrêter pour demander votre chemin ou lire des indications ?

___ Votre situation financière est-elle précaire ?

___ Vous sentez-vous toujours pressé par le temps ?

___ Remettez-vous au lendemain certaines décisions ou actions en dépit de l'anxiété que cela vous cause ?

___ L'idée de vous ennuyer vous rend-elle nerveux et inconfortable ?

___ Si le téléphone sonne au moment où vous vous apprêtez à sortir, répondez-vous quand même ?

___ Vous réveillez-vous au beau milieu de la nuit la tête remplie de pensées, incapable de vous rendormir ?

___ Menez-vous de front plusieurs projets ?

___ Avez-vous toujours de nouvelles idées à concrétiser ?

___ Oubliez-vous souvent d'honorer des engagements ?

Si vous avez répondu oui à au moins cinq de ces questions, vous pourriez carburer à l'adrénaline. Ces comportements génèrent une anxiété constante, laquelle provoque un influx d'adrénaline dans votre corps. Il existe de meilleurs moyens de vous alimenter en énergie, mais avant d'y arriver, voyons comment faire pour briser la dépendance à l'adrénaline et se mettre à utiliser du supercarburant.

BRISER LA DÉPENDANCE À L'ADRÉNALINE

L'abus d'adrénaline peut être une dépendance difficile à briser. C'est l'un des changements les plus ardus à accomplir. Pourtant, je puis vous assurer qu'à l'opposé d'une vie nourrie à l'adrénaline se trouve la tranquillité d'esprit à laquelle vous aspirez. La difficulté réside dans le fait que l'adrénaline a un effet euphorisant et peut par conséquent être confondue avec une bonne source d'énergie. Par exemple, j'ai entendu certains de mes clients me dire des choses comme : « J'ai besoin d'échéances serrées pour être productif, cela me motive» ou « Je garde mon horaire bien rempli parce que cela m'aide à me garder énergique et alerte». L'adrénaline est insidieuse, et ses effets négatifs ne se déclarent qu'au bout d'un certain temps. Lorsque vous découvrez qu'elle vous tient lieu de carburant, il est plus facile de déterminer quels changements apporter. Puis, une fois que vous avez cessé de carburer à l'adrénaline, les autres choix plus sains, comme bien manger et faire de l'exercice régulièrement, deviennent beaucoup plus faciles à incorporer à votre vie.

Mais il faut du temps pour remplacer l'adrénaline par un carburant de meilleure qualité. Comme notre culture fait l'apologie d'un rythme de vie rapide et effréné, il faut de la patience et de l'entraînement pour apprendre à ralentir. Vous pouvez commencer avec quelques exercices simples (mais pas nécessairement faciles). Essayez l'une des actions suivantes et remarquez comment votre corps en arrive peu à peu à adopter un rythme plus lent.

Passez à l'action! Arrivez tôt

Arrivez quinze minutes à l'avance à chacun de vos rendez-vous. Cette simple action peut avoir un énorme impact sur le cycle de l'adrénaline. Voici comment procéder. Prenez votre carnet de rendez-vous et indiquez à l'encre une période de temps avant chaque rendez-vous, pour pouvoir arriver tôt et vous détendre en attendant. Donnez-vous de la place pour respirer. Cessez de vous obstiner à faire entrer plusieurs choses dans une petite période de temps. Cette soi-disant utilisation efficace du temps cause du stress et de l'anxiété inutiles, fait monter votre taux d'adrénaline et vous rend moins productif à long terme.

Lorsque vous prenez de nouveaux rendez-vous, prévoyez toujours du temps avant et après. Par exemple, si vous fixez une rencontre de 14 h à 15 h, réservez la période allant de 13 h 30 à 15 h 30. Prenez l'habitude de procéder ainsi. Vous remarquerez bientôt que vous avez plus d'énergie, et que cette énergie provient d'un endroit paisible et plus harmonieux.

Passez à l'action! Instituez une pratique quotidienne de «détente»

Lorsque vous décidez de briser votre dépendance à l'adrénaline, votre corps doit apprendre à ralentir. Comme un moteur qui a tourné trop vite pendant trop longtemps, votre corps aura besoin d'une mise au point. Pour faciliter ce processus, essayez les techniques suivantes qui vous aideront à ralentir...

ÉCOUTEZ DES CASSETTES DE RELAXATION DIRIGÉE. En écoutant régulièrement une voix calme vous guider pour atteindre un état de détente, vous apprendrez comment accéder à cet état au besoin. En écoutant la même cassette à maintes et maintes reprises, vous entraînerez votre esprit à détendre votre corps lorsqu'il entendra certains mots ou certaines phrases. Au bout d'un certain temps, vous serez capable de vous détendre en toute situation en répétant doucement en vous-même ces mots ou phrases. Après avoir écouté un côté d'une cassette deux fois par jour pendant deux semaines, mon client Brent a acquis la capacité d'accéder tout naturellement à un état de détente. Bien des clients qui étaient incapables de méditer ou de se détendre avant d'utiliser des cassettes ont été surpris de constater à quel point c'était facile, et se réjouissent à l'idée d'en faire usage chaque jour. Dans la section ressources qui figure à la fin du présent chapitre, j'ai indiqué les deux enregistrements que je recommande habituellement à mes clients.

PRENEZ UN BAIN PROLONGÉ. Prendre un bon bain chaud est une autre excellente façon de vous détendre. Instituez un rituel bienfaisant en ajoutant des huiles essentielles comme la lavande ou le bois de santal, qui ont un effet calmant. Assurez-vous que la température de l'eau vous permet de vous y prélasser pendant quelque temps. Allumez des bougies et écoutez de la musique relaxante. Créez une atmosphère digne d'une station thermale dans le confort de votre foyer. Si vous n'avez pas de baignoire suffisamment confortable, visitez le centre de santé de votre région et installez-vous dans le bain tourbillon, le sauna ou le bain de vapeur. Heidi, qui travaille à la maison, va au gymnase au beau milieu de l'après-midi, quand il n'y a presque personne, pour méditer dans le sauna. Il vous faudra quelque temps pour vous habituer à un rythme plus détendu, mais faites-vous la faveur de prendre le plus grand soin de vous-même, en toute priorité.

Passez à l'action! Éliminez les distractions, les interruptions et les irritants

Les distractions et les interruptions – les petites choses qui peuvent devenir de grandes contrariétés – contribuent à accroître votre anxiété et à déclencher la production d'adrénaline. Éliminez les choses qui vous dérangent, même de façon subtile. Par exemple, prévoyez un moment où vous pourrez fermer la porte de votre bureau afin de terminer du travail qui exige votre pleine concentration. Les interruptions constantes augmentent votre degré de stress et mettent votre corps sur le qui-vive. Affichez sur votre porte une pancarte «Ne pas déranger», où est indiquée l'heure où vous serez disponible. Faites savoir à l'avance à vos collègues et à votre personnel que vous entendez dorénavant procéder de cette façon pour accomplir votre travail. Cette simple stratégie a fait des merveilles pour ma cliente Dorothy, rédactrice en chef d'une revue financière distribuée à l'échelle nationale.

Dorothy se plaignait de ne jamais avoir le temps d'écrire ses articles à cause des interruptions constantes du personnel de la rédaction. Je lui ai suggéré de donner le bon exemple aux autres rédacteurs en instituant des «périodes sacrées» vouées à l'écriture. Je lui ai demandé de prévoir trois matinées par semaine, et d'inviter son personnel à faire de même. Il a fallu quelque temps pour que tout le monde s'habitue. De plus, en raison de la tentation, chez son personnel, de la déranger «seulement pour une minute», Dorothy a dû fixer des limites claires. Mais à la fin du mois, plusieurs membres du personnel, en plus d'elle-même, arrivaient à respecter leurs échéances facilement.

Baissez la sonnerie du téléphone. Un téléphone qui sonne toujours lorsque vous travaillez, lisez un bon livre, regardez un film ou tentez de vous endormir sera source de tension. Vous est-il déjà arrivé de vous faire brusquement tirer d'un sommeil profond par la sonnerie du téléphone? Les battements rapides de votre cœur indiquent alors que la réaction de combat ou de fuite vient de s'enclencher. Je suis toujours surprise de voir que bien des gens laissent sonner leur téléphone et se sentent obligés d'y répondre alors qu'ils s'adonnent à une activité exigeant de la tranquillité et de la concentration. Qui a dit que vous deviez répondre au téléphone simplement parce qu'il sonne? Libérez-vous de cette distraction. Faites-vous un cadeau : le silence. Il peut constituer une formidable nouvelle source d'énergie.

Qu'est-ce qui vous dérange et vous agace? Portez attention aux images et aux sons qui stimulent votre énergie de façon excessive, comme un robinet qui fuit, des murs trop chargés ou même une étagère près de votre lit. Ces choses subtiles peuvent détourner votre attention et compromettre votre capacité de concentration et de détente. Prenez une semaine pour déterminer quelles sont ces choses et faites une liste. À la fin de la semaine, relisez votre liste et commencez à éliminer les irritants une fois pour toutes.

Lorsque mon client Nathan s'est mis à réfléchir sur ce qui le dérangeait, il a découvert plusieurs sources d'irritation : la sonnerie de son téléphone et celle de son réveil, qui avaient toutes deux des sons perçants et aigus; le volume assourdissant de la télévision que son fils regardait dans la pièce d'à côté pendant qu'il essayait de lire, ce qui était souvent le point de départ d'une dispute. Nathan était également exaspéré par les innombrables appels téléphoniques de firmes de télémarketing qu'il recevait et de la publicité importune dont regorgeait tous les jours sa boîte aux lettres.

Pour faire disparaître ces distractions, Nathan a fait appel à sa famille. Il a demandé à sa fille de quinze ans de faire les appels nécessaires pour que leur adresse soit rayée des listes d'envoi des catalogues et des circulaires publicitaires qu'ils recevaient. Nathan a également indiqué à sa famille de demander aux interviewers des firmes de télémarketing de rayer leur numéro de leur liste d'appels. Il a également acheté un téléphone et un réveil à la sonnerie plus agréable. Enfin, il a fourni à son fils une paire d'écouteurs sans fil qui permettraient dorénavant à ce dernier de regarder la télévision sans déranger son père lorsqu'il lisait à proximité. Le fait d'éliminer ces dérangements en apparence mineurs a eu un impact important sur la qualité de vie de Nathan.

Qu'est-ce qui vous cause un stress indu et fait augmenter votre taux d'adrénaline? Éliminez les distractions et créez consciemment l'atmosphère qui vous convient. Tout comme le bruit, les stimuli visuels peuvent être source d'anxiété. Remarquez ce qui se produit lorsque vous entrez dans un centre commercial achalandé. Les lumières, la foule, les images peuvent entraîner chez vous une surcharge sensorielle. La même chose peut se produire lorsque votre maison ou votre bureau est trop encombré.

Vous pouvez éliminer cette stimulation excessive en créant ce que j'appelle une «clarté visuelle». Au chapitre 3, nous avons abordé les façons d'éliminer les choses qui vous vident de votre énergie. Une fois le plus gros réglé, vous pouvez passer à l'étape suivante en réduisant les distractions visuelles dans votre foyer et votre bureau. Avez-vous remarqué le sentiment de calme qui vous habite lorsque vous entrez dans une pièce comportant très peu de meubles et d'œuvres d'art? Non seulement la clarté visuelle réduit-elle votre degré de stress, mais elle aide aussi à créer un environnement apaisant. Et la détente est toujours plus propice à la créativité.

Observez votre environnement. En traversant votre appartement ou votre bureau, examinez les murs, le bureau et le plancher; faites de même lorsque vous vous installez dans votre voiture. Arrêtez-vous et remarquez votre état d'esprit lorsque vous regardez autour de vous. Vous sentez-vous détendu et en paix, ou agité et dépassé? Maintenant, faites l'inventaire des choses que vous aimeriez changer et couchez-les sur papier.

Chambre à coucher

_____

_____

Bureau

_____

_____

Cuisine

_____

_____

Salle de séjour

_____

_____

Voiture

_____

_____

Autres endroits

_____

_____

Pour effectuer des changements, faites divers essais avec des choses qui vous conviennent. Voyez comment vous vous sentez après avoir dégagé complètement votre bureau et en ne travaillant que sur une chose à la fois. Classez vos documents dans un endroit où vous pourrez les retrouver facilement. Si vous craignez d'oublier certaines tâches, inscrivez-les sur une liste de « choses à faire » que vous consulterez quotidiennement.

Il arrive parfois que même nos souvenirs favoris constituent une distraction. Lorsque ma cliente Jennifer a examiné son lieu de travail, elle s'est sentie troublée par une série de photographies placées sur un babillard au-dessus de son bureau. Au début, elle avait affiché quelques photos d'elle-même avec des amis lors d'une sortie de ski, qui la faisaient sourire chaque fois qu'elle les regardait au cours de la journée. Mais au fil du temps, elle avait ajouté d'autres photos, et l'ensemble était devenu si volumineux qu'il constituait maintenant une distraction.

Jennifer a donc décidé de placer les photos dans un album qu'elle a posé sur une table à café. Elle a également classé tous les documents qui traînaient sur son bureau et accroché au mur quelques œuvres d'art représentant des paysages paisibles. En créant une clarté visuelle et en éliminant les distractions, elle s'est sentie moins fatiguée, et sa productivité au travail a beaucoup augmenté.

Lenore a créé une clarté visuelle de façon différente. Elle était assaillie par l'adrénaline chaque fois qu'elle vérifiait ses messages électroniques, car elle en avait immanquablement au moins vingt à lire. Lenore a admis que la plupart des messages étaient des extraits de nouvelles quotidiennes et hebdomadaires. Non seulement était-elle dépassée par la quantité de ses messages, mais elle se sentait obligée de les lire tous. Elle disait se sentir «bombardée, presque attaquée» par les nouvelles informations qui lui parvenaient chaque jour. Même si à l'origine elle s'était inscrite à ces listes d'envoi pour stimuler sa réflexion, ces messages l'empêchaient maintenant de travailler. Lenore a donc décidé de retirer son nom de 90% des listes, faisant disparaître du même coup son anxiété.

Passez à l'action! Concentrez votre énergie

Une autre façon courante de carburer à l'adrénaline est de vouloir être partout à la fois. Investir votre temps et votre énergie dans trop d'endroits à la fois cause stress et anxiété. Au lieu de travailler à trop de projets en même temps, d'explorer de multiples idées à la fois ou de vous investir dans trop d'organismes, vous devriez concentrer le tir. Choisissez une ou deux choses que vous accomplirez adéquatement, et canalisez votre énergie. Avoir trop de fers au feu peut donner l'illusion qu'on accomplit beaucoup, mais cette façon de procéder est généralement moins productive.

Pour arriver à concentrer votre énergie, vous pouvez structurer votre temps différemment. Prévoyez chaque semaine un jour ou un après-midi où vous ne vous occuperez que de paperasse, sans être interrompu par autre chose. Puis fixez un autre moment pour retourner et recevoir vos appels. Le fait de réserver certaines périodes de temps où vous n'avez pas à vous occuper de plusieurs choses en même temps non seulement réduit l'adrénaline, mais permet d'accomplir le travail plus rapidement.

Peggy, organisatrice de conférences, a complètement transformé sa façon de faire des affaires en restructurant son horaire. Dès qu'elle arrivait au bureau tous les jours, elle était bombardée par de multiples demandes. Pendant toute la journée, elle ne savait plus où donner de la tête entre l'appel téléphonique important qui exigeait une attention immédiate, le budget qui devait être remis à jour et les idées qu'elle devait trouver et présenter à ses clients. Peggy disait que dès 15 h, elle se sentait vidée et prise d'une envie de faire la sieste.

Je lui ai alors suggéré de choisir trois matinées par semaine où elle fermerait la porte de son bureau et demanderait à son assistante de s'occuper des appels téléphoniques. Pendant ces périodes, elle travaillerait sur les projets qui exigeaient toute son attention, tels que l'établissement du budget et les propositions. L'après-midi, elle répondrait au téléphone et retournerait ses appels. Peggy a fait savoir à ses clients qu'elle avait l'intention d'utiliser ces nouvelles « périodes de concentration » pour augmenter sa productivité et mieux répondre à leurs besoins, et leur a demandé leur appui.

Même si, parfois, Peggy était tentée de se laisser distraire par les problèmes de ses clients, elle s'en est fermement tenue à son nouvel horaire. En conséquence, elle a remarqué plusieurs choses : elle mangeait moins de junk food, elle était plus présente lors de ses conversations, et plusieurs membres de son personnel lui ont fait remarquer à quel point l'atmosphère était plus détendue dans le bureau. Routine et structure sont les garants d'une énergie plus concentrée, ce qui constitue un puissant outil de réussite ! Il ne faut pas croire que plus vous êtes occupé, mieux vous atteindrez vos objectifs – il s'agit là de deux choses très différentes.

Lorsque vous commencerez à abandonner l'adrénaline comme source d'énergie, attendez-vous à éprouver un certain inconfort. De nombreux clients affirment se sentir agités et s'ennuyer. Pas étonnant. Votre corps est si habitué à fonctionner à plein régime que tout ralentissement entraînera chez lui un sentiment d'étrangeté. Lorsque vous commencez à vous sentir inconfortable, dites-vous que c'est le signe que vous êtes dans la bonne voie. Quand vous êtes trop occupé, l'adrénaline vous coupe de vos émotions, qui sont la richesse même de la vie. Ne passez pas à côté de la vie – cela vaut la peine de se sentir inconfortable de temps en temps.

Un dernier mot sur l'adrénaline. Si vous éprouvez trop de difficulté à ralentir, prenez rendez-vous avec un bon médecin holiste et faites tester vos glandes surrénales. Vous pourriez avoir besoin de prendre un des divers suppléments favorisant le bon fonctionnement de ces glandes.

Ne vous laissez pas retomber dans le piège de l'adrénaline. Demandez l'aide de votre partenaire ou de votre groupe. Engagez-vous à prendre des mesures qui vous aideront à briser votre dépendance à l'adrénaline, et faites état de vos progrès lors de vos rencontres. Cela vous aidera à rester sur la bonne voie. Étant donné que la tentation de carburer à l'adrénaline est très forte dans notre société, il faut de la vigilance et mettre fermement en place de nouvelles habitudes afin de vivre autrement.

Examinons maintenant l'énergie qui provient d'une source plus élevée – les types de carburant qui vous donnent le pouvoir de faire tout ce que vous voulez tout en contribuant à votre santé et votre bien-être généraux. Il faut un travail de longue haleine pour arriver à vivre une vie pleine et de haute qualité. Procurez-vous de généreuses quantités du carburant de qualité dont vous avez besoin pour vivre. Prenez connaissance de la liste « Qu'est-ce qui vous donne de l'énergie ? » ci-dessous et cochez les bonnes sources d'énergie qui sont déjà présentes dans votre vie.

Qu'est-ce qui vous donne de l'énergie ?

Relations

___ J'aime être en compagnie d'amis que j'apprécie tout spécialement.

___ Je partage ma vie avec l'âme sœur.

__ J'ai une famille naturelle ou choisie dont je suis très proche.

__ J'éprouve un immense plaisir lorsque je suis en compagnie d'enfants.

__ J'ai un animal domestique qui me procure de la joie et me manifeste un amour inconditionnel.

__ J'aime passer du temps à me divertir avec des gens qui me font rire.

__ Mon entourage me procure amour et soutien.

__ J'ai des rapports qui me stimulent intellectuellement.

__ Il y a dans ma vie des gens vers qui je peux me tourner lorsque j'ai besoin d'aide.

__ J'entretiens des relations où je me sens intimement liées aux autres.

Milieu de vie

__ J'ai aménagé dans ma maison un endroit spécial de « ressourcement de l'âme » juste pour moi.

__ J'écoute régulièrement ma musique préférée.

__ J'adore mon style et je me sens bien dans les vêtements que je porte.

__ Je me suis débarrassée de tous les « trucs » dont je n'avais plus besoin.

__ J'ai toujours des fleurs fraîches chez moi ou dans mon bureau.

__ Ma maison est propre et bien organisée.

__ Je crée de la beauté autour de moi.

__ J'adore le quartier où je vis.

__ Ma chambre à coucher est l'endroit idéal pour jouir d'une bonne nuit de sommeil.

__ J'ai chez moi au moins une pièce avec une merveilleuse vue où il fait bon être.

Corps, esprit et âme

__ Je fais régulièrement de l'exercice.

__ J'ai éliminé la caféine de mon alimentation.

___ J'ai trouvé une méthode de relaxation qui me permet d'éliminer le stress et de me centrer.

___ Je consomme des aliments sains et nutritifs.

___ Je prends soin de mon corps en passant régulièrement un examen médical et grâce à certaines thérapies corporelles.

___ Chaque jour, je lis quelque chose qui m'aide à garder une attitude constructive.

___ J'ai une pratique spirituelle qui me met en contact avec ma sagesse intérieure.

___ Je me sens solidement lié à une puissance supérieure.

___ Je consacre régulièrement du temps à la solitude et au silence.

___ Je dispose de moyens sécuritaires et sains pour assurer mon bien-être émotionnel.

Travail

___ J'aime mon travail.

___ Mes déplacements ne me causent aucun stress.

___ J'ai un mentor qui me guide et m'encourage.

___ Je m'arrête souvent pour prendre le lunch.

___ Mes collègues sont une source d'inspiration et me respectent.

___ Je consacre certaines journées à ma santé mentale, au besoin.

___ Je me sens pleine d'énergie à la fin de la plupart de mes journées de travail.

___ Mon bureau est un superbe lieu bien organisé et exempt de distractions.

___ Mon travail s'inscrit dans la vision plus large que j'ai de ma vie.

___ Au travail, on apprécie mes idées et mes talents.

Argent

___ J'ai toujours suffisamment d'argent liquide sur moi.

___ J'ai un système me permettant de maintenir de l'ordre dans mes finances, et je sais où va mon argent.

___ Je suis entièrement assuré et protégé.

___ J'épargne régulièrement.

___ Mes impôts sont payés et à jour.

___ J'ai fait des placements judicieux qui génèrent beaucoup d'argent.

___ J'aime faire preuve de générosité et je partage mes avoirs sans hésiter.

___ Je me paie en premier.

___ Je dépense mon argent à des choses que j'aime.

___ Je règle en entier le solde de ma carte de crédit chaque mois.

Voilà les choses qui vous alimenteront et contribueront à votre qualité de vie. En utilisant le même système de pointage qu'au chapitre 3, accordez-vous 2 points pour chaque phrase cochée. Faites le total de chacune des sections, et multipliez par 2. Puis, additionnez tous les résultats pour obtenir le grand total. Quel est votre score, sur 100? S'il est peu élevé, ne vous en faites pas. Maintenant que vous disposez de plus de temps et d'énergie, il vous sera plus facile d'intégrer un plus grand nombre de ces sources d'énergie à votre vie.

Mon client Ken a été surpris de constater à quel point il lui a été facile de changer ses habitudes de travail après avoir cessé de carburer à l'adrénaline. Ken était chef de service dans une entreprise Fortune 100. Il a décidé de changer son emploi du temps hebdomadaire en y incorporant intentionnellement des sources d'énergie saines pendant les heures de travail. Ken a donc ajouté à sa semaine plus d'activités physiques et établi des liens plus chaleureux avec ses collègues. De plus, il s'est engagé à cesser de travailler pendant l'heure du lunch et à ne plus se nourrir de chocolat et de café. Il s'est donc mis à faire du jogging trois fois par semaine; les autres jours, il a invité ses collègues à venir manger avec lui à un restaurant des environs qui servait un buffet à salade.

À ces occasions, Ken a appris à mieux connaître ses collègues. Au lieu de «parler boutique», il voulait en savoir plus sur leur vie personnelle. Il a alors découvert que lui et ses collègues avaient beaucoup de choses en commun. L'un d'entre eux était en train de faire les difficiles démarches consistant à placer un parent âgé dans un foyer, et Ken, qui avait traversé la même épreuve deux ans plus tôt, a pu lui prodiguer conseils et soutien. Un autre adorait le base-ball, le sport favori de Ken, et les deux hommes se sont immédiatement lancés dans une conversation sur leurs joueurs favoris. Ken disait apprécier grandement ces repas de groupe, qui l'emplissaient d'énergie pour la deuxième partie de la journée et lui faisaient apprécier davantage son travail.

LE SUPERCARBURANT

Voyons maintenant comment vous pouvez ajouter de nouvelles sources de supercarburant à votre vie. Pour ce faire, j'aimerais que vous vous concentriez sur trois domaines :

Alimentez votre corps.
Alimentez votre esprit.
Alimentez votre âme.

Passez à l'action ! Alimentez votre corps

Il est essentiel que vous preniez soin de votre corps si vous voulez vivre une vie de haute qualité. Si vous alimentez votre corps avec du supercarburant, il vous fournira la force et l'énergie qui vous permettront de bien vivre. À mesure que vous remettrez de l'ordre dans votre vie, vous constaterez que votre corps suivra. Nombre de mes clients, après avoir clarifié leurs priorités et commencé à ramener leur vie à la santé, perdent des kilos en trop et voient tout naturellement disparaître certains maux physiques.

Comme il existe sur le marché des milliers de livres sur la santé et la forme physique, je n'ai pas besoin de vous expliquer comment prendre soin de votre corps. En fait, j'offre rarement des conseils dans ce domaine – je laisse ce travail aux professionnels. Toutefois, je recommande certaines stratégies permettant à mes clients d'alimenter leur corps d'une façon qui leur procure plaisir et ressourcement. Je vous encourage donc à essayer certains des exercices suivants.

RENDEZ LA BONNE ALIMENTATION FACILE. La nourriture est une source directe de carburant pour le corps. Comme l'essence pour les voitures, une alimentation saine permet un bon fonctionnement du corps. Mais souvent, il n'est pas facile d'arriver à bien manger. Si vous avez un problème de poids ou de la difficulté à vous alimenter convenablement, demandez de l'aide à un partenaire. Des millions de personnes n'arrivent pas maintenir un poids sain ou à bien manger. Les milliards de dollars consacrés annuellement à l'achat de livres sur les régimes alimentaires et d'équipement d'exercice démontrent avec éloquence que la mentalité «taille unique» ne fonctionne pas. Pour la plupart des gens, la nourriture constitue un problème personnel très délicat.

Trouvez un nutritionniste ou un partenaire qui pourrait vous aider à connaître les aliments qui conviennent le mieux à votre corps. Cette personne devrait également vous aider à trouver une façon personnelle de vous alimenter qui soit en harmonie avec la personne que vous êtes. Partez de ce que vous faites déjà bien. Laissez cette personne vous aider de façon soutenue à intégrer de nouvelles habitudes. Assurez-vous que non seulement votre nutritionniste possède une formation adéquate, mais qu'il soit bien familiarisé avec les problèmes émotionnels et existentiels qui sont souvent liés à la nourriture.

La plupart d'entre nous savons déjà, en écoutant notre sagesse intérieure, quels sont les aliments qui nous conviennent le mieux. Quels sont les bons aliments qui font déjà partie de votre régime alimentaire et dont vous pourriez augmenter la quantité? Quels sont les aliments que vous aimeriez consommer moins souvent?

Aliments que j'aimerais consommer moins souvent :	*Aliments dont j'aimerais augmenter la quantité :*
_____	_____
_____	_____
_____	_____
_____	_____

Dans les trente prochains jours, choisissez un aliment dont vous savez que vous devriez consommer en moins grande quantité et remplacez-le par un aliment plus sain. Faites des changements graduels. Si vous buvez trop de café, diminuez votre consommation en mélangeant du décaféiné avec du café ordinaire. Ou, si vous avez l'habitude de manger un beigne en vous rendant au travail, remplacez-le avec quelque chose de plus sain, comme un bagel de grains entiers. Quels sont les changements simples que vous pouvez commencer à faire dès maintenant?

Recherchez des façons de faciliter le passage à une meilleure alimentation. Plusieurs boissons «vertes», comme le jus d'orge et la spiruline, fournissent instantanément moult éléments nutritifs et contribuent également à réduire l'intensité des rages de sucre et d'hydrates de carbone (voir la section ressources pour des suggestions). Ce type d'aliments hautement nutritifs peut rendre de grands services lorsque vous êtes occupé et que vous êtes tenté de grignoter de mauvais aliments.

Engagez un cuisinier. Lorsque mon mari et moi avons calculé ce qu'il nous en coûtait pour manger à l'extérieur et pour avaler un repas sur le pouce ici et là, nous avons découvert qu'engager un cuisinier pour préparer et livrer à domicile des repas sains et nutritifs était moins coûteux (moins de 150 $ par semaine, y compris les ingrédients!). Après avoir conçu une annonce toute simple et l'avoir affichée au babillard de l'épicerie de produits naturels de notre quartier, nous avons trouvé la personne idéale pas plus tard qu'une semaine après. Maintenant, lorsque nous sommes trop occupés pour préparer un repas sain, nous n'avons qu'à ouvrir le réfrigérateur et à réchauffer un plat déjà préparé.

Essayez de nouveaux aliments bons pour la santé. Il est beaucoup plus facile de remplacer un aliment malsain avec un meilleur lorsqu'on a des choix appétissants. Expérimentez avec la nourriture en prenant des cours de cuisine, en collectionnant les recettes de vos amis ou en vous procurant un bon livre de recettes. Ma cliente Ginger s'est découvert une passion pour la cuisine vietnamienne, faible en gras et faite à base de légumes frais et de savoureuses épices. Un restaurateur de son quartier a accepté de l'aider à découvrir l'art de la cuisine vietnamienne. Munie d'un excellent livre de recette, elle a rendu la cuisine santé agréable et créative !

AYEZ DU PLAISIR À FAIRE DE L'EXERCICE. Je sais que je ne vous apprendrai rien ici, alors considérez ce conseil comme un rappel amical : bougez votre corps ! L'exercice alimente votre corps, votre esprit et votre âme. Il peut devenir un outil pour reprendre contact avec votre corps de façon à la fois bienfaisante et agréable. Pourquoi ne pas essayer quelque chose de nouveau et de différent ? Il peut s'agir des exercices pour le système cardiovasculaire qui sont maintenant offerts dans la plupart des gymnases, de la bicyclette stationnaire ou du mur d'escalade. Peu importe que vous ayez cinquante ans et que vous n'ayez pas enfourché une bicyclette depuis l'âge de quinze ans – prenez un risque, essayez !

Profitez du formidable gymnase que constitue l'extérieur, accessible en tout temps. Gravissez une montagne ou au moins quelques pentes. Trouvez un parc et essayez le vélo de montagne (vous pouvez commencer par louer un vélo), ou inscrivez-vous à un club de jogging et courez avec une équipe déjà constituée. Si vous travaillez en ville, sortez et allez admirer les curiosités. J'ai constaté que mes clients arrivaient à maintenir leur régime d'exercice à trois conditions : qu'ils fassent une activité qui leur plaît vraiment, qu'ils s'y adonnent avec un ami et qu'ils ajoutent de la variété en cours de route.

En rendant vos séances d'exercice agréables et stimulantes, vous serez plus susceptible de rester motivé. Pour ce faire, inspirez-vous des loisirs que vous aviez plaisir à pratiquer dans votre jeunesse. Pierce, un client qui faisait régulièrement de l'exercice, parlait souvent du « bon vieux temps » où il jouait au base-ball à l'époque de l'école secondaire. Un jour, au cours d'une de nos séances, je lui ai demandé s'il existait une ligue de base-ball dans sa région. Il a alors admis avoir parfois songé à joindre l'équipe locale, mais il avait la certitude qu'il était trop tard. « Je n'ai pas joué depuis si longtemps que je ne serais probablement pas capable de frapper la balle très loin, et encore moins de lancer convenablement», a-t-il affirmé.

Je lui ai donc demandé de faire à tout hasard quelques appels pour s'informer à ce sujet. Lorsqu'il a découvert l'existence d'une ligue pour hommes de plus de trente ans qui acceptait de nouveaux membres, je lui ai demandé de se rendre à une séance d'entraînement. Il n'en fallait pas plus. Après une seule tentative, il a eu la piqûre. Aujourd'hui, deux ans plus tard, Pierce est devenu l'un des meilleurs frappeurs de son équipe.

Y a-t-il un sport ou une activité que vous pourriez ressusciter? Quelque chose que vous adorez faire? Une de mes clientes a réussi à combiner son amour de la musique *gospel* avec l'exercice lorsqu'elle a découvert qu'un cours de danse aérobique «gospel» se donnait à l'autre bout de la ville. Maintenant, elle peut non seulement élever son rythme cardiaque, mais aussi s'élever l'âme. Essayez quelque chose de nouveau, comme par exemple :

L'aquaforme	*Le volley-ball*
Le patin à roues alignées	*Le patin sur glace*
La nage	*Le squash ou le raquetball*
La randonnée pédestre	*Le ski de randonnée*

Connie, une cliente, avait de la difficulté à persévérer dans ses exercices jusqu'à ce qu'un ami lui fasse connaître la danse country-western. Un peu hésitante au début, elle a tout de même décidé de prendre quelques leçons et d'essayer. Connie avait ça dans le sang! Elle adorait la musique, avait de la facilité à apprendre les pas et s'est mise à danser trois soirs par semaine. Elle n'avait pas eu autant de plaisir à faire de l'exercice depuis bien longtemps.

Si vous êtes le genre de personne qui s'ennuie facilement, assurez-vous d'ajouter de la variété à vos exercices. Faites une promenade à vive allure une journée, allez au gymnase un autre jour, et faites de la randonnée les week-ends. Cessez de voir l'exercice comme une possibilité, et commencez à le considérer comme une partie intégrante de votre pratique de soins quotidiens. Les avantages de l'exercice –

maintenir un poids sain favorisant la longévité, renforcer son ossature et augmenter son degré d'énergie – sont faciles à oublier parce qu'ils se font sentir progressivement et non immédiatement. Considérez vos exercices quotidiens comme une contribution cumulative à votre santé et votre bien-être à long terme. Après tout, lorsque vous cessez de vous accabler de reproches parce que vous ne faites pas d'exercice, la tranquillité d'esprit qui s'installe en vous en vaut largement la peine.

DORLOTEZ VOTRE CORPS. Prendre le plus grand soin de vous-même signifie dorloter votre corps et y faire attention. Prenez rendez-vous pour un massage ou une autre forme de thérapie corporelle afin d'aider votre corps à se détendre et à se revivifier. Dans le passé, se faire masser était considéré comme un luxe ou constituait un traitement obligatoire en cas de blessure. Aujourd'hui, en raison de l'augmentation du stress et de notre mode de vie sédentaire (mais trépidant!), notre corps recèle beaucoup plus de tensions et d'anxiété. Dans ce contexte, le massage et les autres formes de thérapies corporelles (comme le reiki et la réflexologie) sont devenues des outils importants de ressourcement physique.

Les thérapies corporelles rétablissent l'équilibre, stimulent la circulation et donnent de l'énergie. Il en existe plusieurs types, du massage ordinaire aux traitements à l'huile chaude en passant par les enveloppements d'herbes. Faites des essais afin de trouver celles qui vous conviennent. Vous pourriez essayer les thérapies suivantes :

> *Massage : suédois, shiatsu, toucher thérapeutique*
> *Soins chiropratiques*
> *Thérapie cranio-sacrée*
> *Travail énergétique : polarité, reiki, acupuncture*
> *Massage facial, manucure, pédicure*
> *Enveloppements et frottements aux herbes*
> *Réflexologie*

Si vous n'avez jamais fait de thérapies corporelles, ne laissez par votre peur de l'inconnu vous empêcher de profiter de cette merveilleuse forme de soins physiques. Mes clients m'ont souvent fait part de la gêne qu'ils éprouvaient lorsqu'ils devaient enlever leurs vêtements lors des séances de thérapies corporelles. Or, prendre le plus grand soin de vous-même signifie que vous devez décider en tout temps. Décidez de ce qui vous convient pour vous sentir en sécurité. Faites savoir au massothérapeute ou au praticien que vous aimeriez garder vos vêtements, ou commencez par l'un des traitements qui n'exigent pas de se dévêtir, comme la polarité ou la réflexologie du pied.

Au début, offrez-vous une forme ou une autre de thérapie corporelle au moins une fois par mois. Prenez plusieurs rendez-vous d'avance pour ne pas avoir à faire cette démarche chaque mois. Peu à peu, à mesure que vous ressentirez l'effet puissant que ces traitements peuvent avoir sur votre santé, vous voudrez en augmenter la fréquence. Vous méritez que votre corps soit bien traité. Les thérapies corporelles ne sont plus un luxe, elles sont devenues la norme. Prenez rendez-vous dès aujourd'hui !

PROFITEZ D'UNE BONNE NUIT DE SOMMEIL. Une bonne nuit de sommeil est un carburant aussi essentiel que la nourriture, l'eau et l'exercice. Plus de 30 % de mes clients ont de la difficulté à bien dormir de façon soutenue, et j'ai pu maintes fois constater les résultats de ce problème : dépression, maladies auto-immunes, baisses d'énergie et fatigue. Le sommeil est une source de carburant essentielle pour le corps, qu'on a souvent tendance à oublier ou à négliger jusqu'à ce qu'un problème survienne. Or, sans un sommeil régulier et réparateur, il est impossible de jouir pleinement de la vie.

Au réveil, vous sentez-vous frais et dispos ? Votre chambre à coucher est-elle l'endroit idéal pour le repos et la détente ? De quoi avez-vous besoin pour jouir d'une bonne nuit de sommeil ? À part un matelas de qualité et des oreillers confortables, que nous savons être les éléments fondamentaux d'un sommeil réparateur, il existe d'autres facteurs à considérer.

Quelle est la qualité de l'air dans votre chambre ? Un air de mauvaise qualité (particulièrement pendant les mois d'hiver, lorsque les systèmes de chauffage fonctionnent) peut nuire au sommeil. Si vous vous réveillez en éternuant ou en toussant ou encore avec l'esprit embrouillé, un mal de tête, le nez bouché ou les yeux secs, rouges ou boursouflés, peut-être la qualité de l'air de votre chambre est-elle pauvre et vous empêche-t-elle de dormir profondément. Essayez un filtre à air pour purifier l'atmosphère de votre chambre. De plus, placez tous les appareils qui sont connectés à une prise de courant à au moins un mètre de distance de votre lit, afin de réduire les champs électromagnétiques, qui peuvent eux aussi causer des maux de tête et les idées embrouillées.

Éliminez les bruits importuns à l'aide d'un générateur de bruit blanc ou en faisant jouer une cassette où on entend le bruit des vagues ou le bruissement d'une douce pluie. Faites de votre chambre un sanctuaire. Assurez-vous qu'elle est propre, exempte de poussière et décorée d'une façon qui vous rend calme et paisible. Allez au lit lorsque vous vous sentez fatigué. Évitez de regarder la télévision ou de travailler au lit. Laissez l'heure du coucher devenir un moment de tranquillité voué au ressourcement de votre corps par le sommeil.

Si vous avez de la difficulté à vous endormir, détendez-vous au préalable – prenez un bain chaud, écoutez de la musique les yeux fermés, parlez à quelqu'un que vous aimez ou lisez. Mettez votre cerveau au repos. Si vous avez de la difficulté à dormir en raison du bruit de vos pensées, utilisez vos cassettes de relaxation pour vous aider à glisser dans le sommeil. Au besoin, consultez un spécialiste du sommeil. L'investissement de temps et d'argent que cette démarche nécessitera en vaudra largement la peine. Alimentez votre corps avec un sommeil de qualité – votre santé et votre vie en dépendent.

PRENEZ UNE PROFONDE RESPIRATION. Enfin, n'oubliez pas le carburant le plus important pour votre corps : la respiration. La plupart d'entre nous, en particulier ceux et celles qui mènent des vies occupées, prenons l'habitude de respirer en ne sollicitant que la partie supérieure de notre poitrine. Or, notre corps a besoin de respirations profondes pour oxygéner le sang et augmenter son niveau d'énergie. Le simple fait de respirer par le ventre peut immédiatement et simultanément vous détendre et vous vivifier.

Essayez – arrêtez tout immédiatement et prenez une respiration profonde qui emplit votre abdomen en le faisant se gonfler. Répétez deux ou trois fois. Inspirez par le nez en comptant jusqu'à quatre, retenez votre souffle en comptant jusqu'à huit, puis expirez par le nez en comptant jusqu'à deux. Remarquez comment vous vous sentez. Respirer profondément est un bon exercice à faire lorsque vous attendez au feu rouge, que vous êtes assis à votre bureau ou juste avant d'aller dormir.

Passez à l'action ! Alimentez votre esprit

Tout comme votre corps, votre esprit doit lui aussi être nourri. Lire de bons livres, avoir des conversations stimulantes et apprendre quelque chose de nouveau sont autant d'excellentes façons d'alimenter votre intellect ; mais le carburant le plus puissant, c'est vos pensées.

Depuis des décennies, des centaines de livres ont été écrits sur le pouvoir qu'ont les pensées d'induire une réalité physique. La pensée devient une intention dotée d'un pouvoir, et lorsque vous manifestez cette intention à l'extérieur, votre vie se met à changer, parfois de façon radicale. C'est là une loi métaphysique fondamentale.

Lorsque j'aborde pour la première fois avec mes clients la question du pouvoir de la pensée, je leur fais part d'une expérience personnelle qui m'a appris à prendre au sérieux cette vérité séculaire. Dans ma jeunesse, j'adorais lire les livres de certains des premiers écrivains à succès. J'étais captivée et inspirée par la sagesse simple d'Emmett Fox, Robert Collier, Napoleon Hill, Florence Scovel Shinn et Norman Vincent Peale. Chaque auteur avait la profonde conviction spirituelle que notre vie pouvait être transformée par la qualité de nos pensées. Je m'intéressais particulièrement aux outils pratiques qu'ils offraient pour mettre en œuvre cette transformation personnelle.

DRESSEZ UNE LISTE DE SOUHAIT. Un des premiers outils que j'ai essayés a été de coucher sur papier quelques objectifs simples et de les relire régulièrement afin de les garder présents à mon esprit. Éternellement sceptique, je voulais voir si cette méthode fonctionnait vraiment; j'ai donc commencé par une liste de souhaits très simples, dans laquelle figurait un ordinateur doté des caractéristiques que je recherchais et muni des logiciels que je préférais (j'avais lu qu'il importait d'être le plus précis possible dans la formulation de nos objectifs), un voyage gratuit et l'élimination de mes dettes. J'avais dressé cette liste en octobre et l'avais ensuite placée sur la couverture de mon agenda, de manière à l'avoir sous les yeux plusieurs fois par jour.

Deux mois plus tard, j'ai reçu un cadeau de Noël d'un client. Au lieu d'une prime en argent, il disait vouloir m'offrir «quelque chose de vraiment utile pour une personne qui écrit». En ouvrant la boîte, je suis restée bouche bée à la vue d'un ordinateur dont les caractéristiques correspondaient exactement à celles qui figuraient sur ma liste. Un mois plus tard, une amie m'a téléphoné pour m'annoncer qu'elle avait gagné un concours au travail, dont le prix était un séjour pour deux toutes dépenses payées dans l'un des meilleurs hôtels des États-Unis. Elle me proposait de l'accompagner. Encore une fois, j'étais abasourdie. En couchant mes souhaits sur papier et en maintenant l'intention présente à mon esprit en relisant ma liste tous les jours, j'avais créé un effet d'attraction qui avait attiré ces objectifs dans ma vie. Coïncidence ou pas, c'était la preuve dont j'avais besoin pour commencer à prendre plus au sérieux le pouvoir que nous pouvons générer en alimentant intentionnellement notre esprit avec certaines pensées. Inutile de vous dire que j'ai tout de suite dressé une autre liste.

Essayez vous-même. Arrêtez-vous pendant un moment, pensez à trois choses que vous aimeriez attirer dans votre vie, et inscrivez-les ci-dessous :

1. _____

2. _____

3. _____

Soyez précis. Si vous voulez gagner plus d'argent, inscrivez le montant précis suivi du signe + (on ne sait jamais, vous pourriez obtenir davantage). Si vous voulez un nouvel appartement, décrivez votre idéal en la matière.

Inscrivez ensuite ces trois souhaits sur une fiche de 8 cm sur 13 cm que vous garderez sur vous. Relisez votre liste à différents moments de la journée et imaginez que vous possédez déjà ces choses. Ne vous concentrez pas trop sur le résultat ; gardez-le simplement à l'esprit. Si vous craignez de vous limiter en étant trop précis ou qu'il existe un meilleur choix auquel vous n'avez pas pensé, faites simplement une petite prière pour demander que « ce souhait ou quelque chose de mieux se réalise ».

Portez attention à la suite des événements. Mes clients sont souvent ébahis des résultats. L'un d'entre eux, Robert, avait dressé une liste comprenant un emploi mieux rémunéré et une relation satisfaisante. Huit mois plus tard, alors qu'il était en vacances avec des amis dans les Caraïbes, il a rencontré une femme qui, coïncidence, habitait à deux heures de chez lui, dans un État voisin. Au cours de l'année suivante, ils sont tombés amoureux, ont acheté une maison dans le quartier où vivait la femme et Robert a obtenu un nouvel emploi, mieux rémunéré.

CRÉEZ UNE CARTE DE TRÉSORS. Voici une autre très bonne façon de garder à l'esprit les choses qui vous importent vraiment. En 1948, Robert Collier, dans son livre intitulé *The Secret of the Ages*, a introduit l'idée de créer une « carte de trésor » afin de visualiser les choses que vous aimeriez avoir dans la vie. Une carte de trésor est un collage d'images qui peuvent refléter ce que vous avez inscrit sur votre liste de oui absolus. Par exemple, si votre santé physique est une priorité, vous pourriez y placer des images représentant des appareils d'exercices, des espaces extérieurs, des patins à roues alignées ou un vélo. Si le plaisir et l'aventure sont votre priorité, vous pouvez y mettre des photos d'un endroit que vous aimeriez visiter ou d'un sport aventureux comme la descente en eaux vives ou l'escalade. Vous pouvez également y intégrer vos objectifs matériels (une nouvelle voiture ou un appareil ménager) et vos souhaits en matière de relations.

Cette carte, que vous placerez à un endroit où vous pourrez la voir tous les jours, enverra un message clair à votre subconscient et à l'Univers en ce qui a trait à vos intentions. Le pouvoir magnétique qui est créé lorsque vous gardez ces intentions à l'esprit, suggère Collier, attirera ce que vous désirez par-dessus tout dans la vie.

Assurez-vous que votre carte comporte des images d'objectifs englobant toute votre vie : la santé, le travail, les relations, le divertissement et les finances. La création d'une carte de trésor est un projet idéal pour vous et votre partenaire ou groupe de motivation. Organisez une partie vouée à la confection de ces cartes et demandez à chaque personne d'emporter les choses suivantes : un gros panneau de mousse plastique, des ciseaux, plusieurs catalogues et magazines, de la colle et des feutres. Commencez par découper, dans les catalogues et les magazines, des choses que vous aimeriez attirer dans votre vie. Puis, collez ces images sur votre panneau d'une façon visuellement attrayante. Et enfin, ajoutez des affirmations, des mots ou des phrases spéciales qui vous inspirent.

Lorsque vous créez votre carte, souvenez-vous de toujours ajouter le signe + ou « ou plus » à la suite de tout montant en dollars qui correspond à vos objectifs en matière de revenus et d'épargne. Par exemple, si vous aimeriez gagner un salaire de 50 000 $ par année, inscrivez 50 000 $ + sur votre carte. On ne sait jamais ce que l'avenir vous réserve. Mon client Russell n'en revenait pas lorsqu'il a reçu par la poste, au beau milieu de l'été, une prime de son employeur. Au terme d'un exercice particulièrement fructueux, l'entreprise avait décidé de surprendre ses employés en faisant preuve de générosité. Russell, qui avait indiqué sur sa carte de trésor un objectif de 1 000 $ + d'économies pour l'année, était très heureux de recevoir ce chèque de 1 500 $.

Utilisez les mots de façon créative. Mettez l'adjectif « gratuit » devant certains mots ou photos. Par exemple, si vous utilisez le mot « voyage » ou « logement », en ajoutant « gratuit » vous obtiendrez « voyage gratuit » ou « logement gratuit ». Lorsque ma cliente Sandy a créé sa carte de trésor avec un groupe d'amis, elle y a inclus un « appartement gratuit », parce qu'elle allait devoir déménager à la fin de l'année. Deux mois après avoir confectionné sa carte, Sandy a reçu l'appel d'un ami de la famille qui lui offrait d'habiter gratuitement dans l'ancien appartement de sa belle-famille en échange de soins occasionnels auprès d'une dame âgée. Elle allait donc pouvoir vivre sans payer de loyer ! Faites en sorte que votre carte de trésor soit personnelle, inspirante et agréable à regarder. Et assurez-vous de prendre note des choses qui se concrétisent.

AYEZ DES PENSÉES DE HAUTE QUALITÉ. Si la pensée a le pouvoir de façonner la réalité, vous devrez alimenter votre esprit de pensées de haute qualité si vous voulez vous créer une vie de haute qualité. Apprendre à élever vos pensées à un niveau supérieur est un processus qui s'échelonne sur toute la vie et qui exige patience et entraînement. En ayant recours à quelques outils spécifiques, vous pouvez commencer à influer sur vos pensées d'une façon graduelle et positive.

Portez attention à ce que vous vous dites. Tous les clients avec qui j'ai travaillé ont la fâcheuse tendance à être sévères envers eux-mêmes. Or, les pensées négatives sont déprimantes et n'ont absolument aucune valeur. Si vous avez des pensées comme « Je ne suis pas à la hauteur » ou « Je ne peux pas obtenir ce que je veux vraiment » ou encore « Je ne fais jamais rien correctement », remplacez-les immédiatement par une affirmation ou un mantra que vous aurez choisi au préalable. Par exemple, « Je m'accepte entièrement et profondément » est un puissant message que vous pouvez vous envoyer. La plupart des monologues intérieurs négatifs découlent d'une incapacité à accepter pleinement nos imperfections humaines, qui sont normales. Cette affirmation d'acceptation de soi peut contribuer à mettre le champ énergétique du corps dans un état d'équilibre qui améliore l'efficacité du système immunitaire.

Créez votre propre mantra pour stimuler votre amour-propre. Que diriez-vous à une personne que vous aimez profondément, qui vous est chère et qui serait trop sévère envers elle-même ? Inscrivez cette phrase ci-dessous :

Dorénavant, chaque fois que vous vous surprenez à vous dire des choses négatives, remplacez immédiatement votre pensée par ce mantra. Non seulement vous rappellera-t-il d'être plus tolérant envers vous-même, mais il pourrait également contribuer à améliorer votre santé physique.

Choisissez des lectures inspirantes qui imprègnent votre esprit de pensées constructives et saines. De nombreux livres de pensées quotidiennes regorgent de choses inspirantes qui élèvent vos pensées et vous remontent le moral. Trouvez-en un qui vous plaît et gardez-en une copie au travail, dans votre voiture ou près de votre lit, et lisez une page par jour. Inscrivez-vous à une liste d'envoi électronique qui fait parvenir chaque jour ou chaque semaine des messages inspirants (pour des adresses, voir la section ressources à la fin du chapitre).

Emplissez votre univers visuel de mots simples, de phrases ou d'images que vous afficherez au mur ou au babillard de votre maison ou de votre bureau. Des mots comme «foi», «joie» et «amour» peuvent avoir un effet puissant et subliminal sur votre esprit. Choisissez un ou deux mots ou phrases simples, inscrivez-les en grosses lettres sur une feuille de papier que vous placerez bien en vue. Une fois encore, gardez les choses simples. N'en mettez pas trop. Concentrez-vous sur un mot par semaine, puis changez-le. Ou utilisez une phrase facile à retenir pour renforcer un souhait. Voici des exemples de phrases que je recommande à mes clients : « Soyez vous-même, prenez des risques », « L'abondance me revient de droit » et «Mes désirs sont réalisables ». Emplissez votre esprit de pensées constructives, et vous en récolterez les fruits.

Chassez les pensées importunes. Portez attention à ce qui parvient à votre esprit. Faites des choix conscients en ce qui a trait aux journaux et aux magazines que vous lisez. De plus en plus de recherches suggèrent que les images négatives contribuent à affaiblir le système immunitaire. Je suis certaine que vous avez déjà éprouvé dans votre for intérieur une violente réaction face à une image de violence ou à une histoire de crime ou de tragédie. Si vous le sentez dans votre corps, vous savez que votre santé émotionnelle et physique en sera affectée. À mesure que vous serez en contact avec vos émotions, vous devrez vous protéger de ces mauvais carburants. Cessez d'alimenter votre esprit avec les informations télévisées avant d'aller au lit. Procurez-lui un carburant de qualité supérieure. Souvenez-vous, après la pensée vient l'intention, et de l'intention jaillit le pouvoir, celui de créer pour vous-même une vie pleine, saine et heureuse.

Passez à l'action! Nourrissez votre âme

Lorsque vous alimentez votre esprit, la vie acquiert une qualité magique qui peut emplir chaque moment de joie. Même si j'ai consacré un chapitre entier à la réalisation de votre bien-être spirituel, j'aimerais ici vous suggérer certains moyens d'éveiller ou de régénérer cette partie de vous-même qui est souvent négligée dans le rythme effréné de la vie, votre âme.

ÉCOUTEZ VOTRE MUSIQUE FAVORITE. Redécouvrez la musique de votre jeunesse. Arrêtez-vous et pensez à votre adolescence, lorsque vous étiez à l'école secondaire, à l'université, et aux années suivantes. Quelle était la musique que vous adoriez? Quelles étaient vos chansons et chanteurs favoris? Je suis certaine qu'il vous est déjà arrivé d'écouter la radio et de soudainement remonter dans le temps en entendant une vieille chanson. La musique peut nous faire changer instantanément d'état en alimentant notre âme et en nous procurant un sentiment de bien-être profond. J'aimerais maintenant que vous retourniez dans votre passé et que vous repensiez aux chansons positives et entraînantes que vous aimiez. Pensez à cinq de vos chansons ou chanteurs favoris et inscrivez-les ici :

1. _____
2. _____
3. _____
4. _____
5. _____

Écouter de vieux succès peut vous inspirer instantanément et faire revivre d'heureux souvenirs. La musique peut être une force puissante et émotionnelle grâce à laquelle vous vous sentez solide, heureux et plein de vie. Prévoyez un moment pour visiter votre magasin de disques préféré et trouver ces chansons. Jonathan, un de mes clients, a enregistré ses chansons préférées sur une cassette, qu'il garde dans sa voiture. Lorsqu'il se sent déprimé, frustré ou triste, il la fait jouer et change immédiatement d'humeur. Ma cliente Rose, quant à elle, adorait la musque de Noël, qui lui mettait toujours le cœur en fête. Au lieu d'attendre jusqu'au temps des Fêtes, elle a décidé qu'il était parfaitement acceptable d'écouter des chants de Noël pendant l'été.

REMONTEZ-VOUS LE MORAL GRÂCE AU RIRE. Fréquentez des amis qui vous font rire, lisez un livre drôle ou allez voir un spectacle d'humour. Payez-vous le luxe de rire aux éclats de temps à autre. Non seulement le rire est-il agréable, mais il constitue également un puissant facteur de guérison. Cessez de prendre la vie si au sérieux. Riez un peu! Si vous avez besoin d'aide au début, louez une comédie sur bande vidéo. Considérez cela comme une « thérapie par le rire ». Procurez-vous une dose de rire au moins une fois par semaine. Lorsque j'ai demandé à mes clients de me recommander leurs films et émissions de télévision préférés, voici quelques-unes des réponses que j'ai obtenues :

TÉLÉVISION :
Seinfeld, Frasier, Friends, I Love Lucy, All in the Family, Les joyeux naufragés, Mash, Carol Burnett
Les bandes vidéo de l'émission *Johnny Carson*
Les bandes vidéo de l'émission *Saturday Night Live* (celles du début des années 80)

FILMS :
Menteur, menteur
The Gallagher Comedy Series
La cage aux folles
The Full Monty
Caddy Shack

PLEUREZ UN BON COUP. Cela peut sembler une étrange façon de vous nourrir l'âme, mais pleurer un bon coup peut faire un monde de différence. Le fait de libérer des émotions accumulées dans le corps peut aider à éliminer les blocages énergétiques qui empêchent votre âme de connaître la joie profonde. Lorsque ma cliente Allison est d'humeur irritable, elle sait que cela signifie qu'elle a besoin de pleurer un bon coup. Elle profite alors d'un moment où elle est seule à la maison pour se pelotonner au lit et pleurer tout son saoul. Elle affirme que ce rituel lui nettoie l'âme.

On dit souvent que rire aux éclats a le même effet que pleurer à chaudes larmes. Les pleurs aident à nettoyer l'esprit, à donner de l'énergie au corps et à revivifier l'âme. Bien des gens ont de la difficulté à pleurer. Si vous avez besoin d'un coup de pouce, louez un film triste, regardez-le dans l'intimité de votre foyer (lorsque vous êtes seul) et laissez-vous aller. Je recommande souvent une liste de films tristes aux clients qui disent avoir besoin de pleurer. Voici quelques titres :

Ma vie
Tendres passions
Une histoire d'amour
Par amour pour elle
Une trêve pour l'amour
Table for Five
Entre deux plages
Passions tourmentées
Sur la route de Madison

S'il vous est impossible de pleurer, recherchez d'autres façons sûres d'exprimer les émotions accumulées en vous et de vous libérer l'esprit. Josh, un client qui affirmait être incapable de pleurer, s'est rendu compte qu'une visite à la cage des frappeurs était pour lui un moyen efficace d'exprimer ses émotions et de se ressourcer. Lorsqu'il sentait en lui un trop-plein d'émotions, il frappait des balles jusqu'à ce que toute la force de ses bras soit épuisée. Lorsqu'il avait fini, il éprouvait un tel sentiment de libération qu'il se sentait plus léger.

FAITES PREUVE D'EXCENTRICITÉ. Nourrissez votre esprit en faisant quelque chose de fou ou d'extravagant. Envoyez-vous un bouquet de superbes fleurs et décorez-en votre maison ou votre bureau. Traitez-vous comme vous traiteriez la personne la plus séduisante, sensible, drôle et attentionnée que vous pourriez rencontrer. Achetez-vous un ensemble de draps de soie. Allez dîner au restaurant, faites semblant que c'est votre anniversaire et laissez-vous offrir un gâteau et chanter joyeux anniversaire! Achetez une série de livres et de crayons à colorier et invitez des amis à un concours de dessin. Voyez si vous coloriez bien à *l'extérieur* des contours.

Essayez quelque chose de nouveau. Prenez un cours de danse et apprenez le tango, ou procurez-vous un journal dans le but d'écrire un livre. Prenez un risque et recouvrez les murs d'une pièce d'une couleur vive, comme rouge ou mauve. Faites-vous donner une coupe de cheveux ou une teinture complètement nouvelle, et voyez comment on se sent quand on a l'air différent. Votre esprit a besoin de ce genre de carburant. Surtout, vous devez sortir des limites des «convenances» et vivre pleinement!

FAITES QUELQUE CHOSE QUE VOUS AVEZ TOUJOURS VOULU FAIRE. Nous avons tous des envies secrètes, des choses que nous avons toujours voulu faire ou avons peur de faire. Parfois, nous sommes trop occupés pour mettre nos projets à exécution. Parfois encore, il peut sembler tout simplement plus facile de remettre ces choses au lendemain. Cherchez à l'intérieur de vous-même et trouvez ces choses que vous avez toujours voulu faire. Pour vous aider à mettre le doigt sur vos désirs inassouvis, répondez aux questions ci-dessous dans votre journal. Laissez aller votre imagination, et ne vous laissez pas arrêter par des considérations pratiques.

Y a-t-il un endroit que vous avez toujours voulu visiter? Où se trouve-t-il?

Y a-t-il des gens avec qui vous aimeriez passer plus de temps? Si oui, avec qui?

Y a-t-il une activité que vous aimeriez entreprendre ou à laquelle vous aimeriez consacrer plus de temps? Laquelle?

Si vous pouviez consacrer une journée à faire spontanément tout ce dont vous avez envie, que feriez-vous?

Y a-t-il des livres que vous aimeriez lire? Lesquels?

Aimeriez-vous essayer un nouveau sport ou une nouvelle activité physique (même si cela vous fait un peu peur)? De quoi s'agit-il?

Y a-t-il un cours ou un atelier que vous avez toujours voulu prendre? Lequel?

Aimeriez-vous apprendre à connaître une autre culture? Laquelle? Comment comptez-vous vous y prendre?

Aimeriez-vous explorer d'autres avenues côté carrière? Lesquelles? Par quoi commencerez-vous?

Quelles sont les autres choses que vous auriez toujours voulu faire?

La prochaine question d'importance est : quand ferez-vous ces choses? Qu'attendez-vous? Choisissez-en une et passez à l'action dans les vingt-quatre prochaines heures. Il peut s'agir d'une action modeste – un premier pas dans la concrétisation d'un désir –, mais chacune d'entre elles vous rapprochera de votre objectif et vous donnera un élan. Nourrissez votre esprit et laissez-le prendre son essor!

REMPLACER LE VIEUX AVEC DU NEUF

Maintenant que vous avez appris certaines façons saines de nourrir votre corps, votre esprit et votre âme, commencez à remplacer les vieilles sources d'énergie qui ne vous sont plus utiles par de nouvelles qui le sont. De nombreuses sources d'énergie vous alimenteront *en plus* de protéger votre santé. Au lieu de regarder les nouvelles télévisées, remplies de violence et de drames, optez pour un film drôle ou mettez-vous au lit tôt et prenez du repos. Cessez de travailler pendant l'heure du lunch ; sortez et allez prendre un bol d'air. Vous aurez plus de facilité à laisser tomber les carburants inutiles en ajoutant davantage de carburants de qualité supérieure.

À mesure que vous aurez une prise sur vos sources d'énergie, apprenez à être tendre envers vous-même. Ne vous accablez pas de reproches lorsque vous retournez à certaines anciennes sources d'énergie. Il faut du temps pour acquérir de nouvelles habitudes. L'objectif est le processus, et lorsque vous dérapez, reprenez-vous et continuez d'avancer. Les reproches ne feront que perpétuer un cercle vicieux qui vous mènera à coup sûr à l'échec.

Vous méritez le meilleur carburant qui soit. Profitez pleinement de la vie grâce au supercarburant. Dans le prochain chapitre, je vous montrerai comment introduire de l'énergie dans votre vie au moyen de la meilleure source de carburant qui soit : les relations enrichissantes.

RAPPELS

Vous méritez d'alimenter votre vie avec ce qu'il y a de mieux – rien de moins que du supercarburant !

- Brisez votre dépendance à l'adrénaline en suivant ces étapes simples :

  Arrivez tôt.

  Instituez une pratique quotidienne de détente.

  Éliminez les distractions, les interruptions et les irritants.

Concentrez votre énergie.
- Utilisez du supercarburant :
    Alimentez votre corps.
    Alimentez votre esprit.
    Alimentez votre âme.

RESSOURCES

LIVRES

Succulent Wild Woman : Dancing with your Wonder-Full Self

par SARK (New York, Fireside Books, 1997)

Ce livre délicieux, écrit à la main et illustré par l'inimitable SARK, exulte dans la joie de vivre pleinement sa vie.

Women's Bodies, Women's Wisdom

par Christiane Northrup (New York, Bantam Books, 1998)

Je recommande ce livre à toutes les femmes avec qui je travaille. De a à z, il contient tout ce que vous voulez savoir sur la santé des femmes, selon une perspective holistique et traditionnelle. Un ouvrage que toutes les femmes devraient lire.

Enter the Zone

par Barry Sears et Bill Lawren (New York, ReganBooks, 1995)

Élaboré par le Dr Barry Sears, réputé chercheur et consultant en santé, ce programme d'amaigrissement durable se fonde sur un régime alimentaire simple et non restrictif divisé en étapes faciles à suivre qui font le lien entre la nourriture et les «déclics» hormonaux de notre corps.

8 Weeks to Optimum Health

par Andrew Weil (New York, Alfred A. Knopf, 1997)

Ce livre présente un excellent programme pratique en plusieurs étapes visant à améliorer et à protéger votre santé.

When Working Out Isn't Working Out

par Michael Gerrish (New York, St. Martin's Press, 1999)

Un guide avant-gardiste d'entraînement physique qui révèle des obstacles insoupçonnés à la bonne forme physique.

How to Get a Good Night's Sleep : More Than 100 Ways you Can Improve your Sleep
par Richard Garber et Paul Gouin (Minneapolis, Chronimed Publishing, 1995)

Power Through Constructive Thinking
par Emmet Fox (San Francisco, HarperSanFrancisco, 1989)
> Fox montre comment, grâce à la pensée constructive, nous pouvons acquérir le pouvoir de surmonter l'échec et le découragement, et ouvrir la porte à une vie plus pleine et plus riche.

The Power of Positive Thinking
par Norman Vincent Peale (New York, Fawcett Book Group, 1996)
> Regorgeant d'histoires inspirantes et de sagesse spirituelle, ce livre est un classique.

Think and Grow Rich
par Napoleon Hill (New York, Fawcett Book Group, 1996)
> Le livre de motivation numéro un au monde vous explique comment être un gagnant. Hill a inspiré des millions de personnes à réaliser leurs rêves.

Secret of the Ages
par Robert Collier (New York, Robert Collier Publications, 1984)
> L'un des meilleurs livres jamais écrits sur le pouvoir de la pensée.

ENVIRONNEMENTS BIENFAISANTS

The Feng Shui Guild
http://www.fengshuiguild.com
(303) 444-1548
info@fengshuiguild.com
> Pour des suggestions de praticiens et de l'information sur les façons de créer un environnement bienfaisant à l'aide des principes du feng shui.

Sacred Space – Creating and Enhancing the Energy of your
Home
par Denise Linn (New York, Ballantine Books, 1995)
> Dans ce livre, Denise vous montre comment vous pouvez changer
> radicalement votre vie en modifiant la disposition de votre foyer
> ou de votre bureau.

RESSOURCES EN MATIÈRE DE SANTÉ

Le bulletin « Health Wisdom for Women » du Dr Christine Northrup

Phillips Publishing, Inc.
7811 Montrose Rd.
Potomac, MD 20854
800 804-0935
Douze numéros pour 39,95 $

Le bulletin « Self Healing » du Dr Andrew Weil

P.O. Box 792
Mt. Morris, IL 61054-8468
800 337-9345
Douze numéros pour 29 $

Le « Magic Museletter » de SARK

Huit numéros pour 23 $
Payable par chèque seulement, à l'adresse suivante :
Camp SARK, attn : Museletter
P.O. Box 33039
San Francisco, CA 94133

Le purificateur d'air Austin HealthMate

Phillips Publishing, Inc.
7811 Montrose Rd.
P.O. Box 59750
Potomac, MD 20859-9750
800 705-5559

Dr Glen Rothfeld

American Whole Health
180 Massachusetts Ave., Suite 303
Arlington, MA 02174
(781) 641-1901

> Rothfeld offre de l'information et des consultations téléphoniques sur une vaste gamme de questions liées à la santé, notamment les tests des glandes surrénales.

Hale Baycu-Schatz

P.O. Box 504
Lexington, MA 02173
(781) 863-9997

> Éducatrice et consultante dans le domaine de la nutrition, Hale aide les gens à trouver leur propre façon de s'alimenter afin d'atteindre un état de santé optimal. Disponible pour des consultations téléphoniques, elle offre ses services à l'échelle nationale à des individus et à des groupes.

MASSAGE ET AUTRES THÉRAPIES CORPORELLES CONNEXES

American massage Therapy Association (A.M.T.A.)

820 Davis St., Suite 100
Evanston, IL 60201-4444
(847) 864-0123
www.amtamassage.org

> Cette association nationale fournit des numéros de téléphone vous permettant de communiquer avec les massothérapeutes de votre région.

Associated Bodywork and massage Professionals (A.B.M.P.)

28677 Buffalo Park Rd.
Evergreen, CO 80439-7347
800 458-2267
www.abmp.com

Cette association locale fournit les coordonnées de massothérapeutes et d'autres types de thérapeutes corporels.

American Polarity Therapy Association (A.P.T.A.)
2888 Bluff St., Suite 149
Boulder, CO 80301
(303) 545-2080
www.polaritytherapy.org
Cette organisation fournit les coordonnées des spécialistes en
polarité de votre région.

Healing Hands
849 Lexington Ave.
New York, NY 10021
800 636-7360
Cette organisation dirige des massothérapeutes vers des résidences
privées et des hôtels à Los Angeles, New York, San Francisco,
West Palm Beach et Miami Beach, et pourrait être en mesure de
trouver un spécialiste dans votre région.

CASSETTES DE RELAXATION

Peggy Huddleston
Cassette intitulée « Prepare for Surgery, Heal Faster »
9,95 $ plus expédition et manutention
http://www.healfaster.com
800 726-4173
Même si cette cassette a été conçue à l'origine pour les personnes sur le point de subir une opération, elle a acquis une popularité auprès d'un auditoire plus vaste par le bouche à oreille. Il
n'y est jamais question explicitement de chirurgie, et la voix
apaisante de Peggy guide l'auditeur dans un processus de relaxation de vingt minutes qui donne de puissants résultats. Non seulement cette casette vous aidera-t-elle à vous détendre, mais elle
aura un effet bienfaisant sur votre état de santé global.

Brian Weiss
« Healing Meditation »
« Meditation to Inner Peace, Love, and Joy »
http://www.brianweiss.com
(305) 661-6610

> Weiss, auteur de Many Lives, Many Masters et Only Love is Real, est un psychiatre diplômé de Yale et un pionnier dans le domaine de la thérapie par régression dans les vies antérieures. Guidés par sa voix apaisante et hypnotique, vous atteindrez en écoutant ces cassettes un état de béatitude.

AUTRE MUSIQUE RELAXANTE

Enya – Shepherd Moon
Yanni – Reflections of Passion
Narada – Decade – The Anniversary Collection
Liz Story – Solid Colors

BOISSONS NUTRITIVES ÉNERGISANTES VERTES

Barleygreen
AIM International
3904 E. Flamingo Ave.
Nampa, ID 83687-3100
800 456-2462

> Cette boisson nutritive m'est indispensable lorsque je suis occupée et que je veux m'assurer de m'alimenter sainement. Une cuillerée à thé de Barleygreen de culture biologique équivaut à deux branches de brocoli.

PureSynergy Superfood
The Synergy Company
CVSR Box 2901
Moab, UT 84532
800 723-0277

http://www.synergy-co.com
Superfood est une puissante combinaison d'ingrédients, notamment divers types d'algues, des herbes chinoises et occidentales, des champignons asiatiques et de la spiruline. Il constitue un autre moyen facile pour vous de profiter d'une nutrition de premier ordre.

DANSE

http://www.io.com/~entropy/contradance/web-page-index.html
Ce site offre une liste géographique des groupes de danse contra.

http://www.idir.net/usdanew/sdlinks.htm
Ce site fournit de l'information sur les clubs de quadrille, de danse contra, de clogging et de ronde du monde entier.

SOMMEIL

National Sleep Foundation
http://www.sleepfoundation.org
La National Sleep Foundation est un organisme à but non lucratif qui œuvre à l'amélioration de la qualité de vie de millions d'Américains qui souffrent de troubles du sommeil.

JEUX

Mindpack –McQuaig Group

Trivial Pursuit –Parker Brothers

Jeopardy –Tiger Electronics

FILMS

Blockbuster Video
http://www.blockbuster.com

VOYAGES

Specialty Travel Index
http://www.specialtytravel.com

Offre des renseignements détaillés sur des milliers de possibilités de vacances hors de l'ordinaire, offertes par plus de 600 organisateurs de voyages et fournisseurs d'équipement autour du monde.

Wild Women: A Touring Company
http://www.wildwomenadv.com/wwcom.html

Une agence de voyage unique qui organise des voyages sans tracas pour des petits groupes de femmes. Leur philosophie est qu'il est possible de rétablir sa santé, d'augmenter son niveau d'énergie et de se donner du pouvoir en explorant le monde.

The Green Travel Network
http://www.greentravel.com

Spa Finders
http://www.spafinders.com

Custom Spa Vacations
http://www.spatours.com

Des vacances dans tous les coins du monde pour se remettre en forme, se détendre, se refaire une beauté, réduire son stress, perdre du poids et effectuer des changements de mode de vie. Les stations thermales internationales combinent des vacances santé avec des visites intéressantes.

INSPIRATION

Inspire
http://www.infoadvn.com/inspire

Un message électronique quotidien gratuit contenant des citations inspirantes. Offrez un abonnement en cadeau à un ami!

Daily Motivator

http://www.greatday.com

De formidables messages motivants qui vous parviennent six jours par semaine par courriel. Tarif annuel : 15 $

6

Créez

une communauté

qui vous remplit l'âme

À son arrivée à la séance de *coaching*, Carla avait l'air extrêmement triste. La veille au soir, elle et son ami de cœur étaient allés voir un film intitulé *Soulfood* (La nourriture de l'âme), qui l'avait profondément touchée. Le film racontait la vie des membres d'une famille afro-américaine qui tentaient de demeurer unis tout en affrontant les inévitables défis de la vie. Malgré la mort, l'infidélité et les rivalités entre frères et sœurs, leur «lien de l'âme» les maintenait ensemble.

Carla m'a alors avoué qu'elle voyait rarement sa famille. Son père était mort trois ans auparavant, et sa mère ainsi que ses frères et sœurs étaient dispersés d'un bout à l'autre du pays. Le film lui avait douloureusement rappelé à quel point sa vie manquait de relations enrichissantes pour l'âme. Elle avait bien des amis et des collègues, mais tout comme elle, ils menaient des vies occupées, et leur emploi du temps démentiel leur interdisait d'approfondir quelque relation que ce soit. Carla aurait voulu faire partie d'une communauté dont les membres partageraient le même amour, le même engagement et les mêmes liens profonds que dans le film.

Carla est comme tous les clients avec qui j'ai travaillé. Tous et toutes souhaitent ardemment nouer ce genre de lien, qui réchauffe l'âme et procure un sentiment d'appartenance à une communauté. Dans l'intimité de nos séances, ils expriment le désir de se sentir vus et entendus par les autres et de savoir qu'ils comptent et qu'ils ne sont pas seuls. C'est l'une des raisons pour lesquelles la profession de *coach* est devenue si populaire. En effet, un *coach* personnel répond partiellement à ce besoin de tisser des liens et de faire partie d'une communauté.

J'ai dit à Carla que, conformément à son objectif de prendre le plus grand soin d'elle-même, elle pourrait créer sa propre «famille d'élection». En choisissant consciemment les personnes avec qui elle aimerait établir un rapport plus intime et en consacrant temps et énergie à ces relations, elle pourrait nouer le type de liens auxquels elle aspirait.

Carla était d'accord, et nous avons dressé un plan d'action. Elle allait téléphoner à trois amies dont elle appréciait la compagnie pour leur demander de participer à un «club de dîners» mensuel. Chaque mois, une personne recevrait les autres chez elle pour un repas-partage, auquel chaque invitée contribuerait en apportant un plat. À l'occasion de ces repas mensuels, Carla choisirait une façon créative et amusante d'approfondir sa relation avec ses amies et de rendre la soirée spéciale.

Pour le premier repas, Carla a apporté un jeu de société conçu spécialement pour aider les joueurs à mieux se connaître. Enthousiasmées par cette proposition, ses amies se sont bien amusées. Pour le dîner suivant, Carla a dactylographié sur une feuille de papier plusieurs questions tirées de la série de livres *IF*. Elle a ensuite découpé chacune d'entre elles, plié les bouts de papier ainsi obtenus et mis le tout dans un pot. Après le dîner, les convives ont tour à tour pigé un bout de papier dans le pot, puis répondu à la question qui y était inscrite.

Ces jeux tout simples ont évité que la conversation demeure en surface en permettant aux amies d'aborder des sujets plus profonds et plus personnels, ce qui leur a permis de se rapprocher. La décision qu'avait prise Carla d'agir de façon proactive afin de se créer une communauté qui lui emplirait l'âme a porté ses fruits. Depuis lors, les quatre femmes attendent toujours avec impatience ces dîners mensuels, qu'elles considèrent comme «sacrés». Elles en ratent rarement un durant l'année.

Les gens ont de plus en plus besoin de faire partie d'une collectivité. Ce besoin découle de plusieurs facteurs. À l'ère de l'information, où nous pouvons dorénavant communiquer par courrier électronique et par Internet, il est d'autant plus facile d'être coupés physiquement les uns des autres. Le milieu de travail, qui jadis procurait à des millions de personnes un sentiment d'appartenance, est également en mutation. En raison des mises à pied et des restructurations continuelles qui ont lieu dans les entreprises, les employés sont portés à aller chercher leur sécurité d'emploi ailleurs. Le travail autonome ou contractuel ainsi que la nouvelle «nation d'agents libres» – pour reprendre le titre d'un dossier paru dans le numéro de janvier 1998 de la revue *Fast Company* – transforment les maisons en bureaux, rendant de plus en plus floues les frontières entre travail et vie familiale. L'augmentation du nombre de personnes exerçant leurs activités professionnelles à la maison (plus de cinquante millions de personnes, à temps plein et à temps partiel), signifie que non seulement plus d'Américains travaillent dans l'isolement, mais que les heures de travail sont beaucoup plus longues. Au bout du compte, nous sommes toujours trop occupés pour voir des gens.

En novembre 1997, l'émission télévisée *Dateline* a effectué un sondage auprès de 500 personnes. On a demandé aux répondants ce qu'ils feraient s'ils disposaient d'une heure de plus par jour. Plus de 75 % des gens ont répondu qu'ils passeraient plus de temps avec les êtres qui leurs sont chers. La vie est trop courte. Les relations que nous entretenons les uns avec les autres enrichissent nos vies. Lorsque vous arriverez à la fin de votre vie, quel sera votre souvenir le plus cher? Vous importera-t-il de faire savoir aux autres combien d'argent vous avez gagné? De leur dire à quel point vous avez eu du succès dans votre carrière ou quel niveau d'éducation vous avez atteint? Bien sûr que non. Vous voudrez qu'ils sachent combien vous les aimez et à quel point vous avez apprécié d'avoir pu faire partie de leur vie. Vous aurez besoin de vous sentir aimé et lié aux autres sans éprouver aucun regret.

Arrêtez-vous un instant pour rappeler à votre mémoire quelques-uns de vos souvenirs préférés. Remarquez si ces souvenirs concernent des gens que vous avez aimés. C'est probablement le cas. Ce sont les gens qui font partie de notre vie qui rendent les bons moments encore meilleurs et les mauvais moments plus faciles à traverser. Ils enrichissent nos expériences, partagent nos rêves et réunissent les fils disparates de nos histoires personnelles. Les gens et les relations que nous entretenons avec eux sont essentiels à une vie pleine.

Malheureusement, en raison de nos horaires chargés et de nos obligations quotidiennes, nous consacrons une grande partie de notre temps à des rapports superficiels. Nos vies occupées nous coupent les uns des autres (et même des gens avec qui nous vivons), et nous ratons maintes occasions de nouer des liens bienfaisants pour l'âme. J'entends par là des liens qui nous atteignent jusqu'au cœur et qui font naître en nous un sentiment de reconnaissance pour la présence de certaines personnes dans notre vie. Je suis certaine que vous avez déjà éprouvé ce sentiment, qui vous fait monter les larmes aux yeux ou esquisser un sourire en raccrochant le téléphone. C'est en raison de l'absence de ces liens que nous nous contentons de rapports insatisfaisants. En effet, ce que nous ne connaissons pas ne peut pas nous manquer. Or, lorsque nous goûtons à la chaleur et à la joie que procurent des liens profonds avec les autres, le désir d'appartenir à une communauté devient davantage une priorité. Nous prenons alors le temps qu'il faut pour y arriver.

La communauté fait de nous des êtres entiers. Elle nous guérit, nous incite à être authentiques et, par-dessus tout, nous apprend à aimer – nous-mêmes et les autres. Dans le meilleur des mondes, nous pouvons nous tourner vers les membres de notre communauté pour surmonter nos peurs et voir la vérité en face à propos de nous-mêmes, et pour obtenir la sécurité dont nous avons besoin pour grandir et évoluer. Tout le monde aspire à cela, sous une forme ou une autre.

Souvent, nous gardons ce désir secret, comme s'il était honteux de vouloir de l'amour et d'en avoir besoin.

Si vous aspirez à nouer des rapports de haute qualité et des liens plus profonds avec autrui, assumez pleinement ce désir. Une communauté qui procure amour et soutien est un ingrédient essentiel d'une vie de haute qualité. Bien des gens n'osent pas jouer un rôle actif dans la création d'une solide communauté. Ils croient que tout cela devrait se produire « naturellement », ou « comme avant ». Gardez à l'esprit qu'il n'en tient qu'à vous. Vous pouvez passer votre temps à bavarder agréablement avec d'innombrables interlocuteurs, ou avoir des conversations significatives, des amis dignes de confiance et des relations enrichissantes. L'effort en vaut la peine.

J'aimerais vous aider à bâtir une communauté qui vous emplira l'âme. Mais avant de commencer, examinons ce qui constitue une relation de haute qualité. Automatiquement, lorsque vous prenez le temps de choisir votre vie et que vous commencez à éprouver le bonheur que vous procure une existence saine, vous vous préoccupez davantage de la qualité que de la quantité de vos relations. Comme vous vous sentez mieux dans votre peau, vous devenez moins porté à tolérer des relations qui vous vident de votre énergie ou qui vous dépriment. Vous recherchez plutôt des rapports qui vous procurent du soutien, qui vous stimulent et vous inspirent, et vous incitent à donner le meilleur de vous-même.

À mesure que vous progresserez dans le programme expliqué dans le présent livre et que vous commencerez à faire des changements dans votre vie, vous accèderez tout naturellement à une autre catégorie de personnes : celles qui s'engagent à faire tout ce qu'il faut pour créer la vie qu'elles aiment. Ce changement pourra s'avérer troublant pour certains membres de votre entourage, qui auront l'impression d'être abandonnés dans la mêlée ou d'être exclus. Mais il est extrêmement important de vous entourer d'une communauté bienveillante qui vous soutiendra et vous encouragera à mesure que vous effectuerez les changements qui amélioreront votre vie.

Il est parfois très douloureux de prendre conscience qu'une relation ne nous convient plus car nous avons changé. C'est ce que mon client Jack a pu constater concrètement. Jack possède une entreprise d'aménagement paysager qui a le vent dans les voiles. Il adore travailler à l'extérieur pendant tout l'été, puis partir pendant les mois d'hiver. C'est dans le cadre du plan visant l'amélioration de sa qualité de vie qu'il a créé cette entreprise, grâce à laquelle il peut voyager pendant six mois, ce qu'il aime par-dessus tout.

À mesure que son entreprise se développait, il avait remarqué que certains de ses amis le taquinaient parce qu'il prenait des vacances pendant tout l'hiver. À la blague, ils le traitaient de « paresseux » et l'accusaient de « se la couler douce ». Jack ne trouvait pas ça drôle. Il avait l'impression qu'on le dénigrait et qu'on se moquait de lui, et lorsqu'il essayait d'exprimer sa déception et sa frustration, ses amis réagissaient en le taquinant davantage. Jack a alors commencé à se sentir mal à l'aise en leur compagnie. Il ne comprenait pas pourquoi ils ne se réjouissaient pas de sa réussite.

Voilà une autre raison pour laquelle la profession de *coach* a grandi en popularité si rapidement. En effet, même si les membres de votre famille et vos amis vous aiment, il peut leur arriver de voir dans les changements que vous effectuez dans votre vie une menace à votre rapport avec eux. Ils expriment parfois cette crainte en passant des remarques sarcastiques, en vous taquinant ou en étant froids avec vous, voire tout simplement impolis. Soyez prêt !

Qu'est-ce qui rend une relation formidable ? Comment déterminer s'il vaut la peine de consacrer plus de temps et d'énergie à une relation ? Pour répondre à ces questions, examinons les relations qui vous vident de votre énergie et celles qui vous alimentent.

Les relations qui vous vident de votre énergie
Certaines relations vous vident systématiquement de votre énergie, de façon tantôt patente, tantôt subtile. Plusieurs types de personnes vous épuiseront ou vous détourneront de votre engagement à prendre

le plus grand soin de vous-même. Voici quelques-uns de ces types de personnes :

CELLE QUI VOUS BLÂME. Il s'agit d'une personne qui ne cesse de vous blâmer ou de blâmer tout le monde pour ses problèmes. Le monde entier ainsi que tous ses habitants semblent faire des ravages continuels dans la vie de cette personne, qui préfère blâmer les autres plutôt que de prendre ses responsabilités.

CELLE QUI SE PLAINT. Ce type de personne adore le son de sa propre voix. Elle se plaint continuellement de ce qui ne va pas dans sa vie, mais ne fait jamais rien pour changer quoi que ce soit. De surcroît, le fait de se plaindre et de rejeter ses frustrations sur vous lui donne de l'énergie.

CELLE QUI VOUS SIPHONNE. Cette personne, qui a toujours besoin de quelque chose, vous téléphone pour vous demander un conseil, un renseignement, du soutien ou une aide quelconque pour soulager ses tourments. Comme elle est en état de besoin, la conversation tourne souvent autour d'elle ; pendant qu'elle vous parle, vous pouvez pratiquement la sentir vampiriser votre énergie vitale.

CELLE QUI VOUS DÉNIGRE. Voilà un type de personne qui risque de nuire à votre santé. Il peut lui arriver de vous couper la parole, de vous rabaisser, de vous réprimander ou de se moquer de vous et de vos idées devant les autres. Souvent, elle ne respecte pas vos limites et il lui arrive même d'essayer de vous convaincre qu'elle vous critique pour votre bien. Cette personne vous amène à douter de votre propre raison avant de douter de la sienne.

CELLE QUI VOUS IGNORE. Cette personne ignore ou remet en question tout ce que vous dites. Elle éprouve souvent un intense besoin d'avoir raison et trouve à redire à toutes les opinions. Comme toute conversation avec cette personne peut s'avérer exténuante, vous finissez par abandonner et par vous contenter d'écouter.

CELLE QUI FAIT DES COMMÉRAGES. Commère invétérée, cette personne évite les rapports intimes en cassant du sucre sur le dos des autres. Elle fait le plein d'énergie en racontant des potins, en faisant état des opinions émises par tout un chacun et en annonçant le dernier

« scoop ». En potinant sur les autres, elle crée un climat d'insécurité dans ses propres relations, sciemment ou non. Après tout, si elle médit ainsi des autres, rien de l'empêche de faire de même pour vous. (Mon collègue Stephen Cluney emploie une technique formidable pour remédier à l'atmosphère malsaine causée par les commérages à son travail. Il demande à ses employés de placer sur leur bureau l'indication suivante : commérages interdits. Ce moyen coupe net l'envie de commérer avant même d'y avoir songé.)

———————

À mesure que vous intégrerez le plus grand soin de vous-même dans votre mode vie, vous serez de moins en moins capable de tolérer ce type de relations. Vous rechercherez plutôt la compagnie de personnes qui enrichissent votre qualité de vie – et qui vous alimentent en énergie. Voyons maintenant quelles sont ces personnes.

Les relations qui vous alimentent

LA PERSONNE PROACTIVE. Cette personne a entrepris un cheminement de croissance personnelle et agit de façon proactive afin d'apporter à sa vie des changements favorables.

LA PERSONNE QUI SAIT APPRÉCIER. Cette personne apprécie la relation qu'elle a avec vous et y accorde une grande valeur, de même qu'à vos dons, vos talents et vos forces.

LA PERSONNE COMMUNICATIVE. Cette personne tient à communiquer de façon respectueuse et sans être sur la défensive, dans le but d'installer un rapport plus étroit et non de créer de la distance entre elle et vous.

LA PERSONNE ATTENTIVE. Cette personne est attentive à ce que vous dites, sans porter de jugements, et se préoccupe de ce dont vous avez besoin pour vous sentir en sécurité.

LA PERSONNE HONNÊTE. Cette personne s'engage à faire preuve d'intégrité et à dire la vérité.

LA PERSONNE RESPONSABLE. Cette personne assume l'entière responsabilité du rôle qu'elle joue dans la relation ; elle est toujours prête à considérer les côtés qu'elle aurait besoin d'améliorer et à agir en conséquence.

Passez à l'action! Évaluez la qualité de vos relations

Comme les liens qui ressourcent l'âme exigent un investissement de temps et d'énergie, vous aurez avantage à choisir sagement les personnes que vous fréquenterez. Afin de déterminer si une relation vous draine ou vous alimente, fiez-vous au lien que vous entretenez avec votre sagesse intérieure. En effet, vous pouvez toujours faire confiance à votre guide intérieur quand il s'agit de vous orienter dans la bonne direction. Pour faire un essai, choisissez quelqu'un de votre entourage, et pendant que vous pensez à cette personne, posez-vous les questions suivantes :

> *Suis-je en capable d'être moi-même avec cette personne? Est-ce que je me sens acceptée par elle?*
> *Cette personne me critique-t-elle ou me juge-t-elle?*
> *La relation que j'entretiens avec cette personne comporte-t-elle un échange équitable d'énergie de part et d'autre?*
> *Lorsque je suis en compagnie de cette personne, est-ce que je me sens stimulé et rempli d'énergie ou vidé et exténué?*
> *Cette personne partage-t-elle mes valeurs? Mon degré d'intégrité?*
> *Cette personne tient-elle à notre relation?*
> *Cette personne se réjouit-elle de mes succès?*
> *Est-ce que je me sens bien dans ma peau lorsque je suis en présence de cette personne?*

Dans le meilleur des mondes, nous nouerions des relations de haute qualité avec des personnes qui nous aiment, qui nous incitent à donner le meilleur de nous-mêmes et qui sont prêtes à faire tout ce qu'il faut pour améliorer la relation qu'elles ont avec nous. Une fois que vous avez fait l'expérience de ce type de lien qui ressource l'âme, vous déciderez probablement de consacrer votre temps et votre énergie à des relations moins nombreuses mais plus profondes au lieu de maintenir une foule de rapports superficiels. Choisissez votre entourage avec soin. Lorsque vous vous engagerez à établir avec autrui des liens bienfaisants pour l'âme, vous vous rendrez rapidement compte que la richesse du rapport réside dans la profondeur du lien. Votre sagesse intérieure est votre meilleur baromètre pour déterminer si une relation vous convient.

Avant de créer une communauté qui vous ressource l'âme, j'aimerais que vous fassiez l'inventaire des personnes qui partagent déjà votre vie. Vous pourrez ainsi mieux déterminer quelles sont celles avec qui vous aimeriez avoir un lien plus profond et celles que vous aimeriez ajouter à votre entourage.

LES MEMBRES DE VOTRE COMMUNAUTÉ

Tout autour de vous, une collectivité de gens vit et respire. Après avoir considéré les membres de votre entourage – tels que votre famille, vos amis, vos voisins, vos confrères et consœurs ainsi que vos collègues de travail –, portez votre attention sur d'autres personnes se trouvant dans un cercle plus large. Les gens qui font partie de votre communauté locale, que vous voyez régulièrement, constituent eux aussi une partie importante de votre vie. La personne qui vous sert le café au restaurant du coin et celle qui vous livre le courrier font partie de votre communauté. Le caissier de votre épicerie et la boulangère de votre quartier jouent tous un rôle dans votre vie. Votre massothérapeute, votre coiffeur, votre médecin et votre dentiste forment tous un type particulier de communauté, une communauté de « services » qui non seulement répond à vos besoins personnels, mais ajoutent à votre sentiment de familiarité et d'appartenance d'une façon aisément tenue pour acquise.

Lorsque mon client Paul et son épouse ont quitté la Californie pour s'établir en Floride afin d'être plus près des parents vieillissants de Paul, celui-ci a eu beaucoup de difficulté à s'ajuster à sa nouvelle ville. Toutes les choses qu'il tenait pour acquises à la maison – connaître l'emplacement de la meilleure épicerie et du meilleur nettoyeur à sec, avoir une gardienne d'enfants fiable et disponible ou un plombier digne de confiance – étaient soudainement devenues des défis de taille qui lui faisaient la vie dure. Les tâches les plus simples, comme se rendre au bureau de poste, lui rappelaient qu'il était un étranger dans cette ville inconnue. Paul s'est alors rendu compte à quel point il avait tenu pour acquis les visages familiers et souriants des gens de la communauté de sa ville.

Ma cliente Vanessa a vécu une expérience similaire. Chaque matin en se rendant au travail, elle avait l'habitude de s'arrêter à la boulangerie de son quartier pour acheter son bagel et son thé quotidiens. Or, trois matins de suite, elle avait remarqué que Lindy, la femme qui la servait habituellement, était absente. Le troisième jour, en demandant des nouvelles de Lindy, Vanessa a appris avec regret que la préposée s'était trouvé un autre emploi. En quittant la boulangerie ce matin-là, Vanessa éprouvait une certaine tristesse. Avant ce jour, elle ne s'était pas rendu compte à quel point elle appréciait le sourire et la personnalité enjouée de Lindy.

Pour donner le coup d'envoi à la création de votre communauté, commencez par faire l'inventaire des gens qui font déjà partie de votre vie. J'ai indiqué plus bas plusieurs catégories pour stimuler votre réflexion. N'hésitez pas à modifier ces catégories selon vos besoins. Dressez la liste des personnes qui font partie de chaque catégorie.

Passez à l'action ! Faites l'inventaire des membres de votre communauté

Ma famille naturelle ou ma famille d'élection comprend les personnes suivantes :

_____   _____

_____   _____

_____   _____

_____   _____

Les enfants avec qui j'adore passer du temps sont :

_____   _____

_____   _____

_____   _____

_____   _____

Les amis proches à qui je peux ouvrir mon cœur et mon âme sont :

_____   _____

_____   _____

_____   _____

_____   _____

Ma communauté spirituelle se compose des personnes suivantes :

_____   _____

_____   _____

_____   _____

_____   _____

Ma communauté professionnelle se compose des personnes suivantes :

_____   _____

_____   _____

_____   _____

_____   _____

Mes connaissances sont les personnes suivantes :

_____   _____

_____   _____

_____   _____

_____   _____

Qu'en est-il de votre famille élargie ? Aimeriez-vous passer plus de temps avec certains membres de votre famille élargie ? Dans le cadre du processus de création de liens plus profonds avec votre communauté, vous pourriez chercher à connaître vos racines avant qu'il ne soit trop tard. Cette partie de votre famille peut vous fournir des renseignements riches et utiles sur votre histoire familiale. Le temps que vous passerez à vous rappeler et à rassembler des souvenirs de famille constitue un aspect essentiel de l'établissement de liens bienfaisants pour l'âme. Quelles sont les personnes que vous aimeriez apprendre à mieux connaître ?

Ma famille élargie comprend (tantes, oncles, cousins, grands-parents, etc.) :

_____   _____

_____   _____

_____   _____

_____   _____

Les autres membres de ma communauté sont notamment :

_____   _____

_____   _____

_____   _____

_____   _____

En relisant les noms des personnes qui forment votre communauté, posez-vous les questions suivantes :

Est-ce que ma communauté est riche dans un domaine mais pas dans un autre ?

Y a-t-il des gens dans ma communauté avec qui j'aimerais bâtir un lien plus profond ?

Qui manque à cette liste ?
Est-ce que j'aimerais approfondir certaines relations ?
Y a-t-il une personne que j'aimerais ramener dans ma vie ?
Y a-t-il une personne que je devrais retirer de ma liste ?

QU'EST-CE QUI VOUS ARRÊTE ?

Maintenant que vous êtes prêt à ajouter des gens à votre communauté, penchons-nous pendant un moment sur les obstacles que vous pourriez rencontrer. Au fil des ans, j'ai écouté des personnes qui ne bénéficiaient pas de relations de qualité auxquelles elles aspiraient ; elles me racontaient leurs histoires de solitude et de frustration. J'ai également entendu les excuses qui font que ces personnes restent embourbées. Plusieurs raisons peuvent expliquer les difficultés qu'ont les gens à établir de nouvelles relations. Voici certaines des plus courantes :

Je suis trop timide.
Je ne sais pas trop où rencontrer de nouvelles personnes.
Je ne sais pas comment rencontrer de nouvelles personnes.
J'ai honte d'admettre que j'ai besoin de nouveaux amis.
Je suis trop occupé.
Cela prendra trop de temps pour accumuler l'histoire commune nécessaire à toute bonne relation.
Je suis trop vieux.

Bonnie, une de mes clientes, souhaitait avoir dans sa vie plus d'amies. Ensemble, nous avons passé un mois à établir un plan d'action pour transformer ce désir en réalité. Mais chaque semaine, lors de notre séance de *coaching*, Bonnie avouait qu'elle n'avait pas beaucoup progressé et qu'elle était incapable de mettre le plan à exécution. Lorsque je lui ai demandé ce qui l'empêchait de prendre les mesures nécessaires pour se faire de nouvelles amies, voici ce qu'elle m'a expliqué : « À quarante-huit ans, je ne devrais pas avoir besoin de nouvelles amitiés. La plupart des gens ont déjà des amitiés bien établies, et je me sens un peu bête d'avouer aux autres que j'ai besoin de rencontrer de nouvelles personnes. J'ai peur que les gens se demandent ce qui cloche chez moi. » Puis, elle a ajouté : « Je me sens trop vulnérable pour faire ce genre de démarche. Et si personne ne répondait à mon appel ? Je déteste être déçue, et je n'ai certainement pas envie de risquer le rejet. »

C'est cette dernière raison qui est habituellement la source du problème. Aller vers les autres *est* en effet une démarche risquée. Vous pourriez fort bien être rejeté ou déçu. La personne qui avoue vouloir établir de nouvelles relations se place dans une position extrêmement vulnérable, quel que soit son âge. Mais comme la plupart d'entre nous aspirons à nouer des liens avec autrui, je peux vous assurer que vous avez toutes les chances de votre côté. Prenez un risque et faites un essai. Après tout, qu'avez-vous à perdre – pouvez-vous imaginer votre vie sans liens bienfaisants pour l'âme ?

BÂTIR VOTRE COMMUNAUTÉ

La création d'une communauté enrichissante pour l'âme est un processus délibéré qui s'effectue étape par étape et qui vise à accueillir certaines personnes dans votre vie. Premièrement, vous devez décider du type de personne que vous aimeriez rencontrer (ami, conjoint, collègue), pour ensuite faire les démarches nécessaires pour y arriver. Je sais que cela peut vous sembler un peu trop calculé, mais il est indéniable que pour inclure de nouvelles personnes à votre communauté, vous devez vous engager pleinement et être prêt à passer à l'action.

Lorsque je propose cette marche à suivre à mes clients, ils se sentent habituellement un peu gênés au départ. Même si la stratégie qu'il faut employer pour rencontrer de nouvelles personnes ressemble à n'importe quelle façon de faire visant à créer quelque chose de nouveau, cette démarche semble toujours un peu plus délicate et contraignante quand il s'agit de personnes. Lorsque je m'adresse à des grands auditoires sur la façon de nouer des relations, je demande aux personnes qui ont envie de rencontrer des gens de lever la main. Habituellement, au moins 95 % de l'auditoire lève la main. Vous n'êtes pas seul, et le risque en vaut l'effort. Souvenez-vous que la plupart des gens sont ouverts, prêts et très intéressés à se faire de nouveaux amis. Et il est fort probable qu'ils se sentent aussi inconfortables que vous.

L'établissement d'une relation est un processus qui se fait étape par étape et qui exige d'avoir confiance que les personnes sollicitées répondront à notre appel. Si vous suivez la démarche en trois étapes décrite plus bas, il est certain que vous rencontrerez des gens qui vous ressemblent et qui ont hâte de faire votre connaissance.

1. Décidez qui vous aimeriez rencontrer.
2. Tracez le profil de votre candidat idéal.
3. Faites connaître vos besoins.

Passez à l'action ! Décidez qui vous aimeriez rencontrer

Relisez la liste que vous avez dressée antérieurement et cherchez ce qui manque. Déterminez quel type de relation vous souhaiteriez ajouter à votre vie. La présence d'un ami proche vous manque-t-elle ? Aimeriez-vous rencontrer un nouveau collègue, ou trouver l'âme sœur ? Concentrez-vous sur le type de relation que vous aimeriez ajouter. N'oubliez pas qu'il s'agit là d'un plan délibéré pour incorporer une nouvelle personne à votre vie. La précision et la ténacité sont des éléments clés pour réussir à se bâtir une communauté enrichissante. Inscrivez ici le type de relation que vous recherchez :

Passez à l'action ! Tracez le profil de votre candidat idéal

Je sais que cela pourra avoir l'air d'une stratégie de marketing, mais plus vous serez précis sur le type de personne que vous aimeriez rencontrer, meilleures seront vos chances d'attirer cette personne. Bâtir une relation prend du temps. Si vous avez déjà été à un rendez-vous avec un inconnu, vous savez qu'on peut perdre beaucoup de temps et d'énergie à faire connaissance avec de nouvelles personnes qui ne partagent pas les mêmes valeurs et les mêmes intérêts. Au lieu de pédaler dans le vide, pourquoi ne pas mieux cibler ?

Dans votre journal, dressez la liste de toutes les qualités que vous aimeriez trouver dans cette nouvelle personne. Par exemple, si vous cherchez à rencontrer un nouvel ami, précisez les intérêts personnels, les loisirs, les croyances spirituelles ou les préoccupations intellectuelles que vous aimeriez partager avec cette personne. Plus vous serez précis, meilleurs seront vos résultats. Si vous souhaitez rencontrer l'âme sœur, indiquez également ses caractéristiques physiques. Tracez le profil de la personne idéale. Plus vous serez précis et clair sur la personne que vous aimeriez attirer dans votre vie, meilleures seront vos chances de trouver quelqu'un avec qui vous vous entendrez à merveille.

Incluez autant de détails et de caractéristiques que possible. Votre profil pourra comprendre les points suivants :

Les qualités physiques
Les dispositions émotionnelles
Les croyances spirituelles
Les intérêts intellectuels
Les loisirs et les intérêts personnels
Les intérêts sur le plan de la carrière et des finances

Au cours des sept jours qui viennent, relisez votre liste quotidiennement et ajoutez-y tout ce qui vous vient à l'esprit. Prenez votre temps. À la fin de la semaine, vous devriez avoir un bon profil de la personne idéale.

Ensuite, demandez à quelqu'un que vous respectez et que vous connaissez bien de lire la liste et de suggérer d'éventuelles qualités manquantes. Cela vous aidera à compléter votre profil.

Lorsque vous aurez fini d'établir votre profil à la fin de la semaine, arrêtez-vous et posez-vous une importante question : est-ce que je corresponds à ce profil ? Y a-t-il des qualités figurant dans votre liste que vous devrez approfondir pour pouvoir prendre part à cette relation ? Nous sommes attirés par des personnes qui nous ressemblent. Trop souvent, nous recherchons (consciemment ou inconsciemment) des personnes qui possèdent les qualités qui nous font défaut. Ainsi, nous cherchons une personne qui aime son emploi parce que nous détestons le nôtre ; nous insistons pour avoir dans notre vie une personne capable de s'engager, car nous avons de la difficulté à y arriver. Relisez votre liste et prenez note des domaines auxquels vous devrez porter attention. Puis mettez-vous au travail afin de vous améliorer dans ces domaines. Plus vous êtes en santé et heureux, plus votre nouvel ami ou partenaire le sera.

Examinons un exemple de profil de la personne idéale. Il s'agit de celui de ma cliente Noreen, peintre connue dans la mi-cinquantaine. Lorsque Noreen a fait l'inventaire de sa communauté, elle s'est sentie satisfaite des rapports qu'elle entretenait avec ses amis et sa famille. Ce qui lui manquait, c'était l'âme sœur. Elle voulait rencontrer une personne avec qui partager sa vie. Je lui ai alors demandé de tracer le profil de cette personne en faisant la démarche en trois étapes. Voici comment se présentait sa liste :

L'idéal de Noreen en matière d'âme sœur

Caractéristiques physiques

L'homme idéal a entre 45 et 65 ans, mesure au moins 1 m 65 et a les cheveux et les yeux de couleur foncée. Il doit être en santé et en bonne forme physique. J'aimerais qu'il se sente bien dans sa peau, qu'il ait une présentation soignée et qu'il s'habille avec goût.

Caractéristiques émotionnelles

Mon âme sœur devra jouir d'un bon équilibre émotionnel et se montrer prêt à faire tout ce qui est nécessaire pour être à son meilleur. Il nourrira sa croissance personnelle en faisant des lectures, en participant à des ateliers ou en suivant un type ou un autre de thérapie. Il doit être émotionnellement disponible pour une relation et enthousiaste à l'idée de s'engager avec la personne qu'il aime. Il adore l'idée

d'être avec une femme intelligente, autonome et accomplie qui a
besoin de son espace et de sa vie privée. Il est lui aussi autonome et
aime faire certaines choses par lui-même. Cet homme n'a pas de réticences à l'idée de se marier un jour.

Caractéristiques spirituelles

Idéalement, mon âme sœur est de religion juive et activement pratiquant. Il est ouvert à partager sa foi avec une partenaire; il respecte
ma croissance spirituelle et s'y intéresse. Il se considère en démarche
spirituelle et désire faire ce cheminement avec l'âme sœur.

Intérêts personnels et loisirs

La personne idéale adore le grand air et aime pratiquer des activités
sous tous les climats. Il aime marcher de longues distances et aller à
la plage, et possède ses propres loisirs et intérêts, qu'il veut partager
avec moi. Il a beaucoup lu, est curieux à propos de la vie et s'intéresse
aux voyages.

Autres caractéristiques

Mon âme sœur est un professionnel qui jouit d'une bonne sécurité
financière et qui adore son travail. Il n'est pas dépensier, mais il est
généreux à bien des égards. Il exprime sa créativité en s'adonnant à
une activité qu'il adore.

––––––––––

Comme vous pouvez le constater, Noreen a décrit le partenaire «idéal».
Certains diront qu'elle recherche l'homme parfait. Je crois fermement
que si vous décidez de consacrer votre temps, votre énergie et, surtout,
votre volonté et votre cœur à la recherche d'une personne avec qui
vous voudriez partager votre vie, vous devez viser avec précision et le
plus haut possible.

Noreen a peu de chances de rencontrer un homme qui correspond exactement à ce profil, mais en prenant le temps de réfléchir
intelligemment aux qualités qu'elle aimerait trouver chez un partenaire, et en couchant le tout sur papier, elle se rend beaucoup plus
susceptible de nouer des relations de haute qualité. Souvenez-vous
que lorsque vous précisez vos intentions par écrit, vous sollicitez un

pouvoir divin qui vous rapproche de vos désirs. Pour examiner ce processus selon une perspective différente, examinons ma cliente Jill.

Jill voulait se faire de nouveaux amis. Mère célibataire d'une petite fille, elle était lasse de certains de ses amis, qui se plaignaient sans arrêt de leur vie sans faire quoi que ce soit pour améliorer leur situation. Maintenant qu'elle avait mis de l'ordre dans sa vie, Jill avait dû admettre que certains de ses amis non seulement la vidaient de son énergie, mais l'empêchaient de progresser. Leurs remarques sarcastiques et leurs allusions subtiles la faisaient douter d'elle-même, et elle ne pouvait plus tolérer cette situation. Jill voulait se faire de nouveaux amis, qui seraient bien dans leur peau et qui l'inspireraient dans son cheminement de croissance. Voici le profil qu'elle a tracé :

L'amie idéale de Jill

Mon amie idéale est une femme avec des enfants. Elle est satisfaite de sa vie, prête à s'ouvrir et à nouer une amitié proche. Cette personne est active physiquement, s'intéresse aux livres et au cinéma et aime les sorties en famille avec les enfants.

Notre relation serait basée sur l'honnêteté et sur un échange mutuel d'énergie de même que sur un désir de s'aider toutes deux à grandir. Elle est attentionnée et bienveillante, et nous pouvons parler de tout ensemble. Ce serait bien si elle s'intéressait à la santé alternative et à la cuisine gastronomique.

――――――――

Le profil tracé par Jill était moins précis dans certains domaines, mais soulignait les qualités importantes qu'elle recherchait chez une amie. Cet exercice a aidé Jill à se rendre compte qu'une personne qui se trouvait déjà dans son entourage avait le potentiel de devenir une amie plus proche.

Passez à l'action ! Faites connaître vos besoins

Une fois votre profil tracé, il est temps de le faire connaître aux autres ! Faites savoir à vos proches que vous souhaiteriez rencontrer cette nouvelle personne, et demandez-leur de vous présenter à des amis, des collègues ou des parents qui ressemblent à votre idéal. De plus, examinez les connaissances dont vous avez fait la liste antérieurement dans le cadre de l'inventaire de votre communauté. Y a-t-il des gens à la périphérie de votre vie qui correspondent à votre description et qui n'attendent qu'une invitation de votre part ? Il n'est pas rare, en songeant aux gens qui font partie de notre communauté, de trouver des connaissances qui feraient un merveilleux nouvel ami ou collègue. Souvent, les gens qui nous conviendraient le mieux se trouvent juste devant nous.

Projetez-vous dans le monde. Pensez aux personnes qui font déjà partie de votre vie et dont vous appréciez la compagnie. Comment les avez-vous rencontrés ? À une soirée, un atelier, en voyage ? Rédigez une annonce que vous afficherez à la bibliothèque, à l'épicerie d'aliments naturels ou au babillard de la chambre de commerce de votre quartier. Ce procédé peut vous sembler étrange, mais ça marche ! Plus vous êtes prêt à prendre des risques, plus l'Univers vous répondra rapidement.

Shelly voulait se faire de nouvelles amies. Elle et son mari avaient un jeune enfant et venaient de déménager dans une nouvelle ville. Désireuse de rencontrer d'autres mères dans la communauté, Shelly a rédigé une affiche qu'elle a ensuite placée un peu partout en ville. Son affiche se lisait comme suit :

Nouvelles amies recherchées

Mère d'une fillette de trois ans, nouvellement arrivée en ville, cherche à rencontrer d'autres mamans pour amitiés et garde d'enfants. J'ai 35 ans, je me préoccupe de ma santé, je suis active socialement et j'aime lire, cuisiner et jardiner. J'aimerais beaucoup rencontrer d'autres mères dans la communauté. Rencontrons-nous pour le café !

Shelly a affiché son annonce au babillard d'une épicerie et d'une école élémentaire de son quartier, en prenant soin d'y indiquer son nom et son numéro de téléphone. Cinq mères de famille lui ont par la suite téléphoné, dont deux sont devenues de bonnes amies. Shelly était d'avis que le fait d'être plongée dans un nouveau milieu de vie lui a donné une excuse «légitime» pour lancer son appel. Pourquoi ne partez-vous pas de cette idée, même si vous n'êtes pas vraiment dans cette situation? Que feriez-vous si vous arriviez dans une nouvelle communauté?

Recherchez des façons pour à la fois rencontrer de nouvelles personnes et faire une activité que vous aimez. Vous êtes plus susceptible de trouver une personne compatible en participant à des programmes et à des activités qui correspondent à vos valeurs et à vos intérêts. Si vous adorez faire de la voile, pourquoi ne pas vous joindre à un club de voile? Si vous aimez le vélo de montagne, pourquoi ne pas vous inscrire à une course d'amateurs? Assistez à un atelier ou un séminaire sur un sujet qui vous intéresse.

Si vous recherchez un ami de cœur, songez à faire paraître une petite annonce. Même si la lecture des réponses exige temps et énergie, plusieurs de mes clients et de mes amis ont réussi à faire de belles rencontres de cette façon. Vérifiez les journaux de votre région. À Boston, l'un des principaux journaux de la ville comporte non seulement des petites annonces à teneur romantique, mais également des annonces pour les gens qui cherchent à se faire des amis. Plusieurs de mes clients m'ont dit avoir rencontré des gens intéressants de cette façon. Voici quelques autres moyens de faire des rencontres :

- *Les groupes d'intérêts de votre région* – Ces groupes ont pour rôle de permettre à des gens ayant les mêmes intérêts de se rencontrer. Ils organisent des sorties de groupe au théâtre, au cinéma, au restaurant, au musée et autres. Vous vous adonnez simplement, avec d'autres, à une activité qui vous intéresse. Vous pouvez trouver des renseignements sur ces groupes dans votre bottin téléphonique régional, dans les listes de services communautaires des journaux, à la chambre de commerce de votre région ou à la dernière page de certaines revues locales.

- *Les centres de formation pour adultes* – Inscrivez-vous à un cours ou à un atelier à votre centre de formation pour adultes. Ces centres offrent une variété de programmes, de l'arrangement floral à la méditation en passant par la dégustation de vins, où vous aurez l'occasion de rencontrer des gens qui ont les mêmes goûts. Vérifiez également le programme du département d'éducation permanente de l'université de votre région.

- *Les groupes qui ont besoin de bénévoles* – Offrez votre temps, votre énergie ou votre expertise à un groupe à titre de bénévoles. Ce type d'engagement constitue un excellent moyen de vous intégrer à votre communauté et de rencontrer des gens extraordinaires. Recherchez des groupes dont les réalisations vous tiennent à cœur et consacrez-leur du temps dans un domaine qui vous permet de rencontrer des gens. Évitez de prendre une tâche qui exige de travailler seul dans un bureau. Votre objectif est de créer des liens tout en faisant don de votre temps et de votre énergie.

- *Les magazines* – Ouvrez votre magazine préféré à la section des ressources, qu'on trouve habituellement aux dernières pages. Vérifiez les listes de groupes ou d'activités auxquels vous pourriez participer. Vous pourriez être surpris de constater le nombre d'activités et de groupes conçus spécialement pour vous aider à rencontrer des gens.

- *Les clubs* – Les clubs permettent de satisfaire divers intérêts particuliers. Essayez un club de randonnée pédestre, de cyclisme, de voile, de ski ou d'échecs. Vérifiez si certains clubs acceptent de vous laisser faire un essai avant de vous y joindre. Il est bon d'avoir la possibilité de se faire une idée d'un groupe avant d'en devenir membre. L'un de mes préférés, que je recommande souvent, est les Toastmasters, un club d'art oratoire international qui permet aux personnes désireuses d'apprendre à s'exprimer en public de le faire dans un environnement sécuritaire. Ce club, qui a des sections partout au monde, constitue une excellente façon de rencontrer des gens tout en acquérant des compétences utiles qui feront des merveilles pour votre confiance en vous-même.

- *Une partie* — Invitez plusieurs amis à une soirée en leur demandant d'amener une personne nouvelle. Choisissez un thème — une fête à la plage au beau milieu de l'hiver, un bal costumé sur Hollywood à l'occasion de l'Halloween ou un pique-nique aux fruits de mer à la mode de la Nouvelle-Angleterre. Il est parfois plus facile de rencontrer de nouvelles personnes dans un groupe, en particulier si vous êtes d'un naturel timide.

Le processus de construction d'une communauté enrichissante pour l'âme peut être vu comme une aventure. Considérez-le comme une chasse au trésor, une recherche magique d'âmes qui vous ressemblent. De cette façon, chaque rencontre aura le potentiel de vous surprendre et de donner lieu à une relation qui ne demande qu'à s'épanouir. Faites preuve d'audace, prenez des risques. Le résultat en vaudra largement l'effort.

MAÎTRISER L'ART DE CRÉER DES LIENS

À mesure que votre communauté croîtra, vous aurez la possibilité de créer consciemment des liens plus profonds avec autrui. Que ce soit avec quelqu'un de nouveau ou avec une personne que vous connaissez déjà, il existe des moyens pour établir un rapport intime afin de communiquer de façon plus profonde et de créer des relations enrichissantes.

Pour maîtriser l'art de créer des liens, vous devez être prêt à approfondir votre rapport avec les autres, bref à être intime. Le dictionnaire Robert définit l'intimité comme suit : « Liaison, relations étroites et familières ; caractère intime, intérieur et profond ; ce qui est intérieur et secret. » La maîtrise de l'art de créer des liens exige de pouvoir se mettre en position de vulnérabilité et de dire la vérité sur nous-mêmes afin de partager notre univers intérieur avec autrui. Même si la plupart d'entre nous n'avons pas vraiment appris comment être intimes, nous connaissons tous et toutes la capacité innée des êtres humains à créer des liens de ce type.

Face à un désastre comme un tremblement de terre ou une inondation, les habitants des villes et des villages conjuguent immédiatement leurs forces pour se venir en aide les uns les autres. Des gens qui, avant la catastrophe, ne s'étaient jamais rencontrés, n'hésitent pas à risquer leur vie pour aider leurs voisins en détresse. Cela s'explique, selon moi, par le fait que notre instinct humain fondamental nous pousse à nous aimer et à nous aider mutuellement. Dans les temps difficiles, nous tendons la main instinctivement pour offrir réconfort et soutien.

La façon dont les gens se sont rassemblés pour pleurer le décès de la princesse Diana est un bon exemple de communion spirituelle. Je me souviens avoir vu à la télévision nombre d'images de personnes qui s'étreignaient et qui pleuraient à l'unisson. C'est comme si le monde entier s'était rapproché pour partager un langage commun qui a fait tomber les barrières de la timidité.

Ce type d'événement nous donne en quelque sorte la permission de sortir de notre zone de confort, quitte à risquer rejet et embarras. Trop souvent, nous attendons qu'il soit trop tard pour faire savoir nos sentiments aux autres. N'attendez pas une catastrophe, des funérailles ou quelque autre événement malheureux pour tendre la main. En maîtrisant l'art de créer des liens, vous aurez l'occasion de créer ce que j'appelle des « souvenirs intentionnels ».

Walter, un spécialiste en informatique issu d'une grande famille, était vraiment résolu à bâtir autour de lui une communauté qui lui ressourcerait l'âme. Comme il désirait faire quelque chose pour rapprocher les membres de sa famille, il a décidé de sortir de sa zone de confort et de prendre un risque. À l'été de 1997, il s'est rendu à une réunion de famille à l'occasion du week-end de la fête du Travail. Parents, frères, sœurs, nièces et neveux, 22 personnes en tout, étaient tous descendus au même hôtel. Lors de leur dernière soirée ensemble, à la grande surprise de l'assemblée, Walter a annoncé aux membres de sa famille qu'il avait créé un jeu à leur intention. Une fois les enfants au lit, ils se sont assis en cercle, attendant nerveusement ses instructions.

Walter, qui jouait le rôle de l'animateur, avait créé un jeu-questionnaire. Selon les règles ce jeu, on posait des questions anecdotiques aux concurrents, qui se voyaient allouer des points pour chaque bonne réponse. Comme ces questions touchaient l'histoire familiale, pour y répondre, chaque personne devait se rappeler un souvenir précis. Pendant qu'il expliquait les règles, Walter avait remarqué que certains des membres de sa famille s'étaient mis à remuer nerveusement. Quelques personnes ont alors fait des commentaires sur la stupidité du jeu. Une autre s'est mise à faire des blagues. Étant donné que Walter et moi avions prévu ce genre de réaction, il savait ce qu'elles cachaient : certaines personnes étaient troublées à l'idée de « trop se rapprocher » des autres.

Dès que le jeu a commencé, les participants se sont mis à rire, à hurler et à avoir beaucoup de plaisir. À la fin de la soirée, plusieurs personnes ont remercié Walter d'avoir mis tant de temps et d'énergie à la préparation de cette soirée qu'ils n'oublieraient jamais.

Walter avait consciemment pris un risque. En consacrant temps et énergie à la création du jeu, il avait risqué le ridicule et la déception. Mais le risque en a valu l'effort. Sans s'en rendre compte, Walter avait créé un « souvenir intentionnel », un événement planifié qui a permis à sa famille de communiquer plus profondément et de vivre une communion de l'âme. Ce souvenir allait demeurer en chacun d'entre eux pendant toute leur vie.

Que pouvez-vous faire pour créer consciemment un lien plus profond avec les personnes qui sont dans votre vie ? Pour répondre à cette question, reculez dans le temps jusqu'à une époque où vous entreteniez vous-même ce genre de lien. À l'aide de votre journal, prenez le temps de vous rappeler les moments où vous partagiez un lien profond avec une personne qui faisait partie de votre vie.

Ma cliente Rochelle s'est rappelée le jour où un ami l'avait surprise en lui rendant visite à l'hôpital pour lui tenir compagnie pendant qu'elle attendait les résultats d'un test. Même si cet événement s'était produit plus de cinq ans auparavant, elle avait instantanément pu rappeler à sa mémoire ce geste bienveillant.

Jimmy, un client qui était propriétaire d'une entreprise de livraison, s'est souvenu d'une jeune fille qui l'avait aidé à retrouver son chien après que celui-ci se fut échappé de son camion de livraison au beau milieu de l'après-midi. Même si Jimmy était un homme robuste et bourru, la générosité de la jeune fille l'avait profondément touché.

Parfois, un lien profond se noue simplement en prenant le temps de dire à une personne qu'on tient à elle. Cela peut se produire dans le cadre d'une conversation avec nos meilleurs amis, dans une réunion avec un collègue ou pendant un bref moment à l'occasion d'un échange de propos avec un inconnu. Lorsque vous élevez votre niveau de conscience et que vous prenez le temps de nouer des liens avec autrui, chaque rencontre devient un engagement spirituel.

Regardons maintenant certaines des façons pratiques de créer des liens plus profonds avec autrui. En lisant les exemples qui suivent, choisissez-en un et passez à l'action sans tarder !

Passez à l'action ! Reconnaissez et appréciez les autres

Combien de fois vous est-il arrivé que quelqu'un vous téléphone à l'improviste pour vous dire qu'il apprécie votre présence dans sa vie ? Ou à quand remonte la dernière fois qu'une personne a fait état d'une caractéristique, d'un don ou d'un talent particulier qu'elle admirait chez vous ? Quand avez-vous fait un geste semblable pour quelqu'un d'autre ? Si vous êtes comme la plupart des gens, vous avez probablement de la difficulté à vous rappeler la dernière fois qu'une telle chose s'est produite. Or, prendre le temps d'apprécier ou de reconnaître la valeur d'une personne est une excellente façon d'approfondir un lien. Par exemple, ma cliente Teresa m'a raconté avoir été agréablement surprise par la gentillesse d'un collègue, qui lui avait fait parvenir un bouquet de fleurs simplement pour lui dire à quel point il avait apprécié son soutien dans la réalisation d'un projet récent. Glen, professeur d'université, a été estomaqué lorsqu'un collègue a distribué une note de service faisant état de sa «brillante» contribution à un article publié par le département. Ces simples actes de gentillesse créent des liens puissants entre les gens qui peuvent changer à jamais la nature d'une relation. Commençons avec l'art de l'appréciation.

Au début de ma carrière de *coach*, Ed Shea, lui-même *coach* dans le domaine des relations, qui exerçait sa profession à Elmhurst, en Illinois, m'a enseigné un exercice très efficace. Ed avait consacré sa vie à apprendre aux gens comment communiquer profondément en utilisant des techniques basées sur les travaux de Harville Hendrix, expert en relations. Cet exercice, appelé exercice de l'appréciation, doit être fait par deux personnes (couple, amis, collègues, associés, frères ou sœurs, etc.) qui désirent approfondir leur relation et éprouver un sentiment irrésistible d'amour et de communion. L'exercice part de deux affirmations : « Je t'apprécie » et « Je m'apprécie ».

Pour expliquer comment procéder, j'ai indiqué ci-dessous un exemple de dialogue entre deux amies, Jane et Marsha. C'est Jane qui commence en disant à Marsha ce qu'elle apprécie chez elle, et Marsha répond en reprenant les propos de Jane. Dans un deuxième temps, Jane dit à Marsha ce qu'elle apprécie à propos d'elle-même (c'est habituellement la partie la plus difficile). Encore une fois, Marsha reprend ce qu'elle a entendu. Voici donc comment se déroule ce dialogue :

Jane commence en disant à Marsha ce qu'elle apprécie chez elle :

Marsha, j'apprécie ta façon méthodique de solutionner tous les problèmes que tu rencontres. J'apprécie également ton sens de l'humour. Tu arrives toujours à me faire rire lorsque j'en ai vraiment besoin. Et Marsha, j'apprécie vraiment ta prévenance, car tu n'oublies jamais de souligner les moments qui sont importants pour moi.

Marsha accuse réception des propos qu'elle a entendus en les reprenant :

Jane, tu apprécies ma façon méthodique de solutionner tous les problèmes que je rencontre, et tu apprécies également mon sens de l'humour, grâce auquel tu ris lorsque tu en as vraiment besoin. Et tu apprécies vraiment ma prévenance, car je n'oublie jamais de souligner les moments qui sont importants pour toi. Est-ce bien cela ?

Jane répond :

Oui.

Ensuite, Jane dit à Marsha ce qu'elle apprécie à propos d'elle-même :

J'apprécie ma capacité de mener un projet à terme sans abandonner en chemin. J'apprécie également le type de maman que je suis devenue et la façon dont je prends bien soin de mes enfants. Et j'apprécie d'avoir réussi à consacrer tous les jours du temps à la peinture.

Encore une fois, Marsha reprend les propos de Jane :

Jane, tu apprécies ta capacité de mener un projet à terme sans abandonner en chemin. Tu apprécies également le type de maman que tu es devenue et la façon dont tu prends bien soin de tes enfants. Et tu apprécies d'avoir réussi à consacrer tous les jours du temps à la peinture.

Jane confirme :

Oui.

C'est ensuite au tour de Marsha de parler et à Jane de reprendre ses propos. Ce puissant exercice, que j'ai utilisé dans ma propre vie et dans un contexte professionnel avec mes clients, peut déstabiliser au début. Mais quand vous aurez terminé, je vous garantis que vous vous sentirez comblé et pleinement apprécié, ce dont nous aurions tous besoin à plus forte dose.

Lorsque vous effectuez cet exercice, n'hésitez pas à mentionner autant de qualités que vous voudrez à propos de vous-même et de l'autre. Lisez une phrase, laissez l'autre personne la reprendre, puis lisez la suivante. Cet exercice peut constituer un formidable rituel pour parents et enfants, un rituel du soir pour les couples, avant d'aller dormir, ou une habitude hebdomadaire pour les amis qui veulent garder leur relation bien vivante.

Il existe bien d'autres façons de faire savoir aux autres qu'on les apprécie – envoyer de petits mots, faire un appel téléphonique à l'improviste ou donner un coup de main. Ce qui importe par-dessus tout est de s'arrêter pour penser aux points qu'on apprécie et de le faire savoir à la personne concernée. Si vous faites cette démarche régulièrement, vous deviendrez tout naturellement une personne qui sait automatiquement apprécier les autres. Arrêtez-vous maintenant et pensez à des personnes à qui vous aimeriez témoigner votre appréciation. Indiquez ici le nom de trois de ces personnes :

1. _____
2. _____
3. _____

Pas plus tard que cette semaine, faites ou dites quelque chose pour exprimer votre appréciation! Passons maintenant à l'art de la reconnaissance.

Reconnaître quelqu'un consiste à souligner un don, un talent ou une caractéristique qui lui est propre. Au lieu d'exprimer notre reconnaissance, la plupart d'entre nous avons appris à faire des compliments. Nous passons une remarque sur une qualité que nous apprécions chez une personne au lieu de reconnaître qui est cette personne. En d'autres mots, les compliments concernent avant tout nous-mêmes (p. ex. : j'aime ta robe, je crois que tu as fait un excellent travail lors de la réalisation de ce projet, j'ai aimé ton spectacle). L'utilisation du mot « je » ne trompe pas : nous parlons de nous-mêmes.

Lorsque, au lieu de complimenter, vous reconnaissez la personne concernée, en soulignant « qui » elle est, vous avez des chances d'obtenir une tout autre réaction. Brenda, une de mes clientes, a décidé de reconnaître ses employés. Au lieu de leur adresser, comme le veut l'usage, des compliments du genre « Bon travail », elle s'est mise à remarquer la contribution de chacun de ses employés et à établir une relation avec leurs traits de caractère. Par exemple, Jana, son adjointe administrative, arrivait si bien à aller au devant de ses besoins qu'un matin, Brenda s'est arrêtée à son bureau pour lui dire : « Jana, tu as une incroyable capacité de deviner mes besoins avant même que j'en prenne moi-même conscience. Tu as une grande intuition, et tu es un élément important dans la réussite de notre entreprise. »

Vous aurez remarqué que Brenda a formulé ses phrases en utilisant le « tu » et non le « je », pour que Jana sente vraiment que cette remarque la concernait et pour qu'elle puisse la prendre à cœur. Les phrases au « je » nous concernent, tandis que celles au « tu » (ou au « vous ») concernent notre interlocuteur. Par exemple, si vous rencontrez une amie pour dîner et remarquez le bon goût de sa toilette, au lieu de dire : « J'adore cette robe », vous pourriez dire : « Tu as vraiment un sens du style du tonnerre, et cela se voit dans tes choix de vêtements ». Cette affirmation vise alors à reconnaître cette personne, en soulignant le talent ou le don particulier qu'elle possède.

Commencez à pratiquer la reconnaissance avec les gens qui vous sont proches, ces relations que nous tenons souvent pour acquises. Trop souvent, nous consacrons plus de temps à l'expression des frustrations et des déceptions que nous causent les êtres que nous aimons qu'à reconnaître ces personnes et ce que nous apprécions chez elles.

La reconnaissance est très agréable à pratiquer avec des enfants. Pourquoi ne pas chercher des façons de souligner qui est votre enfant au lieu de ce qu'il accomplit ? Si vous n'avez pas d'enfant, pratiquez avec une nièce, un neveu ou la progéniture d'un ami. L'enfant est-il particulièrement doué dans un domaine ? Dites-le-lui comme suit :

« Margaret, tu as tellement de talent en mathématiques, tu es vraiment à l'aise avec les chiffres. » À un garçon particulièrement créatif, vous pourriez dire : « Matt, tu es le garçon le plus créatif que je connaisse ; comment fais-tu pour trouver ces excellentes idées ? » Remarquez la réaction des enfants.

Une fois de plus, lorsque vous reconnaissez l'essence d'une personne, c'est comme si vous la « voyiez », ce qui contribue à créer un lien. Pourquoi ne pas faire de cette pratique une habitude quotidienne – pensez à une personne que vous pourriez reconnaître le matin, le midi et à l'heure du repas du soir. Non seulement commencerez-vous à rechercher et à reconnaître automatiquement les dons et les talents propres aux personnes que vous rencontrez, mais vous éprouverez la joie que procurent des liens plus profonds.

Passez à l'action ! Prenez le temps de « toucher » quelqu'un

Je raffole d'envoyer des cartes et de petits cadeaux et de laisser de drôles de messages téléphoniques, pour ensoleiller la journée de mon destinataire. Il s'agit en fait d'un geste égoïste – je le fais non seulement pour exprimer mes sentiments, mais également parce que ça me fait rire, moi aussi ! Lorsque vous « touchez » quelqu'un en lui tendant la main d'une façon unique et personnelle, un lien se noue entre vos âmes. Par exemple, un après-midi du début du printemps, je faisais une promenade sur la plage non loin de chez moi lorsque j'ai aperçu une superbe pierre lisse comme du verre. J'ai immédiatement songé à ma sœur Michelle et aux moments que nous avions passés ensemble à la mer lorsque nous étions plus jeunes. Michelle adorait ramasser des pierres à cette époque. J'ai donc décidé d'en choisir quelques-unes et de les lui envoyer par la poste. Au lieu de simplement penser à elle, j'ai voulu partager l'expérience avec elle. Je voulais partager avec elle cet agréable souvenir et mes chaleureux sentiments au lieu de les garder pour moi seule.

Combien de fois vous est-il arrivé de visiter un endroit qui vous a rappelé quelqu'un et quelque chose de spécial que vous avez vécu ensemble? Ou d'avoir eu envie d'acheter un article aperçu dans un magasin parce qu'il vous rappelait une personne qui vous est chère? Suivez vos impulsions! Téléphonez à cette personne et remémorez-vous ce souvenir ensemble ou achetez un cadeau et surprenez-la en lui envoyant par la poste. Tendre la main ainsi vers les autres crée un lien d'amour qui demeure en nous à jamais.

Prenez le temps de faire de petits gestes pour dire aux gens à quel point ils sont importants pour vous. À l'ère du courrier électronique et des boîtes vocales, il est très facile de se sentir isolés et coupés les uns des autres. Pourquoi ne pas envoyer une bonne vieille lettre, écrite à la main? Pensez à une personne qui vous est chère et envoyez-lui une carte ou une lettre manuscrite. Comment vous sentez-vous lorsque vous recevez à l'improviste une carte ou un mot?

N'oubliez pas les anniversaires et les événements spéciaux en envoyant des mots ou des présents spéciaux. Un de mes clients est reconnu pour envoyer de petits mots accompagnés de graines à semer ou de petites cartes accompagnées de sachets de thé. Dites directement aux gens ce que vous ressentez pour eux. Vous est-il déjà arrivé de raccrocher le téléphone en vous disant: «Mon Dieu que j'aime cette personne», ou «J'ai vraiment de la chance d'avoir cette personne dans ma vie»? Pourquoi ne pas décrocher le combiné, rappeler ladite personne et lui exprimer votre appréciation de vive voix en commençant comme suit: «Tu sais, Ellen, en raccrochant le téléphone, je me suis dit...» Ne gardez plus en vous-même ces pensées et ces émotions. Faites-les sortir de votre tête et projetez-les vers l'extérieur.

Faites également savoir aux gens qu'ils vous ont touché. Lorsque ma cliente Sara était enfant, son père lui disait qu'elle lui faisait penser à un papillon parce qu'elle était un esprit libre. Un jour, lorsque Sara a aperçu un papillon de cristal dans la vitrine d'une boutique, elle a immédiatement pensé à son père. Elle a acheté l'objet, l'a emballé et le lui a envoyé par la poste. Son père a été très touché par ce geste. Chaque fois que le soleil frappait le papillon, des arcs-en-ciel de lumière coloraient les murs de son bureau.

252 / Cheryl Richardson

Tôt, un matin, plusieurs mois plus tard, Sara a trouvé un message de son père dans sa boîte vocale : « Je suis assis dans mon bureau entouré d'arcs-en-ciel et je pense à toi. Je voulais simplement te dire que je t'aime – ton père. » En écoutant le message, Sara a souri puis s'est mise à pleurer. Qui aurait pu croire qu'un si petit geste aurait un si grand impact ?

Comment pourriez-vous « toucher » quelqu'un aujourd'hui ? Choisissez une personne spéciale et faites une liste de trois choses que vous savez être importantes pour elle. Qu'est-ce qu'elle aime par-dessus tout ? Qu'est-ce qu'elle trouve important ? Qu'est-ce qui lui fait plaisir ?

Nom _____

1. _____

2. _____

3. _____

En vous inspirant de l'un de ces plaisirs, posez un geste envers cette personne pour lui faire savoir à quel point elle est importante pour vous. Cette semaine, tendez la main et « touchez » cette personne.

Passez à l'action ! Partez à la chasse au trésor

De multiples trésors sont enfouis à l'intérieur de chacun de nous – des rêves secrets, des passions cachées et d'intenses désirs qui ne demandent qu'à se révéler. L'une des meilleures façons d'approfondir vos relations est de maîtriser l'art de découvrir ces trésors cachés chez les autres. En posant les bonnes questions, vous pouvez profiter de la richesse et de la beauté de toutes les personnes que vous rencontrez.

Max, ma meilleure amie, adore les gens ! Elle est l'exemple parfait de la personne qui a maîtrisé l'art de découvrir des trésors cachés. Lorsqu'elle entre dans une pièce, les gens sont si captivés par son magnétisme qu'ils s'ouvrent à elle sans hésiter. Elle pose des questions, écoute attentivement et s'intéresse véritablement aux réponses qu'elle reçoit. Sa façon de poser des questions ne relève pas d'une « technique », mais vient directement du cœur et d'un désir sincère de vraiment connaître les gens.

Vous aussi pouvez acquérir une habileté naturelle à connaître les gens plus profondément en leur posant des questions. Par exemple, en demandant aux membres de votre famille de parler des choses dont ils se sentent reconnaissants à l'occasion d'un repas de la Thanksgiving, vous contribuerez à rendre cette réunion familiale beaucoup plus significative. Inviter, à l'occasion d'un dîner, vos amis à prendre part à un rituel visant à « mieux se connaître » peut rendre le rapprochement entre les convives beaucoup plus agréable. Selon votre degré de proximité avec votre interlocuteur, vous pouvez utiliser les questions suivantes comme un moyen de créer des liens qui emplissent l'âme :

> *De quoi êtes-vous le plus reconnaissant ?*
> *Y a-t-il un événement qui a changé votre vie ? De quelle façon ?*
> *De quoi êtes-vous le plus fier ?*
> *Y a-t-il quelque chose que vous aimeriez changer si c'était à refaire ?*
> *De quoi avez-vous le plus peur, et pourquoi ?*
> *Quel a été le moment le plus embarrassant de votre vie ?*
> *Y a-t-il quelque chose que la plupart des gens ignorent en ce qui vous concerne ?*
> *Qu'est-ce que vous avez toujours voulu faire ?*
> *Quelle est votre expérience la plus significative ?*

Faites comme Carla – invitez des amis à dîner, inscrivez ces questions sur des bouts de papier que vous mettrez ensuite dans un chapeau, puis demandez aux invités d'en piger une et d'y répondre. Lorsque quelqu'un a donné sa réponse, demandez-lui de choisir la prochaine personne. À la fin du repas, vous en aurez appris davantage les uns à propos des autres, et je vous garantis que tous vos invités n'oublieront pas de sitôt cette soirée. Comme nos souvenirs sont des cadeaux que nous portons en nous pendant toute notre vie, pourquoi ne pas les créer intentionnellement ?

Vous pouvez également utiliser ces questions dans vos conversations personnelles avec les autres. Soyez prêt à dépasser la superficialité du simple bavardage et à avoir une conversation plus profonde. Ne laissez pas vos propres besoins vous empêcher d'en apprendre davantage à propos de votre interlocuteur. Placez la qualité de la relation avant les résultats. Écoutez deux fois plus que vous ne parlez, et posez des questions afin de maintenir votre attention sur l'autre personne. Cela vous permettra de créer un lien bienfaisant pour l'âme.

Passez à l'action! Revenez à l'essentiel

L'une des façons les plus simples de créer des liens profonds avec autrui consiste à observer l'une des leçons les plus vieilles du monde : la politesse. Des attentions fondamentales comme regarder son interlocuteur dans les yeux, dire merci et arriver à l'heure sont encore plus importantes dans le monde trépidant d'aujourd'hui que jamais auparavant. Ces gestes simples favorisent et protègent les liens profonds entre vous et les gens qui font partie de votre vie.

Si les yeux sont les fenêtres de l'âme, on peut comprendre pourquoi il importe de regarder une personne dans les yeux pour établir avec elle un lien qui touche l'âme. Avez-vous déjà eu une conversation avec quelqu'un qui ne vous regardait pas dans les yeux? Pendant que vous parliez, cette personne regardait par-dessus votre épaule ou consultait sa montre. Comment vous êtes-vous senti? Le message que ce genre de comportement fait passer est que «vous n'êtes pas important en ce moment, quelque chose d'autre l'est davantage». Je suis toujours étonnée de voir des gens prendre part à une conversation alors que leur regard parcourt la pièce. Ce comportement est dérangeant et impoli. Apprenez à vous concentrer sur votre interlocuteur en le regardant dans les yeux.

Soyez à l'heure. Plus vous prendrez le temps de vivre, plus vous aurez de la facilité à arriver à l'heure. Il n'y a rien de plus frustrant que d'attendre quelqu'un qui vous fait toujours perdre votre temps. Bien sûr, à certaines occasions, il est impossible d'éviter le retard, mais avec une planification adéquate, ces occasions devraient être rares et espacées.

Nous connaissons tous des gens qui arrivent toujours en retard, en dépit de la frustration et de la colère que suscite leur comportement. C'est à ce genre de personnes qu'on demande d'arriver une demi-heure plus tôt que toutes les autres, dans l'espoir qu'elles se présentent à une heure décente. Or, les retards incessants finissent toujours par mettre une relation à l'épreuve. Même si la plupart des gens n'admettront jamais à quel point ce comportement les exaspère, vous constaterez que vos amis cesseront de vous inviter si vous êtes toujours en retard. Faites honneur aux liens qui touchent l'âme en arrivant à l'heure à vos rendez-vous.

Dites merci. Même si la plupart d'entre nous avons appris cette formule de politesse lorsque nous étions enfants et que nous y avons recours à diverses reprises au cours d'une journée, il existe une façon de dire merci qui contribue à créer un lien plus profond avec autrui et peut même donner lieu à une expérience mémorable avec des personnes que nous connaissons à peine. Il peut s'agir d'un geste aussi simple que prendre la main de la personne, la regarder dans les yeux et dire merci. Ou rédiger une lettre exprimant à quel point les gestes ou les paroles du destinataire ont eu un impact sur notre vie. Parfois, les meilleurs mercis nous parviennent de façon inattendue.

Apportez une boîte de chocolats ou de biscuits maison au bureau de poste de votre quartier afin de remercier les employés pour le service qu'ils vous ont procuré pendant toute l'année. Ayez la même attention pour le facteur ou la factrice. Faites-lui une surprise en laissant un petit cadeau à son intention dans votre boîte aux lettres à divers moments de l'année.

Laissez un pourboire de 10 $ à la serveuse ou au serveur du restaurant de votre quartier qui vous sert le déjeuner ou le café chaque matin. Faites-lui savoir que vous appréciez ses services. Faites un appel téléphonique impromptu à une personne qui vous prodigue des soins (massothérapeute, coiffeur ou aide domestique) pour lui dire à quel point vous appréciez son travail.

Faites parvenir une « carte virtuelle » par courrier électronique à vos collègues favoris pour les remercier de leur soutien. Dites-leur à quel point vous aimez travailler avec eux. Offrez en cadeau un panier personnalisé à un client. Vous pouvez choisir parmi plusieurs thèmes et formats : envoyez un repas de homards à une personne qui habite dans le Midwest ou un panier de couches à un client qui a un enfant. Remerciez quelqu'un qui ne s'y attend pas. Lorsque mon client Jack a posé ce geste, il a été surpris de voir à quel point l'expérience l'a touché.

Au cours de l'une de nos séances de *coaching*, j'ai demandé à Jack de penser aux personnes qu'il était reconnaissant d'avoir dans sa vie. Après avoir réfléchi pendant un moment, il m'a dit apprécier grandement le soin méticuleux que Patrick, son jardinier, apportait à sa cour arrière. Je lui ai donc suggéré de surprendre Patrick en le remerciant simplement et fermement de son bon travail.

Un jour, à son retour du travail, Jack a trouvé Patrick en train de mettre la dernière main au nettoyage de la cour. Il a traversé la pelouse, tendu la main vers son employé et, en le regardant dans les yeux, lui a dit : «Vous savez, Patrick, chaque soir quand je reviens du travail et que je regarde la cour, j'aime voir que tout est si propre et bien entretenu. Je me rends compte que je ne me suis jamais arrêté pour vous remercier. Je veux que vous sachiez à quel point j'apprécie tout le dur travail que vous faites ici. Merci beaucoup.»

En entendant ces paroles, Patrick a esquissé un sourire timide en regardant ses pieds. Puis il s'est ressaisi et a répondu : «Merci, Jack. La plupart des gens n'ont pas l'air de remarquer.» Jack m'a affirmé que le sentiment suscité en lui par la réponse de Patrick lui avait fait comprendre à quel point il est important de prendre le temps de dire merci. Il a donc décidé de continuer dans cette voie!

Y a-t-il une personne dont vous devriez remarquer l'apport? Prenez quelques minutes pour penser à ces personnes que vous souhaiteriez remercier. Choisissez-en quatre et inscrivez leur nom ci-dessous :

1. _____
2. _____
3. _____
4. _____

Maintenant, prenez le temps de remercier chacune d'entre elles d'une façon qui exprime bien votre appréciation.

Imaginez à quoi la vie ressemblerait si nous étions capables de considérer chaque rencontre avec un autre être humain – qu'il s'agisse du préposé du bureau de poste ou de notre ami le plus cher et le plus proche – comme une expérience spirituelle. Non seulement le monde en serait-il meilleur, mais notre vie serait beaucoup plus riche grâce aux cœurs que nous arriverions à toucher. Trop souvent, nous cherchons à combler le vide de nos vies avec des «choses», alors que nous ne pouvons trouver de sens réel et de satisfaction profonde que dans nos rapports avec autrui. Aujourd'hui, prenez le temps de tendre la main vers quelqu'un dans le but de créer un lien qui touche l'âme.

RAPPELS

Ne vous contentez pas de relations médiocres – créez des liens qui touchent l'âme!

- Soyez courageux! Ne laissez pas la peur d'être rejeté, déçu ou abandonné vous empêcher de tendre la main vers les autres.
- Créez votre communauté :
  Déterminez qui vous aimeriez y inclure.
  Tracez le profil de votre candidat idéal.
  Faites connaître vos besoins à votre entourage.
- Maîtrisez l'art de créer des liens :
  Reconnaissez et appréciez les autres.
  Prenez le temps de «toucher» quelqu'un.
  Partez à la chasse au trésor.
  Revenez à l'essentiel – regardez votre interlocuteur dans les yeux, soyez à l'heure, dites merci!

RESSOURCES

JEUX

Thérapie
Pressman Toy Corporation

Jeu : To Know You Better
Games Partnership
116 New Montgomery, Suite 500
San Francisco, CA 94105
800 776-7662
www.timefortwo.com
> L'entreprise possède une collection de jeux à l'intention des couples qui favorise la communication constructive.

Compatibilité
International Games, Inc. (une entreprise Mattel)
Syosset, NY 11791
> Ce jeu aide les amis et les familles à trouver leurs points communs.

LIVRES

How Not to Stay Single: 10 Steps to a Great Relationship
par Nita Tucker et Randi Moret (New York, Crown Trade Paperbacks, 1996)
> Je recommande ce livre à tous mes clients qui recherchent un ami de cœur. Nita Tucker, experte en relations, présente un plan d'action unique en son genre s'échelonnant sur six semaines pour vous permettre de créer la relation émotionnelle qui vous comblera. Ce livre apprend aux lecteurs à cesser d'attendre une relation et à prendre les moyens pour que leur désir devienne réalité.

If... Questions for the Game of Life
sous la direction de Evelyn McFarlane, James Saywell et David Rosenthal (New York, Villard Books, 1995)

If 2... More Questions for the Game of Life
par Evelyn McFarlane et James Saywell (New York, Villard Books, 1996)

If 3... Questions for the Game of Love
par Evelyn McFarlane et James Saywell (New York, Villard Books, 1997)

All About Me
par Philipp Keel (New York, Broadway Books, 1998)
Un livre unique en son genre qui vous aidera à vous dévoiler aux autres.

Getting the Love You Want: A Guide for Couples
par Harville Hendrix (New York, Perennial Library, 1990)
Cet ouvrage, véritable bible de la communication saine et chaleureuse, est un autre livre que je recommande à tous mes clients. Il s'agit d'un guide pratique extraordinaire pour la résolution de problèmes, proposant 16 exercices visant à favoriser la communication, à mettre fin aux comportements défaitistes et à aider les deux partenaires à atteindre la satisfaction émotionnelle.

Keeping the Love You Find: A Guide for Singles
par Harville Hendrix (New York, Pocket Books, 1993)
Hendrix a élaboré un programme de croissance personnelle brillant, provocant et innovateur à l'intention des célibataires qui aspirent aux plaisirs et au bien-être que procure une relation amoureuse à long terme.

BÉNÉVOLAT

Esalen
Highway 1
Big Sur, CA 93920
(408) 667-3000

Omega Institute for Holistic Studies
260 Lake Drive
Rhinebeck, NY 12572-3212
(914) 266-4444

New York Open Center
83 Spring St.
New York, NY 10112
(212) 219-2527

Mentoring Hotline
800 914-2212

Big Brothers Big Sisters of America
http://www.bbbsa.org
> Big Brothers Big Sisters of America, le plus ancien organisme de mentors au service des jeunes du pays, demeure le chef de file dans le domaine. Depuis 1904, BBBSA a permis la création de liens d'aide solides entre des adultes bénévoles et des enfants en situation difficile.

AUTRES

The Letter Exchange
P.O. Box 6218
Albany, CA 94706
> Un outil pour nouer des relations épistolaires avec d'autres personnes qui aiment écrire des lettres.

Envoyez une enveloppe adressée à votre nom et timbrée à l'adresse suivante :
Camp SARK
P.O. Box 330039
San Francisco, CA 94133
> Pour de plus amples renseignements sur la façon de mettre sur pied un groupe de «succulentes femmes sauvages» (par SARK).

Ed Shea

239 East Wilson
Elmhurst, IL 60126
(630) 530-1060
Coachimago@aol.com

> Ed Shea, reconnu comme le « *coach* des relations », travaille avec des couples et des individus pour les aider à mieux communiquer et à utiliser leurs relations comme un outil de croissance personnelle et de guérison. Il donne des consultations téléphoniques à des clients répartis partout au pays.

Hallmark Connections

http://www.hallmarkconnections.com

> De formidables idées de cartes et de cadeaux pour dire merci à quelqu'un ou pour lui témoigner votre appréciation.

Card Central

http://www.cardcentral.net

> Card Central contient des centaines de sites à partir desquels vous pouvez envoyer des cartes virtuelles et des présents!

Marliese Designs

32 Partridge St.
Franklin, MA 02038
(508) 520-4839

> Marliese est une artiste de la motivation qui combine les mots avec l'art dans le but de motiver et d'inspirer les gens. Elle crée de merveilleuses cartes peintes à la main sur le thème de l'affirmation qui peuvent être offertes en cadeau et insérées dans des envois.

The Gift Basket

1500 Main St.
Waltham, MA 02154
(781) 642-1200

www.tgbi.com

Ce groupe se spécialise dans la création de paniers pour toutes les occasions. Il crée des paniers originaux à partir de différents thèmes tels que le golf, les bébés et les spécialités régionales (p. ex. : la Nouvelle-Angleterre), les métiers (médecin, avocat, etc.) et la nourriture (noix, chocolat, maïs éclaté, fromage, craquelins, bonbons, gâteau au fromage).

Green Field Paper Company

744 G Street
San Diego, CA 92101
888 433-6133

Cette entreprise offre des cartes uniques fabriquées avec du papier recyclé. Celles de sa collection « Grow-a-Note » contiennent des graines, que le destinataire peut faire pousser, et celles de sa collection « AromaNote » sont imbibées des parfums les plus populaires en aromathérapie.

1-800 Flowers

http://www.1800flowers.com/flowers/welcome
800 FLOWERS

Pour envoyer des fleurs à quelqu'un, ou à vous-même !

Toastmasters International

Siège social international
23182 Arroyo Vista
Rancho Santa Margarita, CA 92688
800 993-7732

Un groupe de gens d'affaires qui se rencontrent régulièrement pour discuter de compétences en matière d'art oratoire et pour les mettre en pratique. Téléphonez pour connaître l'adresse du groupe de votre région.

7

Honorez

votre bien-être

spirituel

Un livre sur les moyens de créer une vie de haute qualité serait incomplet s'il n'abordait pas les façons d'honorer notre bien-être spirituel. À un moment ou à un autre, la plupart d'entre nous désirons donner plus de sens à notre vie – un but, un lien avec une puissance supérieure. Cet appétit spirituel, comme une petite voix intérieure, demeure présent malgré le stress de nos vies occupées, le vacarme de nos esprits ou l'insatisfaction de nos cœurs. La voix de l'âme nous appelle et, même dans les moments où nous ne l'entendons pas, ne cesse jamais de chercher à attirer notre attention.

Parfois, mes clients entreprennent leurs séances de *coaching* animés d'un désir conscient d'apprendre à mieux entendre cette voix intérieure. Parfois encore, ce n'est qu'après avoir suivi le processus décrit dans le présent livre qu'ils arrivent à s'ouvrir graduellement à leur sagesse intérieure, et à vivre une sorte d'éveil spirituel. Lorsque ce lien est établi, certains choisissent d'honorer le sacré dans un contexte religieux, tandis que d'autres empruntent une approche moins traditionnelle. Une fois que j'ai fait la distinction entre spirituel et religieux afin d'éliminer toute barrière, je dis clairement à mes clients que je m'engage à les aider à vivre une vie fondée sur leur vérité intérieure. Après tout, toutes les personnes avec qui j'ai travaillé aspiraient à une vie plus authentique, qui reflèterait la personne qu'ils sont vraiment. Selon moi, il s'agit là d'une quête spirituelle.

Lorsque j'ai mis sur pied ma pratique de *coaching*, je m'attendais à ce que mes clients fassent immédiatement une priorité de leur bien-être spirituel. Je les encourageais à réserver du temps dans leurs horaires chargés pour méditer, prier, profiter de la nature ou faire tout ce qui était nécessaire pour entrer en contact avec leur sagesse intérieure et une puissance divine. Je n'ai pas tardé à réaliser que cette approche ne pouvait pas fonctionner. En effet, il est impossible d'entendre la voix de notre sagesse intérieure à travers le vacarme de nos vies mouvementées; toute tentative de vivre authentiquement est alors vouée à l'échec.

La plupart d'entre nous tentons désespérément de trouver le moyen de vivre authentiquement dans notre monde de fou. Comme l'a déjà dit le poète E.E. Cummings, «n'être personne d'autre que nous-mêmes dans un monde qui tente par tous les moyens, jour et nuit, de faire de nous quelqu'un d'autre exige d'engager la bataille la plus difficile qu'un être humain puisse imaginer, et de ne jamais cesser de se battre». Certains d'entre nous tentons de livrer cette bataille en suivant des cours de méditation ou en allant en retraite fermée dans des monastères à la recherche de nous-mêmes, de notre équilibre mental et de moments tranquilles propices à l'écoute de la petite voix de notre âme. Ces méthodes peuvent fonctionner, mais n'offrent souvent qu'une solution temporaire. En effet, lorsque nous retournons dans la mêlée, nous perdons rapidement notre capacité ne serait-ce que de percevoir notre sagesse intérieure, et encore plus celle de maintenir de façon soutenue un mode de vie spirituel. En m'attendant à ce que mes clients adoptent une pratique spirituelle quotidienne dans le contexte de leur vie occupée, je créais des conditions menant immanquablement à l'échec. Je me suis donc mise à aider mes clients à éliminer tout ce qui les empêchait d'avoir la vie spirituelle et authentique qu'ils désiraient.

Maintenant que vous avez brillamment réussi à créer plus de temps et d'espace dans votre vie et que vous avez éliminé nombre de ces blocages, vous êtes prêts à adopter une pratique qui vous permette d'honorer votre bien-être spirituel. Dans le présent chapitre, j'aimerais vous montrer comment y arriver. Cependant, il serait insensé de croire qu'un seul chapitre, voire un seul livre, pourra vous procurer tous les outils dont vous avez besoin pour vivre chaque jour en vous inspirant de votre sagesse intérieure. Le soin de l'âme est un voyage qui s'échelonne sur toute une vie et qui comporte bien des tours et des détours. C'est pourquoi j'aimerais vous encourager à trouver une façon d'honorer votre bien-être spirituel qui vous soit personnelle et unique. Le point culminant du travail que vous avez accompli jusqu'ici inaugure une importante étape de votre existence. La quête spirituelle menant à une vie authentique exige que vous fassiez des choix en vous appuyant sur votre sagesse intérieure, ce qui est beaucoup plus facile lorsque vous disposez de la tranquillité qui vous permet d'entendre cette voix intérieure. Vous êtes sur la bonne voie.

Dans ce chapitre, je vais vous montrer comment consolider le lien avec votre sagesse intérieure. Je vous suggérerai des idées et des outils qui vous aideront à instituer une pratique spirituelle qui convienne à votre vie, et à trouver des façons de nourrir et d'alimenter votre âme afin de maintenir ce lien ouvert et fluide.

LE BIEN-ÊTRE SPIRITUEL

Pour vous, qu'est-ce que le bien-être spirituel? Le sentiment de faire partie du grand tout? Une relation avec Dieu? Un profond sentiment de paix intérieure ou la foi donnant la certitude que tout ira pour le mieux?

Asseyez-vous tranquillement pendant un moment et souvenez-vous d'une expérience spirituelle que vous auriez eue par le passé. Lorsque je fais cette demande à mes clients, j'obtiens diverses réponses, dont voici quelques exemples :

Je marchais sur le trottoir, à Rome, en direction du Colisée, lorsque soudainement, j'ai éprouvé la certitude profonde d'être aimé et chéri par Dieu. J'ignore d'où venait ce sentiment, mais il m'a procuré une sensation très intense et très réelle, qui s'apparentait à l'extase pure.

Un soir que j'assistais à un concert, je me suis soudainement senti ému aux larmes lorsque l'orchestre a joué une pièce de Mozart. Je ne pouvais m'arrêter de pleurer. J'avais l'impression de former un tout avec la musique. Je me suis sentie transportée à un niveau supérieur où je me sentais profondément aimée.

Lorsque j'ai vu mon fils naître, j'ai soudain compris très profondément ce qu'était l'amour véritable. Je me suis senti lié à une force d'amour que je ne peux décrire avec des mots. Tout ce que je peux dire, c'est qu'il s'agissait là du sentiment le plus divin que j'aie jamais éprouvé.

Lorsque je vais à mon église, chaque semaine, et que je m'assois en silence pour prier, je me sens lié à Dieu très profondément, presque comme s'il était assis là tout près de moi, et m'assurait que tout ira bien.

L'une des expériences les plus profondément spirituelles que j'aie jamais vécues est survenue lors de ma visite chez Sai BaBa, en Inde. L'amour émanait de cet homme, de cet être spirituel. En le regardant marcher dans la foule, posant légèrement la main sur la tête des gens qui étaient assis autour de lui, j'ai senti mon cœur s'ouvrir.

Même si les situations diffèrent les unes des autres, il existe un élément commun à toutes les histoires spirituelles que j'entends : un sentiment d'amour profond et d'être lié à une puissance divine. Cela confirme ce que je considère être la raison fondamentale de notre présence sur cette terre : apprendre à aimer – nous-mêmes et les autres. Il n'existe pas d'appel plus grandiose. On constate chez les gens de toutes les religions un désir commun, celui d'avoir un lien plus profond avec cette puissance d'amour divin. Même si les opinions sur ce qu'est une vie spirituelle peuvent varier, une chose est certaine : les clients qui entreprennent une démarche en vue de tisser ce lien en honorant leur bien être spirituel ont des vies plus heureuses et plus satisfaisantes.

Dans le cadre de ma profession, j'ai eu la chance d'expérimenter cette présence divine au cours de certaines conversations avec mes clients. Je vis des moments sacrés où la vérité se fait jour, et où le client et moi sommes très profondément liés, ouvrant la porte toute grande au pouvoir divin de l'amour. Lorsque cela se produit, je suis souvent émue aux larmes.

Je me souviens de l'appel téléphonique d'un homme en particulier. Il était comptable au sein d'une grande entreprise. À plusieurs reprises au cours de nos séances, il m'avait fait part des solutions créatives qu'il employait pour régler les problèmes qui survenaient dans son service. Un jour, j'ai décidé de lui dire à quel point je le trouvais créatif. Je lui ai dit que sa capacité à résoudre des problèmes de façon si imaginative m'impressionnait, et qu'il devrait peut-être songer à employer ce talent créatif dans d'autres domaines de sa vie.

Lorsque j'ai fini de parler, le silence s'est installé. J'ai senti un mouvement d'énergie, comme si quelqu'un pénétrait profondément dans ma poitrine et touchait mon cœur. Mes yeux se sont alors emplis de larmes, et j'ignorais totalement pourquoi. Au bout d'un long moment, l'homme a rompu le silence. Il m'a confié qu'il ne s'était jamais considéré comme quelqu'un de créatif et qu'en entendant mes paroles, il s'était senti envahi par une grande tristesse. Personne n'avait jamais reconnu sa créativité auparavant, m'a-t-il dit ; pour la première fois, il avait senti qu'on le « voyait » et s'en était trouvé profondément touché. L'amour était présent. Ce sont des moments comme celui-là qui me rappellent que l'amour est la force spirituelle universelle.

Comment pouvez-vous maintenir ce lien vivant? Que pouvez-vous faire pour honorer votre bien-être spirituel, quelle qu'en soit votre définition, dans votre vie quotidienne?

UN RETOUR SUR LA SAGESSE INTÉRIEURE

Thomas Moore définit l'âme comme la partie de nous qui exige une riche expérience dans la vie quotidienne. Cette riche expérience a lieu lorsque vous êtes en contact avec vos émotions et votre sagesse intérieure et que vous entretenez un lien constant avec le Divin. Au chapitre 1, je vous ai demandé de commencer à revivifier le lien avec votre sagesse intérieure. Je vous ai alors suggéré de lui demander conseil pour des choses simples, d'être à l'écoute, d'écrire des lettres à votre sagesse intérieure et de puiser de l'information à partir de vos rêves. Puis, à plusieurs reprises dans ce livre, je vous ai demandé de continuer à cultiver ce lien en faisant appel à votre sagesse intérieure pour des décisions pratiques relatives à votre vie quotidienne.

Maintenant, j'aimerais que vous passiez à l'étape suivante. Si vous commencez à avoir confiance et à renoncer à tout contrôler, vous pouvez vous abandonner à un flot d'énergie divine qui vous guidera vers une vie meilleure, une vie que vous ne pouvez même pas encore imaginer. Lorsque les fondations de votre vie sont solides (vos priorités sont claires, vous avez éliminé les choses qui vous vidaient de votre énergie, vous avez commencé à accumuler des réserves financières, etc.), vous pouvez cesser de vous fixer des objectifs et commencer à vivre une vie «sans objectifs». Au lieu de décider ce que vous voulez, vous pouvez laisser la puissance divine vous diriger.

Passez à l'action! Abandonnez-vous à un ordre plus élevé

La façon la plus fondamentale d'honorer votre bien-être spirituel et d'entrer dans le flot d'énergie est de vivre une vie fondée sur votre vérité intérieure – votre instinct ou votre sagesse intérieure. Si vous êtes à l'écoute de la sagesse de votre âme et agissez en conséquence, vous vous orienterez dans une direction qui mène toujours vers le bien suprême. N'oubliez pas : en prenant le plus grand soin de vous-même, vous garderez le lien avec votre sagesse intérieure ouvert et disponible. Une fois que vous avez pris connaissance de la direction à prendre, la foi et l'action sont la prochaine étape. Lorsque les trois se présentent ensemble, votre bien suprême prévaudra toujours.

Nous pouvons pratiquement tous et toutes nous rappeler avoir eu un sentiment instinctif ou une indication subtile de la direction dans laquelle nous devrions nous diriger. Et nous pouvons tous témoigner des regrets éprouvés en voyant ce qui est arrivé lorsque nous n'avons pas suivi ces instructions. Souvent, nous choisissons un chemin plus sûr ou plus familier seulement pour découvrir ensuite que notre sagesse intérieure nous avait dès le début indiqué la bonne direction.

J'aimerais que vous vous rappeliez ces moments où la voix de votre âme, c'est-à-dire votre sagesse intérieure, vous a indiqué de suivre un chemin particulier, quelle que soit l'action choisie pour y arriver. À l'aide de votre journal, souvenez-vous d'une occasion où votre sagesse intérieure vous a envoyé un message direct concernant un choix à faire ou une direction à prendre. Quand avez-vous éprouvé une forte intuition que quelque chose n'était pas dans votre meilleur intérêt ? Quand avez-vous senti qu'une chose était si opportune que vous saviez qu'il était temps pour vous de passer à l'action ?

Les clients admettront généralement avoir entrepris une relation amoureuse même s'ils la savaient intuitivement vouée à l'échec. Ou avoir su quitter leur emploi juste à temps, l'entreprise qui les employait ayant fait faillite immédiatement après leur départ. Nous pouvons tous raconter ce genre d'histoires. Je vous en prie, n'en faites pas un prétexte pour vous faire des reproches. Profitez-en pour reconnaître combien de fois votre sagesse intérieure vous a fourni la bonne information. Ces souvenirs sont des occasions en or de vous rappeler les moments où votre sagesse intérieure vous a doucement (ou parfois moins doucement) tiré la manche pour vous orienter dans la direction qui correspondait à votre meilleur intérêt.

Le fait de repenser à ces occasions, surtout lorsque vous êtes aux prises avec une décision difficile, peut vous aider à être attentif aux conseils de votre sagesse intérieure même s'ils semblent contraires à ce que vous considérez comme le meilleur choix. Premièrement, nous devons prendre conscience de l'existence de notre sagesse intérieure. Puis nous apprenons à écouter cette voix, et enfin à lui faire confiance et à suivre ses sages conseils. C'est ce qu'a fait ma cliente Natalie.

Natalie avait des soucis d'ordre financier. Même si elle avait des économies, c'était la période des vacances, et son entreprise de services-conseils fonctionnait au ralenti. C'est alors qu'un ancien client lui a téléphoné pour lui proposer un projet d'envergure et très lucratif. Mais ce projet présentait deux inconvénients : premièrement, c'était le genre de travail qu'elle était en train d'éliminer lentement de la gamme des services qu'elle offrait ; deuxièmement, même si la période nécessaire pour réaliser un projet de cette envergure était normalement de six mois, le client ne lui en accordait que trois.

Le client offrait à Natalie de la rémunérer généreusement, soit 30 % de plus que son tarif habituel, en échange du respect de cette échéance serrée. Compte tenu de ses difficultés financières, elle a songé à accepter le contrat malgré l'échéance et la nature du travail demandé. Elle se disait que même si elle allait devoir travailler pendant les week-ends, le contrat serait facile à réaliser et lucratif.

Toutefois, Natalie sentait depuis le tout début que quelque chose « clochait ». En discutant plus avant du projet avec le client, elle a constaté qu'il était désorganisé et incapable de lui fournir d'importantes ressources. Ainsi, pour pouvoir terminer le travail à temps, elle allait devoir de toute évidence négliger certains détails.

Lorsque nous avons discuté de sa décision, Natalie m'a avoué que dans son for intérieur, elle savait que ce projet pourrait être très problématique et qu'elle devrait le refuser. En effet, elle allait devoir lésiner sur la qualité de son travail et augmenter son degré de stress pour un client dont les intentions étaient douteuses. Pour Natalie, il est devenu évident qu'accepter ce projet allait à l'encontre de son engagement à prendre le plus grand soin d'elle-même. Toutefois, elle avouait trouver

la rémunération alléchante. C'est dans ces moments-là que le courage
et la foi jouent un rôle de premier plan.

J'ai expliqué à Natalie que pour faire un choix compatible avec
son bien-être, il lui faudrait croire en une présence divine. Il faut toujours faire passer le plus grand soin de soi-même en premier. En agis-
sant selon les conseils de sa sagesse intérieure, elle prendrait un risque,
mais l'expérience m'avait enseigné que cela en vaut toujours la peine.
Après avoir bien réfléchi, Natalie a décidé de refuser le projet. Elle a
téléphoné à son client pour lui dire qu'elle n'acceptait pas le projet
parce qu'elle tenait à pouvoir offrir un service de qualité ; elle ne voulait
pas réduire ses standards pour terminer le travail, ce qu'elle serait forcée de faire pour satisfaire aux conditions exigées.

Une semaine plus tard, Natalie s'est vu proposer un autre projet.
Bien qu'il ne fût pas aussi lucratif que l'autre, c'était exactement le
genre de travail qui l'intéressait. De plus, le client prévoyait faire de
nouveau appel à ses services dans l'avenir. Cette expérience positive
a confirmé le bien-fondé de la décision de Natalie, en plus de l'aider
à faire davantage confiance à son instinct.

Nous devons constamment répondre à des questions sur le bon
moment pour quitter un emploi, pour mettre fin à une relation ou
pour changer de direction. La réponse se trouve toujours à l'intérieur
de nous. Il faut énormément de foi pour agir selon les conseils de
notre sagesse intérieure. Mais la seule façon d'acquérir cette foi est de
faire des choix sans en connaître les conséquences. Lorsque nous agis-
sons selon cette sagesse, notre vie commence à mieux aller, nous nous
abandonnons au flot d'énergie et les choses se mettent en place comme
par magie.

Mettez à profit le lien de plus en plus fort que vous entretenez
avec votre sagesse intérieure de façon plus proactive. Prenez l'habitude de demander conseil pour tout. Par exemple, si vous ayez un
rêve spécial que vous aimeriez réaliser, demandez à votre sagesse
intérieure de vous indiquer la marche à suivre. Ou, si vous vous
demandez s'il est temps pour vous de faire un changement, demandez un signe. Lorsque vous demandez conseil et demeurez ouvert aux

messages de votre sagesse intérieure, des choses incroyables peuvent se produire.

Ma cliente Hillary caressait le rêve secret d'écrire un scénario. Elle avait en tête une histoire bien développée, mais ne l'avait jamais couchée sur papier. Elle disait ne pas savoir où commencer, et ce manque de connaissance l'empêchait de concrétiser son rêve. Lorsque je lui ai demandé de consulter sa sagesse intérieure pour savoir quoi faire, elle m'a répondu qu'elle n'était pas certaine que ce projet vaille l'effort d'être entrepris. C'est là une réaction courante chez les clients qui songent à passer à l'action afin de réaliser un désir secret. La résistance est souvent perçue comme plus facile que de faire face à la peur d'échouer ou d'être déçu. J'ai demandé à Hillary de consulter quand même sa sagesse intérieure, juste pour voir ce que ça donnerait. Elle a accepté d'essayer.

Un mois plus tard, Hillary a reçu une invitation à un dîner-dansant. Pendant le repas, elle était assise à côté d'un homme qu'elle n'avait jamais rencontré, avec qui elle a engagé la conversation. Hillary a alors découvert avec surprise que l'homme avait non seulement écrit un scénario, mais qu'il venait de le vendre. Elle a immédiatement pensé à la demande qu'elle avait faite à sa sagesse intérieure et ne doutait pas qu'il s'agissait là d'un signe que celle-ci lui envoyait. Hillary a invité l'homme à déjeuner, et celui-ci a accepté de lui faire part de ses connaissances en matière d'écriture et de vente de scénarios.

Et si vous pouviez obtenir réponse aux plus importantes questions de votre vie simplement en en faisant la demande? Lorsque vous prenez l'habitude d'être à l'écoute régulièrement, les conseils commencent à affluer. Une pratique spirituelle quotidienne est la clé pour obtenir l'assistance que vous désirez.

Instituer et maintenir une pratique spirituelle régulière est le meilleur moyen de faire de votre bien-être spirituel une priorité. J'entends par là réserver du temps pour faire ces choses qui alimentent votre bien-être spirituel. Il peut s'agir d'une période de méditation quotidienne, d'une promenade dans la nature ou d'une rencontre régulière avec une communauté spirituelle dans le but de partager inspirations et réflexions. Toute activité spirituelle régulière qui vous ressource l'âme, quelle qu'elle soit, vous aidera à être davantage en contact avec vous-même et avec la puissance divine qui relie tous les êtres vivants.

Maintenant que vous avez créé plus d'espace dans votre vie, c'est le moment d'intégrer une pratique spirituelle ou d'intensifier celle que vous avez déjà. Le moyen pour lequel vous opterez pour honorer votre âme est un choix très personnel – il n'existe pas de bonne ou de mauvaise façon. Rendez votre pratique personnelle et unique afin qu'elle réponde à vos besoins. Avant d'examiner les divers éléments que vous pouvez utiliser pour créer votre propre pratique spirituelle, regardons quelques exemples de clients qui ont trouvé une façon bien à eux d'honorer le sacré. En lisant sur la façon dont d'autres prennent soin de leur âme, portez attention aux éléments qui pourraient vous convenir. Prenez-en note dans votre journal, afin d'en faire usage pour établir votre propre pratique.

Mark adorait le grand air. Il aimait faire du jogging durant la saison chaude et du ski en hiver. Il disait que la nature lui «nourrissait l'âme» et favorisait un «lien plus profond avec Dieu». Lorsque nous avons commencé à parler de la pratique spirituelle qui lui conviendrait le mieux, il était clair que Mark devait opter pour une activité liée à la nature. Au cours des mois d'été, Mark se levait tôt et allait faire du jogging. Pendant qu'il courait, il répétait une prière comme un mantra en suivant le rythme de son pas. Pendant l'hiver, lorsqu'il skiait ou faisait de la randonnée, il s'arrêtait à intervalles réguliers pour réciter une prière et remercier Dieu pour la beauté qu'il lui donnait à voir. Mark disait avoir toujours l'esprit clair après un séjour dans la nature. Aujourd'hui, lorsqu'il rencontre une impasse relativement à une orientation à prendre ou un choix à faire, il se rend dans la nature afin de réfléchir à ses options. Cette pratique est devenue sa façon de communier avec le Divin.

Jason, quant à lui, avait décidé que la méditation serait sa pratique spirituelle quotidienne. Il a donc aménagé un coin dans sa salle de séjour où il a placé des bougies, de l'encens et divers objets qui avaient une signification spirituelle particulière pour lui. Jason visitait ce lieu sacré chaque matin avant de se rendre au travail et de nouveau le soir à son retour. Il accordait moins d'importance à la quantité de temps qu'il passait dans ce lieu qu'à la qualité de son expérience. Le matin, il commençait son rituel en lisant un passage inspirant d'un de ses livres préférés. Puis il allumait une bougie, fermait les yeux et demeurait assis en silence pendant aussi longtemps qu'il en avait envie. À son retour du travail, en fin d'après-midi, il ouvrait son courrier, changeait de vêtements et retournait méditer. Jason imaginait un flot d'énergie clair et immaculé pénétrer en lui avec chaque inspiration, et toutes les tensions accumulées pendant la journée quitter son corps à chaque expiration. Au fil des mois, il a progressivement augmenté le temps consacré à la méditation.

Deirdre travaillait dans une grande ville. Elle se plaignait souvent de l'énergie frénétique et fiévreuse qui prévalait dans le métro lorsqu'elle se rendait au travail et lorsqu'elle en revenait. Je lui ai alors demandé de trouver une façon créative de profiter du temps qu'elle passait dans le métro pour s'adonner à une pratique spirituelle. Elle a décidé de s'asseoir tranquillement et d'envoyer de l'amour aux autres usagers. Lentement, elle regardait les gens qui se trouvaient dans son wagon en souriant et en se disant à elle-même : «Je vous envoie de l'amour, je vous envoie de l'amour». Cette simple pratique a transformé une frustration quotidienne en discipline paisible qui l'aidait à commencer la journée du bon pied.

Marty était en grande forme. Il adorait faire de l'exercice et avait trouvé une façon parfaite d'honorer son bien-être spirituel. Chaque fois qu'il allait au gymnase, son entraînement avec poids et haltères était pour lui une forme de méditation. Il soulevait et descendait les haltères lentement, imaginant une puissante force naître à l'intérieur de lui. Il se concentrait profondément sur le renforcement de ce lien intérieur tout en développant ses muscles. Lorsqu'il quittait le gymnase, il se sentait revivifié non seulement physiquement, mais aussi spirituellement.

Marla adorait danser. Elle avait à la maison une vaste pièce où elle dansait presque tous les jours. Elle disait que cette pratique lui remontait le moral et lui faisait sentir qu'elle était liée à l'Univers. Marla a donc décidé de s'inspirer de son amour de la danse dans sa pratique spirituelle. Elle avait lu que les peuples anciens utilisaient la danse et le chant pour adorer leurs dieux. Ils adressaient leurs danses aux dieux comme une forme de prière. Selon Marla, c'était la façon parfaite de combiner les deux. Chaque fois qu'elle se mettait à danser, elle récitait une prière qu'elle offrait à l'Univers.

Chacun de ces clients a trouvé une façon personnelle et unique d'honorer leur bien-être spirituel. Vous pouvez vous aussi y arriver! Voyons quelle pourrait être la vôtre.

Passez à l'action! Établissez votre pratique spirituelle

Comment comptez-vous honorer votre bien-être spirituel sur une base régulière? À quel endroit entrerez-vous en communication avec votre sagesse intérieure, Dieu ou une présence divine? Pour établir votre pratique, nous déterminerons quels sont l'endroit, le moment et la méthode qui vous conviennent le mieux pour honorer votre bien-être spirituel.

CRÉEZ UN LIEU SACRÉ. Pour créer un lieu sacré où vous honorerez votre bien-être spirituel, vous devez décider d'un lieu, d'un moment approprié et de la fréquence qui vous conviennent. La plupart des gens croient qu'une pratique spirituelle est une activité quotidienne solitaire. Mais comme nous l'avons vu dans les exemples ci-dessus, elle peut prendre des formes très différentes. Commençons par l'endroit.

Peut-être y a t-il un endroit dans votre maison que vous aimeriez consacrer à votre rajeunissement spirituel. Il peut s'agir d'un coin de pièce ou d'une pièce entière. Trouvez un endroit dont l'apparence et l'odeur vous plaisent et où vous vous sentez bien. Nettoyez-le bien – passez l'aspirateur, époussetez, polissez, bref faites tout ce qu'il faut pour que l'endroit soit propre et frais. Puis, vérifiez l'éclairage. Vous procure-t-il un confort optimal, le jour comme la nuit? Ensuite, décorez-le avec des articles qui lui conféreront son caractère sacré à vos yeux. Ces articles peuvent comprendre de la sauge ou de l'encens, des photographies, des bougies, des symboles, des livres, des coussins, des couvertures, des fleurs ou des statues. Mettez dans ce lieu des choses que vous aimez.

Maintenant, assoyez-vous dans la pièce et remarquez comment vous vous sentez. L'énergie qui y règne est-elle paisible? L'endroit est-il suffisamment tranquille? Chaque fois que vous y entrerez, il faut que vous éprouviez un sentiment général de paix et d'attention. Faites les ajustements nécessaires. Au fil du temps, vous pourrez modifier cet endroit à mesure que vos besoins changeront. Faites-en un lieu qui vous attire, où vous avez hâte de vous retrouver.

Peut-être un endroit à l'extérieur de votre maison vous conviendrait-il davantage. Avez-vous un endroit favori dans la nature où vous aimez aller? Un lac, un bord de mer ou un parc? Ma cliente Louise a trouvé un endroit spécial dans un parc de son quartier où elle aime s'arrêter lorsqu'elle rentre du travail. Le parc comporte un étang, et Louise aime s'asseoir tranquillement sur un banc pour contempler l'eau.

Remarquez les endroits qui vous nourrissent l'âme, et passez-y plus de temps. Faites une promenade près de l'océan ou en montagne, entouré d'un feuillage automnal ou sous un ciel d'été. Imaginez que ces belles choses sont là juste pour vous, pour vous ressourcer l'âme.

Bien des gens trouvent la tranquillité et la paix auxquelles ils aspirent dans des lieux de culte plus traditionnels. Une église ou un temple de votre quartier peut s'avérer l'endroit parfait pour une communion avec le Divin. Si vous n'avez pas été depuis un bout de temps dans une église ou une synagogue, retournez-y pour une visite. Mes clients Phil et Georgia ont été surpris de constater que dans le cadre du service dominical de l'église unitarienne de leur quartier, on lisait des passages de certains de leurs auteurs préférés, comme Matthew Fox et Marianne Williamson. Ils ont découvert avec bonheur une nouvelle communauté spirituelle.

Vous pouvez également choisir plusieurs endroits. Il n'existe aucune règle en la matière. Vous pouvez adopter une pratique quotidienne à la maison et aller à l'église chaque semaine, ou encore faire des séjours en nature pendant la saison chaude et rester à la maison au retour du froid. Souvenez-vous, ce qui importe, c'est ce qui vous réussit le mieux. Inscrivez ici vos endroits sacrés :

_____

_____

Choisissez le moment qui vous convient. Trouver le bon moment pour votre pratique spirituelle est un facteur important dans la régularité de cette pratique. Pour les personnes qui préfèrent une pratique quotidienne, une séance tôt le matin pourrait s'avérer une excellente façon de commencer la journée. D'autres préféreront terminer leur journée avec une séance en fin de l'après-midi ou en soirée. À quelle fréquence désirez-vous vous adonner à cette pratique? Tous les jours? Une fois par semaine? Une fois par mois? Choisissez un rythme que vous serez capable de respecter. Ne vous imposez pas des exigences qui vous mèneront à l'échec. Même si je recommande une pratique quotidienne régulière, commencez lentement et inspirez-vous de vos réussites. En honorant de façon soutenue votre bien-être spirituel, vous vous sentirez mieux dans votre peau. Inscrivez ici le ou les moments qui vous conviendraient le mieux :

_____

_____

Choisissez votre pratique spirituelle personnelle. La discipline ou pratique spirituelle pour laquelle vous opterez constitue un choix strictement personnel. Faites des essais en vous inspirant des exemples mentionnés précédemment. Essayez différentes approches jusqu'à ce que vous en trouviez une ou plusieurs qui vous conviennent. Vous pouvez écouter de la musique spirituelle, allumer une bougie et prier tranquillement ou étudier un passage de la Bible ou d'autres écrits spirituels.

Vous pouvez décider que partager avec d'autres votre cheminement spirituel est une façon importante d'honorer le sacré. Un cercle sacré d'amis, avec qui vous pouvez échanger sans danger et sans avoir à cacher votre vulnérabilité pourrait être une addition parfaite à votre pratique spirituelle. Pour ma cliente LeAnn, il s'agissait là d'un élément très important.

LeAnn a réuni plusieurs amis qui partageaient son désir d'incorporer plus de sacré dans leur vie de tous les jours. Ils ont décidé de se rencontrer une fois par mois pour se parler des différentes façons dont chacun d'entre eux honoraient leur âme. Parfois, un des membres lisait aux autres un passage qui l'avait inspiré, parfois un autre posait des questions précises au groupe dans le but de stimuler un débat. Il arrivait également au groupe de se raconter leurs « histoires de miracles », ces événements synchrones que la plupart des gens considèrent comme de simples coïncidences. LeAnn appréciait grandement ces rencontres et disait qu'elles contribuaient non seulement à approfondir sa conscience spirituelle, mais lui permettaient de profiter de la sagesse divine par l'entremise des autres. C'était pour elle la façon parfaite de faire honneur à son bien-être spirituel. Deux années plus tard, cette réunion mensuelle va toujours bon train, et est devenue une partie importante de la vie de LeAnn.

Qui sont les gens avec qui vous aimeriez partager votre démarche spirituelle ? Avez-vous une communauté spirituelle ? Une rencontre régulière serait-elle pour vous une expérience riche et bienfaisante pour votre âme ? Nous avons tous besoin d'une communauté spirituelle pour nous encourager à explorer plus profondément notre spiritualité. Traditionnellement, ces communautés se trouvaient dans les églises et dans les temples. Même si ces lieux de culte conviennent toujours à bien des gens, nombre de mes clients déplorent l'absence de liens avec les personnes qui fréquentent ces lieux avec eux. Tendez la main à ces gens. Créez vous-même un groupe. Trouvez des gens avec qui vous vous sentez en sécurité et qui ne porteront pas de jugements sur vos croyances et vos pratiques spirituelles. Pensez aux membres de votre communauté avec qui vous aimeriez partager une pratique spirituelle. Inscrivez leur nom ici :

_____   _____

_____   _____

_____   _____

Votre journal peut également devenir un guide spirituel de confiance. Servez-vous en pour explorer vos pensées, vos sentiments et vos désirs spirituels. Composez vos propres prières. Inscrivez-y vos citations favorites, vos souvenirs et les événements synchrones qui surviennent dans votre vie. Immortalisez-les dans votre journal et relisez-les pour vous donner de l'inspiration. Intégrez votre journal à votre pratique spirituelle.

Lorsque j'ai repris ma vie spirituelle après plusieurs années, pendant lesquelles j'avais pris mes distances de mon éducation catholique, j'ai passé un an à écrire quotidiennement des lettres à Dieu dans mon journal. Décidée à renouer avec une puissance supérieure, j'avais spontanément amorcé ce rituel quotidien. Chaque jour s'appuyait sur le précédent, et cette pratique m'a effectivement permis de reprendre contact avec Dieu. Mon journal est devenu un compagnon de mon cheminement spirituel.

Essayez. Ouvrez votre journal et écrivez une lettre à Dieu, à l'Univers, à Bouddha, à votre Créateur, au Grand Esprit ou au Divin — choisissez l'interlocuteur qui vous convient le mieux. Écrivez une lettre par jour pendant une semaine, en imaginant qu'une puissance bienveillante est attentive à chacun de vos mots.

Cherchez des façons d'incorporer d'autres rituels à votre vie quotidienne. Le recours intentionnel aux rituels peut grandement vous aider à considérer les gestes ordinaires comme sacrés. Le simple fait de bénir un repas, de faire brûler de l'encens en lisant un livre ou d'allumer une bougie pendant que vous travaillez peut conférer un caractère sacré à votre quotidien.

Maintenant que vous disposez de nombreuses idées à partir desquelles choisir, inscrivez celles qui vous conviennent. Les façons d'honorer mon bien-être spirituel sont les suivantes :

_____

_____

_____

Mettons maintenant tout ça ensemble :

Mon ou mes lieux sacrés seront :

_____

Le meilleur moment pour cette pratique est :

_____

Ma pratique spirituelle consiste à :

_____

Passez à l'action ! Alimentez et nourrissez votre âme

Qu'est-ce qui vous émeut ? Qu'est-ce qui nourrit votre âme et vous fait éprouver profondément les choses ? Est-ce de la belle musique, un superbe coucher de soleil ou de danser avec extase ? Peut-être est-ce ces moments où tout semble converger, et qui vous remplissent de gratitude. Portez attention aux choses qui vous font frissonner, aux expériences agréables qui vous donnent la chair de poule ou vous émeuvent aux larmes et prenez-en note. Ce sont ces choses-là qui vous nourrissent l'âme.

Nous avons tous besoin de « nourriture de l'âme ». Lorsque nous nourrissons notre âme, nous nous ouvrons à l'expérience de la grâce –

un moment où le temps s'immobilise et où nous pouvons sentir une présence divine pénétrer notre cœur et notre esprit.

La nourriture de l'âme peut susciter en vous une émotion physique, émotionnelle ou spirituelle. Ma cliente Toby s'est rappelée avoir assisté à une conférence qui avait commencé avec un numéro exécuté sur scène par un groupe de joueurs de tambour. Enivrée par le bruit retentissant et rythmé des tambours, elle avait aussitôt bondi de son siège. Elle m'a raconté avoir senti une présence primitive envahir son corps. Andrew, un autre client, a vécu une expérience semblable au théâtre. Il était allé voir *Les Misérables* avec sa femme, et avait été subjugué du début à la fin. Andrew m'a dit que le spectacle avait remué en lui une force profondément enfouie. Voilà le genre de sorties que nous réservons souvent pour les occasions spéciales. Mais notre âme a besoin d'être nourrie plus qu'une ou deux fois par année. Je vous donne maintenant la permission de nourrir abondamment votre âme sur une base régulière afin de préserver votre santé spirituelle!

CRÉEZ DES MOMENTS D'ÉMERVEILLEMENT. L'une des meilleures façons de nourrir votre âme consiste à lui procurer ce que j'appelle des «moments d'émerveillement». Nous pouvons créer ces moments en prenant des risques et en faisant ces choses que nous adorons et qui se trouvent parfois à l'extérieur de notre zone de confort. Un jour, dans un vol qui revenait de New York, j'ai lu dans le magazine de bord une histoire décrivant l'un de ces moments.

Le journaliste Bob Spitz, auteur de l'article, avait participé à un camp de «rêve rock and roll», pour les gens qui entretiennent le rêve secret de jouer sur scène avec leur musicien célèbre favori. À ce camp, des hommes et des femmes d'âges différents se réunissent pendant plusieurs jours afin de réaliser leur rêve. Spitz décrivait leur surexcitation juvénile à l'idée de jouer avec leurs idoles vieillissantes. Plusieurs moments d'émerveillement ont eu lieu, dont l'un concernait Waldman, un consultant en gestion d'âge mûr venant de Pennsylvanie. Voici les mots de Spitz : «Waldman jouait sur scène avec Nils Lofgren, exécutant avec plaisir un simple blues, lorsque Lofgren lui a lancé : «À toi!» Waldman est resté pétrifié, puis s'est écrié : «NON!» Il a dit avoir été terrifié pendant une ou deux secondes, mais qu'après, en retournant à sa chambre, il s'est regardé dans le miroir et s'est écrié : « C'ÉTAIT LE MOMENT LE PLUS MERVEILLEUX DE MA VIE ! » » S'agit-il ici de nourriture de l'âme ? Sans l'ombre d'un doute.

Je me souviens d'une expérience qui a constitué un moment d'émerveillement pour moi-même et 70 autres femmes. On m'avait demandé de présenter un atelier dans le cadre d'une conférence pour femmes organisée par une université de ma région. Au cours de l'atelier, j'ai invité les participantes à inscrire sur un bout de papier un objectif qu'elles aimeraient accomplir et une liste des éléments qui, selon elles, les empêchaient d'y arriver. Puis, j'ai demandé à une volontaire de partager avec le groupe son objectif ainsi que les obstacles qu'elle avait déterminés. Sandra, assise dans la deuxième rangée, a aussitôt levé la main.

Elle s'est ensuite rendue à l'avant de la salle. Debout devant le groupe de femmes, elle a avoué nerveusement que son objectif était de jouer du piano devant un public. Pianiste de formation classique d'un niveau très avancé, elle souffrait toutefois d'un trac terrible, ce qui constituait son obstacle. Or, Sandra voulait désespérément recommencer à jouer devant un auditoire.

Je lui ai alors posé quelques questions à propos de son trac. Pendant qu'elle parlait des symptômes, je l'écoutais attentivement afin de déterminer la source de sa peur. Lorsqu'elle était enfant, on l'avait constamment forcée à jouer du piano pour les amis et les membres de sa famille. Elle se sentait obligée de briller à tout coup et s'était mise à craindre de faire des erreurs. Ses craintes sont devenues si intenses que plus tard, elle a décidé de cesser complètement de jouer pour les autres. Tout au plus pouvait-elle ouvrir la fenêtre pendant qu'elle jouait à la maison, sachant que des passants pourraient l'entendre. Elle n'avait pas joué devant qui que ce soit depuis plus de 12 ans.

J'ai expliqué à Sandra que maintenant, en tant qu'adulte, elle avait le choix de jouer ou non. Je lui ai également fait remarquer qu'en ne surmontant pas cette peur, elle se privait de l'occasion de faire d'autres choix qui pourraient grandement améliorer sa vie.

Je me suis alors rappelée qu'il y avait un piano à l'extérieur de la pièce au bout du couloir et, au moyen d'une approche paradoxale, j'ai demandé à Sandra si elle accepterait de jouer pour nous pendant une minute, *avec* des erreurs. Les participantes se sont aussitôt levées et ont ovationné Sandra à tout rompre pour lui témoigner leur soutien.

Au bout d'une pause et de moult délibérations, Sandra a décidé de relever le défi. À la fin de l'atelier, nous nous sommes rendues au bout du couloir où se trouvait le piano, adossé contre le mur. Sandra s'est installée doucement sur le banc pendant que nous prenions place autour d'elle. Puis, au bout d'une longue pause et après une profonde respiration, elle s'est mise à jouer le plus beau morceau classique que j'aie jamais entendu. Le temps s'est arrêté. En acceptant d'être vulnérable devant ces femmes, elle avait ouvert la porte à une présence divine, si forte que nombre d'entre nous avons été instantanément émues aux larmes. Profondément touchée par son courage, je savais que nous n'oublierions jamais cet instant et que nos vies en resteraient changées à jamais. Voilà les bienfaits de la nourriture de l'âme.

Cet événement est survenu il y a plus de cinq ans. Imaginez ma surprise lorsque j'ai reçu un appel téléphonique de Sandra pendant que j'écrivais le présent livre. En repensant à ce jour, elle avait décidé de me téléphoner pour me dire que cette expérience que nous avions vécue ensemble avait toujours un impact sur sa vie. Chaque fois qu'elle devait faire un choix qui exigeait du courage, elle se rappelait ce jour et puisait la force qu'il lui fallait dans l'amour et le soutien que lui avaient alors témoigné toutes les femmes du groupe.

Les événements et les expériences qui vous nourrissent l'âme contiennent un combustible qui vous alimentera pendant toute votre vie. Tout comme Sandra, vous pouvez faire appel à cette force pour vous alimenter dans votre vie courante.

Comment créerez-vous des moments d'émerveillement? De quoi avez-vous toujours rêvé mais que vous avez trop peur d'essayer? Sortez de votre zone de confort et nourrissez votre âme! Faites appel à votre partenaire ou votre groupe de motivation pour discuter des façons de créer ensemble des moments d'émerveillement.

SAVOUREZ LA NOURRITURE DE L'ÂME VISUELLE. La meilleure nourriture de l'âme se trouve parfois juste à votre fenêtre – un coucher ou un lever de soleil spectaculaire, une randonnée au sommet d'une montagne au panorama superbe, un soir de pleine lune ou un ciel étoilé, que l'on admire couché dans l'herbe. C'est ce que j'appelle la nourriture de l'âme visuelle. Elle est gratuite et abondante. Où pouvez-vous aller pour vous nourrir l'âme ? Connaissez-vous un jardin, une ferme de papillons ou un sanctuaire d'oiseaux ? Inscrivez trois de ces endroits ici :

1. _____
2. _____
3. _____

NOURRISSEZ VOTRE ÂME AVEC LES « PETITES CHOSES ». Nous pouvons parfois nourrir notre âme avec de petites choses, celles pour lesquelles nous n'avions pas le temps lorsque nous étions trop occupés, comme se peindre les ongles, désherber un jardin, remplir une mangeoire d'oiseaux ou prendre le thé l'après-midi avec un ami. Ces activités peuvent vous sembler d'étranges exemples de nourriture de l'âme, mais vous seriez surpris de connaître le nombre de personnes qui aspirent à la possibilité de jouir de ces simples plaisirs.

Faites-vous un cadeau en passant un après-midi ou une journée à ne faire que les petites choses qui vous rendent heureux. Pendant la semaine, prenez note des petites choses que vous aimeriez faire, puis inscrivez-en cinq exemples ici :

1. _____
2. _____
3. _____
4. _____
5. _____

Quelqu'un a déjà dit que les sens étaient la porte d'entrée de l'âme. Les choses sensuelles peuvent également vous nourrir et vous ressourcer l'âme. Faites l'amour sur une musique fougueuse, dormez dans des draps en coton égyptien ou laissez-vous caresser la peau par des vêtements de soie ou de velours. Buvez du thé dans une tasse de fine porcelaine ancienne ou emportez en voyage des taies d'oreiller en soie. Allumez des bougies pendant la journée ou emplissez votre chambre des délicieux arômes de l'aromathérapie. Ayez des conversations profondes et spirituelles avec autrui pour partager ces choses qui vous nourrissent l'âme.

À partir des suggestions qui se trouvent dans le présent chapitre et de vos propres idées, déterminez ce que vous ferez pour vous nourrir l'âme. Inscrivez dix exemples ici :

1. _____
2. _____
3. _____
4. _____
5. _____
6. _____
7. _____
8. _____
9. _____
10. _____

Maintenant, engagez-vous à faire l'une de ces choses chaque semaine. Par où commencerez-vous?

_____

Quand le ferez-vous?

_____

Passez à l'action! Effectuez régulièrement une « retraite pour l'âme »

Pour faire de votre bien-être spirituel une priorité, prenez régulièrement le temps de faire une retraite pour l'âme. Combien de fois avez-vous souhaité pouvoir prendre le temps de repenser votre vie? De vous offrir une sabbatique loin de vos obligations quotidiennes qui vous permettrait de vous recentrer ainsi que d'évaluer où vous en êtes dans la vie et où vous allez? Cette « retraite pour l'âme » est nécessaire pour créer la vie que vous voulez. La vie change, les gens changent et les situations changent – nous avons donc tous et toutes besoin de consacrer régulièrement du temps à la contemplation tranquille.

Certaines personnes profitent d'un événement annuel pour faire une retraite de l'âme. Chaque année, l'anniversaire de ma cliente Elaine est pour elle un moment sacré dont elle profite pour réévaluer sa vie. Elle va passer trois jours dans un monastère ou dans un lieu de retraite et s'entoure de silence. Elle repasse les événements de l'année écoulée et écrit en quoi ces expériences l'ont fait grandir. Puis elle planifie l'année qui vient. Elle dresse une liste des dix choses qu'elle aimerait le plus voir se concrétiser. Elle aborde également les qualités qu'elle aimerait approfondir chez elle et la direction vers laquelle elle aimerait orienter sa croissance personnelle. Ce rituel annuel est devenu un moment sacré qu'Elaine appelle son « plus beau cadeau d'anniversaire ».

Pour Ellen, une autre cliente, ce sont les solstices d'hiver et d'été qui sont l'occasion de faire une retraite de l'âme. Elle réserve une place dans une station thermale, où on la traite aux petits oignons et où elle a l'occasion de se concentrer sur elle-même « avec les yeux de l'âme ». Elle revient ensuite à ses occupations revivifiée et rafraîchie, prête à faire tout changement qu'elle juge nécessaire pour continuer à orienter sa vie sur la bonne voie.

Votre retraite peut être d'un genre complètement différent. Que penseriez-vous d'une descente en eaux vives? Ou d'une excursion à vélo? Certains clients, qui voient cette démarche comme une sorte de quête, aiment se retrouver dans la nature et même parfois se pousser au-delà de leurs limites.

Il est essentiel de consacrer du temps à l'introspection pour maintenir une vie de haute qualité. C'est l'occasion rêvée de réexaminer votre pratique spirituelle, de bénéficier des conseils de votre sagesse intérieure et de réévaluer la façon dont vous vivez votre vie. Le fait de s'éloigner pendant quelque temps aide toujours à mettre les choses en perspectives. Trop souvent, mes clients me disent rêver de pouvoir prendre une sabbatique, de partir et de consacrer du temps juste pour eux. Je leur dis d'en faire un projet prioritaire – cessez de rêver et commencez à planifier !

Alors, à quand votre prochaine retraite ? Remplissez les espaces ci-dessous :

Ma prochaine « retraite pour l'âme » aura lieu :

_____

Pour faire ce voyage, je dois :

_____

Le nombre de jours que j'aimerais y consacrer est :

_____

L'endroit où j'aimerais le plus aller est :

_____

J'aimerais profiter de cette retraite pour :

_____

Les trois mesures que je dois prendre en premier sont :

_____

_____

_____

S'il vous semble impossible de prendre une retraite pour l'âme, faites appel au soutien de votre partenaire ou de votre groupe. Demandez-leur de vous aider à déterminer ce qui vous empêche de prendre cette retraite, et de faire un remue-méninges afin de trouver des moyens d'y arriver. Si c'est une question d'argent, reportez-vous au chapitre 4. Vous pouvez également aller à la section des ressources qui se trouve à la fin du présent chapitre pour trouver des suggestions de lieux de retraite et de sabbatique à faible coût. Si vous vous entendez dire que vous n'avez pas le temps, reportez-vous au chapitre 2 et agissez !

———————

Quand vous vivez en demeurant à l'écoute de votre sagesse intérieure, vous en venez à réaliser que la vie que vous croyiez vouloir n'était en fait qu'un début. En effet, lorsqu vous arrivez à cette étape, une puissance divine prend la relève, et à mesure que vous écoutez votre sagesse intérieure et que vous agissez en conséquence, celle-ci vous guide vers une vie qui dépasse vos rêves les plus fous. Maintenant que vous avez institué une pratique spirituelle qui vous permet de vous nourrir et de vous alimenter l'âme, faites-en votre priorité suprême ! Laissez le lien avec votre sagesse intérieure devenir votre principal combustible !

RAPPELS

Abandonnez-vous à un ordre supérieur – faites confiance à votre instinct et laissez votre sagesse intérieure vous guider.

- Instituez une pratique spirituelle unique et spéciale qui vous convient.

- Nourrissez et alimentez votre âme :
  Créez des moments d'émerveillement.
  Savourez la « nourriture de l'âme visuelle ».
  Nourrissez votre âme avec de petites choses.
- Planifiez régulièrement une retraite pour l'âme.

RESSOURCES

MAGAZINE

New Age Magazine
P.O. Box 488
Mt. Morris, IL 61054-8244
(815) 734-5808
Abonnement d'un an au coût de 12 $.

LIVRES

Sanctuaries: The Complete United States: A guide to Lodgings in Monasteries, Abbeys, and Retreats
par Jack Kelly et Marcia Kelly (New York, Bell Tower, 1996)

> Ce livre présente de merveilleux endroits peu coûteux partout aux États-Unis qui accueillent des gens de toutes les confessions. La plupart sont d'obédience chrétienne, mais beaucoup sont bouddhistes, soufis et hindous, et quelques-uns n'ont pas d'attache religieuse particulière.

Creating Sacred Space with Feng Shui: Learn the Art of Space Clearing and Bring New Energy into Your Life
par Karen Kingston (New York, Broadway Books, 1997)

> Ce guide illustré facile à comprendre explique comment appliquer l'art de l'harmonisation du cadre de vie et d'autres principes du feng shui pour créer paix intérieure et confort à la maison et au travail.

Illuminata: A Return to Prayer
par Marianne Williamson (New York, Random House, 1994)

> Un superbe livre rempli de riches prières et de sagesse qui encourage le lecteur à «se tourner vers Dieu» afin d'apaiser la douleur de vivre.

Many Lives, Many Masters

par Brian L. Weiss (New York, Fireside Books, 1989)

Ce livre entraîne les lecteurs dans un voyage spirituel unique qui changera leur vie.

La Prophétie des Andes

par James Redfield (New York, Warner Books, 1993)

Cette aventure spirituelle offre des leçons vitales sous la forme de neuf pensées qui inaugurent pour le lecteur un cheminement vers une culture totalement spirituelle.

Living in the Light: A Guide to Personal and Planetary Transformation

par Shakti Gawain (New York, Bantam, 1993)

L'un des livres les meilleurs et les plus originaux pour développer votre intuition et apprendre à vous y fier.

Sermon on the Mount

par Emmet Fox (HarperSanFrancisco, 1989)

Ce livre offre des conseils pratiques aux personnes de toutes les confessions qui cherchent à apporter santé, bonheur et prospérité dans leur vie et dans celle des autres.

Six Months Off: How to Plan, Negociate, and Take the Break You Need without Burning Bridges or Going Broke

par Hope Dlugozima, James Scott et David Sharp (New York, Henry Holt, 1996)

Un livre axé vers l'action qui explique comment planifier une sabbatique ou une période d'arrêt de travail.

Awakening the Buddha Within

par Lama Surya Das (New York, Broadway Books, 1997)

Écrit par le lama américain possédant la formation la plus approfondie dans la tradition tibétaine, ce livre accessible passionnera tous les aventuriers spirituels des temps modernes.

AUTRE

Rock and Roll Fantasy Camp
252 West 71st Street
New York, NY 10023
(212) 757-1605

8

Votre

nouvelle

vie

Vous avez mis en branle une nouvelle façon de vivre. En transformant sept obstacles en tremplins, vous vous êtes donné le choix sur la façon de vivre votre vie. Non seulement la qualité de votre vie extérieure a-t-elle augmenté énormément, mais votre vie intérieure s'est fort probablement elle aussi améliorée. À mesure que vous consacrerez votre temps et votre énergie à ce qui compte vraiment pour vous et que vous jouirez des fruits de votre travail – une meilleure sécurité financière et la joie que procure des relations bienfaisantes pour l'âme, entre autres –, votre confiance en vous-même augmentera, la tranquillité d'esprit s'installera en vous, et vous vous sentirez capable de vivre selon vos propres conditions.

En prenant l'entière responsabilité de votre vie, vous avez trouvé la clé de la vraie sécurité – le type de sécurité dont on jouit lorsqu'on connaît l'abondance dans tous les domaines de la vie : temps, énergie, communauté et bien-être spirituel. Vous vous entendrez prononcer les mêmes paroles que mes clients :

J'ai plus qu'assez de temps pour faire les choses que je veux faire.

La plupart du temps, je me sens détendue et en paix.

Je passe de bons moments avec ma famille et mes amis.

Mes amis et ma famille me disent que je suis plus facile à vivre qu'avant.

J'ai moins de conflits et de frustrations dans ma vie.

La plupart des matins, je me réveille avec le sourire.

Ma santé physique s'est améliorée.

Je me sens plus en sécurité sur le plan financier.

Ma maison et mon bureau sont des lieux où il fait bon être.

Ma vie m'inspire espoir et dynamisme.

Des occasions sans pareilles se présentent tout naturellement à moi.

Voilà autant de signes que votre travail acharné porte ses fruits. La poursuite de la démarche exposée dans le présent livre constitue une police d'assurance qui vous permettra de maintenir une vie où vous prendrez le plus grand soin de vous-même. Si vous vous laissez entraîner de nouveau dans la course folle ou que vous vous sentez dépassé ou insatisfait de votre vie, vous n'avez qu'à vous poser les questions suivantes afin de déterminer où vous devez apporter des ajustements pour vous remettre sur la bonne voie :

Liste de contrôle sur la qualité de vie

1. Est-ce que je prends le plus grand soin de moi-même ? Est-ce que je me réserve du temps pour moi-même *chaque* semaine ? (chapitre 1)
2. Ai-je remis à jour ma liste de oui absolus dans les trois ou six derniers mois ? Mon emploi du temps reflète-t-il ces priorités ? (chapitre 2)
3. Est-ce que je subis une personne, un endroit ou une chose qui me vide de mon énergie ? (chapitre 3)
4. Est-ce que je vis selon mes moyens, est-ce que j'économise de façon régulière et est-ce que j'investis sagement ? (chapitre 4)

5. Est-ce que j'alimente mon corps, mon esprit et mon âme avec du carburant de première qualité? (chapitre 5)
6. Est-ce que je consolide des liens bienfaisants pour l'âme avec les personnes qui sont importantes pour moi? (chapitre 6)
7. Ai-je adopté une pratique spirituelle régulière, est-ce que j'écoute les conseils de ma sagesse intérieure et d'une puissance divine et est-ce que j'agis en conséquence?

Le changement est un processus continu, et vous devrez de temps en temps faire un retour sur le programme exposé dans ce livre afin de continuer à créer la vie que vous voulez. Utilisez la liste de contrôle sur la qualité de vie pour déterminer dans quel domaine vous devez mieux concentrer votre énergie, puis reportez-vous au chapitre correspondant et retroussez les manches! Chaque fois que vous faites les exercices, vous continuez à progresser en vous appuyant sur le travail déjà accompli.

RÉINVENTER NOTRE FAÇON DE TRAVAILLER

Maintenant que vous avez remis toute votre vie en perspective et construit une solide fondation pour votre nouvelle existence, vous êtes en bien meilleure position pour penser différemment en ce qui a trait à votre travail. Le temps est venu de vous demander comment le travail pourrait ajouter de la valeur à votre vie.

À mesure que vous avez progressé dans la réalisation du programme exposé dans ce livre, que vous avez repris possession de votre pouvoir personnel et pris votre vie en main, vous avez commencé tout naturellement à vivre une vie plus équilibrée. Votre vie n'est plus centrée sur le travail, et vous consacrez votre énergie à autre chose à part votre emploi comme vos relations, votre vie spirituelle et vos loisirs.

Plus mes clients avancent dans le cheminement expliqué dans ce livre, plus ils se sentent capables de faire des changements dans leur vie professionnelle. Une fois qu'ils ont commencé à voir leur vie comme une immense toile, ils se donnent la licence artistique nécessaire pour peindre leurs rêves. Pour ce faire, certains décident de changer de travail, et d'autres d'apporter des changements à leur façon de travailler. D'une façon où d'une autre, l'objectif est de faire en sorte que le travail ajoute une dimension de richesse à *toute* votre vie.

Par exemple, certains clients font le choix de conserver leur emploi, mais d'améliorer leur milieu de travail, alors que d'autres quittent leur poste pour lancer leur propre entreprise. D'autres encore apportent des changements à leur travail non seulement pour qu'il corresponde à leur nouvelle vie, mais aussi pour qu'il leur permette d'exprimer leurs passions et leurs désirs. Laissez-moi vous donner quelques exemples de ce que je veux dire.

Mon client Timothy adorait son travail de technicien en logiciels et se plaisait dans l'entreprise qui l'employait. Mais lorsqu'il a établi ses nouvelles priorités, il s'est rendu compte qu'il était très important pour lui de passer plus de temps avec ses enfants et de les voir grandir. Malheureusement, la culture de son entreprise valorisait les employés qui étaient prêts à travailler de longues heures. Obligé à se conformer à son environnement, Timothy se sentait obligé de rester au bureau passé 18 heures.

Lorsque, grâce aux séances de *coaching*, Timothy a commencé à remettre sa vie sur la bonne voie, il a appliqué à son travail, dans le but de l'améliorer, ce qu'il avait utilisé avec tant de succès dans sa vie personnelle. Il a donc établi de nouvelles priorités au travail, s'est assuré de consacrer du temps et de l'énergie à la réalisation de ces priorités en plus d'éliminer les choses qui le vidaient de son énergie. Il a également obtenu le soutien de ses collègues et du personnel de l'entreprise dans la réalisation de ces nouveaux objectifs. Au bout de six mois, son patron a fait quelques commentaires sur les changements qu'il avait remarqués, notamment la nouvelle organisation du bureau de Timothy et le fait que les projets étaient dorénavant toujours prêts avant la date d'échéance.

Pour tirer parti de cette nouvelle réputation, Timothy et moi avons alors établi un plan selon lequel il travaillerait à la maison deux jours par semaine, ce qui lui permettrait de voir ses enfants à leur retour de l'école. Le plan comportait des objectifs précis et une description du type de travail que Timothy pourrait effectuer plus efficacement à la maison sans interruptions. Tout en indiquant les problèmes potentiels et en proposant des solutions, il a demandé à son patron de faire un essai pendant trente jours.

J'ai suggéré à Timothy qu'il présente les choses à son patron en mettant l'accent sur le partenariat, en lui faisant clairement savoir que *leur* réussite lui tenait à cœur. Je l'ai aidé à mettre par écrit son objectif, son plan ainsi que les résultats favorables qu'il envisageait. De cette façon, il pourrait répéter non seulement ce qu'il allait dire, mais la façon dont il s'exprimerait. Lorsque Timothy a expliqué à quel point il lui importait d'être avec ses enfants et qu'il a présenté un plan réfléchi d'une façon directe et confiante à son patron, celui-ci a accepté de faire un essai. Au bout de trente jours, après avoir apporté quelques ajustements, Timothy et son patron étaient d'accord pour dire que cette nouvelle façon de faire était efficace.

Timothy avait pu se permettre de prendre le risque de faire part à son patron de ses nouveaux besoins parce qu'il avait prouvé sa capacité de travailler intelligemment. De plus, comme il avait des réserves émotionnelles et financières, il savait qu'il pouvait en toute sécurité choisir de quitter l'entreprise si le nouvel arrangement ne donnait pas les résultats escomptés.

Souvenez-vous qu'avec une solide fondation en place, vous pouvez reprendre possession de votre pouvoir et prendre les commandes de votre vie professionnelle. Il n'en tient qu'à vous d'accepter l'entière responsabilité pour ce qui ne fonctionne pas et de faire les changements qui s'imposent. Personne d'autre ne le fera à votre place. Au lieu de vous sentir comme une victime des circonstances, vous pouvez prendre la parole, exprimer vos besoins, exiger des changements et faire en sorte que votre vie professionnelle ajoute de la valeur à votre existence en général.

Ma cliente Stacy suivait déjà des séances de *coaching* depuis quelque temps lorsqu'elle a décidé de prendre une autre direction.

Elle a quitté l'emploi qu'elle occupait dans l'industrie du tourisme pour lancer sa propre entreprise. En partant de l'idée que les gens pouvaient travailler ensemble à distance, elle a ouvert un bureau à la maison et s'est mise à procurer «virtuellement» ses services aux propriétaires d'entreprise. Non seulement s'occupait-elle de leurs déplacements, mais elle effectuait des recherches, les aidait à prendre d'importantes décisions sur le plan des affaires et leur offrait un soutien administratif diversifié. Avec en banque l'équivalent de six mois de frais de subsistance à titre de coussin de sécurité et deux clients assurés, elle a lancé son entreprise et a gagné son pari. À la fin de la première année, elle avait plus de clients qu'elle ne pouvait en accepter et a décidé d'ajouter à son succès en créant une «entreprise de formation virtuelle» qui offrirait des cours dans le nouvel art du «soutien virtuel».

Non seulement Stacy apprécie-t-elle la liberté et l'indépendance que procure le travail autonome, mais elle en récolte également les récompenses financières. Comme bien d'autres propriétaires d'entreprises à domicile, Stacy gagne maintenant trois fois plus que lorsqu'elle était salariée. Après avoir repris possession de sa propre vie, elle a créé une entreprise qui aide les autres à faire de même en leur fournissant les outils pour se créer un travail leur permettant de gagner décemment leur vie. Par exemple, la plupart des clients de Stacy sont des femmes qui apprennent à créer une entreprise lucrative tout en restant à la maison avec leurs enfants.

Et, comme d'habitude, lorsque Stacy a remis de l'ordre dans sa vie et s'est sentie plus en mesure de faire en sorte que sa vie professionnelle enrichisse sa vie personnelle, tout a semblé couler de source. Six mois après avoir lancé son entreprise, Stacy a fait l'objet d'un article dans trois importantes revues, et son entreprise a pris son envol. De la chance? Non. Du travail acharné, une solide fondation et le soutien des amis, de la famille et d'une force divine, voilà la magie qui est à la portée de nous tous lorsque nous nous engageons à vivre une vie de haute qualité.

Parfois, un client qui possède déjà une entreprise opte pour le changement. De plus en plus de propriétaires d'entreprises avec qui je travaille se rendent compte que ce qui est plus gros n'est pas nécessairement meilleur. En effet, plus le succès est grand, plus le sont les responsabilités. À mesure que l'entreprise se développe, le propriétaire est obligé d'acquérir une vaste gamme de nouvelles compétences. À l'instar de ma cliente Christine, certaines personnes décident d'abandonner le navire et de dire non au rythme effréné qu'exige la croissance d'une entreprise pour s'orienter vers une activité plus tranquille et plus satisfaisante sur le plan personnel.

Christine se passionnait pour les voyages et la photographie. Depuis que je la connaissais, elle n'avait cessé de me parler des divers endroits qu'elle avait visités et du plaisir qu'elle avait eu à prendre des photos de chacun d'entre eux. Son amour pour les voyages et la photographie est maintenant devenu partie intégrante de sa vie holistique. Auparavant, Christine avait été une consultante d'entreprise qui avait beaucoup de succès et qui travaillait 70 heures par semaine. Mais lorsqu'elle a changé son mode de vie pour qu'il corresponde à ses besoins, elle a aussi apporté des modifications à son entreprise. Christine a décidé de n'accepter que trois projets par année, ce qui lui laissait plus de quatre mois pour voyager.

En suivant le processus indiqué dans le présent livre, Christine a compris que son envie de voyager et son amour pour la photographie étaient beaucoup plus forts que son désir d'être riche. Elle habite aujourd'hui un modeste appartement, vit selon ses moyens, épargne 50 % de ses revenus et utilise le reste pour payer ses voyages. Et ce n'était que le début. Comme bien d'autres, l'histoire de Christine illustre bien la magie qui survient lorsqu'en plus de faire un travail que nous adorons, nous menons la vie que nous adorons, ce qui est l'essentiel.

Deux ans après avoir adopté cette nouvelle façon de vivre, Christine a montré à un de ses clients les photos qu'elle avait prises lors d'un récent voyage en Irlande. Celui-ci était si frappé par la façon dont elle avait su saisir l'essence des gens et du pays qu'il lui a téléphoné une semaine plus tard et l'a invitée à le rencontrer pour le café. À peine avaient-ils pris place que le client a demandé à Christine si elle accepterait de partir en expédition de photographie en vue du lancement de leur nouveau produit, un logiciel qui s'appellerait « les yeux du monde ». Grâce à ce projet, Christine voyagerait partout dans le monde pendant six mois afin de prendre des photos de diverses cultures. Inutile de dire qu'elle était ravie !

Voilà des exemples types de ce qui arrive à mes clients lorsqu'ils suivent le programme décrit dans ce livre et qu'ils décident de travailler selon leurs propres conditions. La plupart des gens n'ont jamais la chance d'avoir un tel choix et de bénéficier d'une assistance divine parce qu'ils sont trop occupés à se débattre pour survivre. Mais maintenant, c'est *vous* qui êtes aux commandes. Vous vous êtes mérité le droit de décider non seulement ce que vous allez faire, mais comment vous allez vous y prendre. Vous vous êtes donné la permission de réinventer les règles du jeu.

Le succès est garanti pour les clients qui travaillent dur afin de doter leur vie d'une solide fondation. Et, à vrai dire, ces clients font les meilleurs employés et les propriétaires d'entreprise les plus efficaces. En améliorant leur qualité de vie, ils ont acquis d'importants outils qui leur ouvrent du même coup la porte de la réussite professionnelle.

Ainsi, pour ceux et celles d'entre vous qui recherchez ce qu'il y a de mieux, ouvrez grand les oreilles ! Lorsqu'ils arrivent à un point où ils se sentent suffisamment sûrs d'eux-mêmes pour choisir sagement leur activité professionnelle, mes clients exigent davantage de leur travail qu'une alléchante rémunération. En effet, les critères suivants s'appliquent dorénavant :

- Leur travail ne doit jamais les forcer à compromettre leur intégrité.
- Leur horaire doit leur permettre d'avoir une vie à l'extérieur du travail.
- Leur contribution doit être reconnue et appréciée.

- Leur travail doit être stimulant et satisfaisant.
- Ils doivent avoir l'occasion d'utiliser pleinement leurs talents et leurs aptitudes.
- Ils doivent pouvoir donner leur point de vue lorsqu'il y a d'importantes décisions à prendre.
- Leur travail doit avoir un objectif plus élevé.
- Ils doivent être payés adéquatement pour le travail qu'ils effectuent.

Lorsque ces éléments sont en place, les employés comme les propriétaires d'entreprise ne peuvent faire autrement que réussir. Les employeurs, les clients, les collègues de travail, tous et toutes sont gagnants dans ce genre de situation. Toutes mes félicitations! Vous avez mérité le droit d'être exigeant dans vos choix et de faire un travail que vous adorez et qui enrichira toute votre vie.

FAIRE LE TRAVAIL QUE VOUS AIMEZ

La plupart des gens vivent leur vie entière en entretenant, parfois à leur insu, un rêve ou un désir secret qui ne verra jamais le jour. Soit qu'ils ont trop peur d'admettre ce qui leur tient le plus à cœur, soit que leur vie est si encombrée qu'ils ne peuvent apercevoir les trésors cachés qu'ils ont à offrir.

Je crois que toute personne possède des talents et des dons spéciaux dont elle doit faire bénéficier le monde. Mais, contrairement à la croyance populaire, je crois également que ces talents et ces dons demeurent souvent cachés et sous-utilisés parce que nous ne portons pas suffisamment attention à notre qualité de vie. J'ai eu à maintes et maintes reprises l'occasion d'entendre des gens exprimer leur frustration parce qu'ils ne savent pas ce qu'ils aiment ou sont incapables d'atteindre leurs objectifs. Je commence habituellement la conversation en lisant un de mes passages favoris d'un livre intitulé *Power Through Constructive Thinking* (Le pouvoir par la pensée constructive), écrit par un scientifique, philosophe et maître spirituel appelé Emmet Fox, au début des années 1900 :

Ce que votre cœur désire (par Emmet Fox)

Il vous est déjà arrivé à quelques reprises, par le passé, que Dieu chuchote dans votre cœur cette chose merveilleuse, quelle qu'elle soit, qu'Il souhaite que vous soyez, que vous fassiez et que vous ayez. Et cette chose merveilleuse n'est rien de moins que ce que votre cœur désire. Rien de moins que ça. Le souhait le plus secret et le plus sacré enfoui au plus profond de votre cœur, la chose merveilleuse sur laquelle vous osez à peine poser les yeux ou à laquelle vous osez à peine penser – la chose qui ferait que vous aimeriez mieux mourir plutôt que de la révéler à quiconque, parce qu'elle semble si éloignée de tout ce que vous êtes ou de tout ce que vous avez présentement, que vous craignez d'être cruellement ridiculisé si la simple idée de cette chose était connue – est la chose même que Dieu souhaite que vous fassiez ou que vous soyez pour Lui. Et la naissance de ce merveilleux souhait dans votre âme – l'avènement de ce rêve secret – était la Voix de Dieu Lui-même vous enjoignant de vous élever et d'aller plus haut parce qu'il avait besoin de vous.

Si vous avez de la difficulté à découvrir ou à exprimer le souhait de votre âme, prenez courage! La première étape pour déterminer ou faire le travail que vous aimez est de créer la vie que vous aimez. Je vous promets que si vous faites les exercices proposés dans ce livre, non seulement découvrirez-vous l'unique contribution que vous êtes destiné à faire dans ce monde, mais vous aurez beaucoup plus de facilité à y arriver.

Parfois, nos talents et nos dons sont cachés sous les encombrements et les débris de nos vies et ne demandent qu'à être découverts. La plupart des gens partent trop précipitamment à la recherche de leur «vocation» ou du travail qu'ils aiment. Ils finissent par ne trouver qu'une solution temporaire aux problèmes permanents de leur vie. Par exemple, ils croient qu'un emploi stimulant compensera le manque d'enthousiasme que leur inspire leur relation. Ou, parce qu'ils ont besoin d'argent, ils acceptent un emploi lucratif même s'ils ne pourront pas y exprimer pleinement leurs talents et leurs dons. Souvenez-vous d'une chose : c'est en menant à bien le cheminement décrit dans ce livre que vous pourrez découvrir et faire le travail que vous aimez.

CÉLÉBREZ VOTRE RÉUSSITE !

Maintenant que nous arrivons à la fin du programme de *coaching*, j'aimerais féliciter ceux et celles d'entre vous qui ont effectué le travail proposé dans ce livre. En changeant vos comportements et vos vieilles habitudes, vous vous êtes donné une vie de meilleure qualité. Vous avez fait d'incroyables changements, et j'aimerais que vous reconnaissiez et que vous célébriez votre réussite. Trop souvent, ceux et celles d'entre nous qui passons à l'action et qui réalisons nos objectifs allons d'une réussite à l'autre sans nous arrêter pour voir à quel point notre vie a changé.

J'aimerais que vous réserviez un après-midi pour faire un retour sur le travail que vous avez accompli grâce à ce livre. En quoi votre vie a-t-elle changé ? Quelles sont vos réussites intérieures et extérieures ? Il peut s'agir d'un succès tangible, comme la réalisation des tâches figurant sur votre liste de choses que vous remettez à plus tard ou l'amélioration de votre santé financière, ou d'une réussite moins tangible mais tout aussi importante, comme l'établissement d'un lien plus profond avec un être cher ou une diminution des sources de stress au travail.

En quoi avez-vous grandi ? Avez-vous davantage confiance en vous-même ? Êtes-vous mieux en mesure de fixer des limites et de dire non ? Prenez-vous automatiquement des décisions qui vont dans le sens du plus grand soin de vous-même ? Réfléchissez aux changements

qui sont survenus dans votre vie et inscrivez ici vingt des accom-
plissements dont vous êtes le plus fier :

1. _____
2. _____
3. _____
4. _____
5. _____
6. _____
7. _____
8. _____
9. _____
10. _____
11. _____
12. _____
13. _____
14. _____
15. _____
16. _____
17. _____
18. _____
19. _____
20. _____

Relisez maintenant cette liste. Qu'il s'agisse de petits ou de grands
changements, prenez une pause pour prendre conscience du puissant
impact que chacun d'entre eux a eu sur votre vie. Puis, poussez la
démarche plus loin en faisant part de cette liste à votre partenaire ou
à votre groupe. Organisez une soirée de «vantardise» et écoutez attentivement chaque personne faire part du contenu de sa liste et expliquer comment sa vie a changé.

Comment vous récompenserez-vous? Comme votre objectif per-
manent est de consolider la relation que vous avez avec vous-même,
il importe que vous vous récompensiez pour les changements que

vous avez effectués dans votre vie. Offrez-vous un présent, prenez une journée de congé ou planifiez ce voyage que vous avez toujours voulu faire. Certains clients s'écrivent même des lettres à eux-mêmes où ils reconnaissent à quel point ils ont grandi. Faites quelque chose de spécial afin d'apprécier pleinement votre dur labeur.

Dresser une liste des réalisations dont vous êtes le plus fier et vous récompenser constituent un excellent exercice. Que ce soit à l'occasion d'une soirée en tête-à-tête avec vous-même, d'une retraite pour l'âme ou d'un événement spécial, faites-en une étape régulière dans votre cheminement de vie.

À mesure que vous continuerez à suivre ce programme et à améliorer votre qualité de vie, vous joindrez les rangs d'un nombre croissant de personnes qui renforcent leur caractère et qui apportent une puissante contribution au monde. Vous avez probablement remarqué que votre désir de contribuer à améliorer la vie des autres et votre capacité à le faire s'est accrue avec chaque étape du programme. Un fort désir d'apporter une contribution est un résultat authentique d'une vie pleine et riche.

Les caractéristiques des personnes qui vivent des vies authentiques garantissent la richesse de ce qu'ils apportent aux autres. Ces caractéristiques comprennent :

- Une capacité à accepter l'entière responsabilité de tout ce qui leur arrive
- Un haut degré d'intégrité et un désir constant de placer la barre plus haute
- Une conscience de faire partie d'un tout plus large et que chaque action est importante
- Un solide engagement à servir autrui
- Une énorme capacité d'amour et de compassion

Le monde n'en serait-il pas meilleur s'il y avait plus de gens comme ceux-là? Prenez le temps de vous féliciter d'avoir joint les rangs de ces personnes!

———————

Lorsque votre vie se met à changer et que la magie commence à s'y manifester, les gens vous diront peut-être que vous avez de la chance. Mes clients sourient souvent quand leurs amis et les membres de leur famille leur disent qu'ils ont dû naître sous une bonne étoile parce que toutes ces coïncidences magiques ne cessent de survenir dans leur vie. La vérité, c'est que toute personne peut avoir ce type de chance, à condition d'être prête à travailler. Commencez dès maintenant! La vie à laquelle vous êtes destiné vous attend.

RAPPELS

Le travail que vous aimez découle de la vie que vous aimez.

- Relisez la liste de contrôle sur la qualité de vie et faites tout ce qui est nécessaire pour créer la vie que vous voulez.
- Faites preuve de créativité! Trouvez des façons de faire en sorte que votre vie professionnelle ajoute de la valeur au reste de votre vie.
- Faites de votre travail l'expression de vos talents et dons uniques.
- Célébrez votre succès! Récompensez-vous pour votre engagement et votre dur travail – vous le méritez!
- Et surtout – attendez-vous à ce qu'il y ait de la magie!

RESSOURCES

LIVRES

Creating You & Company: Learn to Think Like the CEO of Your Own Career

par William Bridges (Reading, Mass., Addison-Wesley, 1997)

Ce livre propose au lecteur une série d'exercices d'auto-évaluation et de planification dans le but de réussir sa carrière en pensant comme le directeur d'une petite entreprise indépendante fournissant un employeur.

I Could Do Anything If I Only Knew What It Was

par Barbara Sher et Barbara Smith (New York, Delacorte Press, 1994)

Ce livre aide les lecteurs à découvrir ce qu'ils veulent vraiment et comment l'obtenir.

Take Yourself to the Top

par Laura Berman Fortgang (New York, Warner Books, 1998)

Un livre formidable que nous livre le coach numéro un aux États-Unis pour les questions de carrière. On y explique comment se sortir de l'enlisement qui survient souvent en milieu de carrière, comment déterminer quels sont les obstacles qui vous empêchent d'atteindre vos objectifs et comment évaluer honnêtement les progrès de votre carrière, et plus encore.

Power Through Constructive Thinking

par Emmet Fox (HarperSanFrancisco, 1989)

Un recueil de 31 essais inspirants qui expliquent au lecteur comment obtenir tout ce qu'il désire en utilisant le pouvoir de la pensée constructive.

Finding Your Perfect Work: The New Career Guide to Making a Living, Creating a Life

par Paul Edwards et Sarah Edwards (New York, Putnam, 1996)

Ce livre aide les lecteurs à définir ce qu'ils veulent vraiment dans la vie et fournit une liste de plus de 600 occupations de travail autonome.

The Artist's Way at Work
par Mark Bryan, Julia Cameron et Catherine Allen (New York, William Morrow, 1998)

Les auteurs ont adapté leurs techniques de stimulation de la créativité pour en faire des outils visant la plénitude spirituelle au travail.

Doing Work You Love: Discovering Your Purpose and Realizing Your Dreams
par Cheryl Gilman (Contemporary Publishing, 1997)

Cheryl Gilman offre des techniques pratiques et des suggestions efficaces sur toutes sortes de sujets allant de la façon de déterminer l'emploi « idéal » jusqu'à la création de réseaux en passant par l'amélioration de votre curriculum vitæ et les techniques d'entrevue.

When Money Is Not Enough: Fulfillment in Work
par Eileen Hannegan (Beyond Words Publishing, 1995)

Un guide pour la construction d'entreprises équilibrées et pour se réaliser au travail.

The Corporate Mystic
par Gay Hendricks et Kate Ludeman (New York, Bantam, 1997)

Un guide pour les leaders du vingt-et-unième siècle.

MAGAZINES

FAST COMPANY
800 688-1545
www.fastcompany.com
Abonnement de six numéros pour 14,95 $.

Work @ Home

800 300-9828
www.workathomemag.com
Six numéros pour 18,95 $.

GROUPES DE COACHING

International Coach Federation

888-ICF-3131
www.coachfederation.org

Coach University

800 48-COACH
www.coachu.com

Professional Coaches and Mentors Association

(562) 799-2421
Courriel : PCMA@pacbell.net

À PROPOS DE L'AUTEURE

CHERYL RICHARDSON est une conseillère personnelle qui offre ses services à une clientèle internationale diversifiée composée d'entreprises et d'individus qui souhaitent atteindre la réussite professionnelle sans pour autant compromettre leur qualité de vie. Elle a été la première à occuper la présidence de la International Coach Federation et elle est présentement vice-présidente de la Interface Foundation. Elle est également membre du Chief's Executive Club de Boston.

En sa qualité d'oratrice professionnelle, Cheryl a conçu et présenté des programmes à des universités prestigieuses, des entreprises Fortune 500 et des associations professionnelles de même que dans le cadre de conférences d'enseignement, d'ateliers d'entreprises et de retraites. Son travail a été commenté par de nombreuses revues et journaux partout aux États-Unis, et elle a été invitée à plusieurs émissions de radio et de télévision, notamment *Donahue*, *Real Life*, *CBS This Morning* et *Bloomberg Radio*. Cheryl vit à Newburyport, au Massachusetts.

Elle offre entre autres les services suivants :
   Conseils individuels
   Programmes de groupe par téléconférence
   Discours à des entreprises
   Ateliers
   Retraites

Pour recevoir gratuitement son bulletin électronique :
   Subscribe@cherylrichardson.com
   Cheryl Richardson
   P.O. Box 13
   Newburyport, MA 01950
   (978) 462-2204
   Courriel : cheryl@cherylrichardson.com